JN022710

MINERVA
TEXT
LIBRARY
70

メディア産業論

デジタル変革期のイノベーションとどう向き合うか

湯淺正敏 編著

ミネルヴァ書房

はしがき

（1）本書の目的

　本書は，最新のメディア産業の動向を踏まえながら，デジタル大変革期の「メディア産業論」として刊行したものである。2003年に大学の教員となって当初より「メディア産業論」を教えていた。

　10年以上も経つと，メディア環境もだいぶ様変わりした。テレビ放送はすべてデジタル化され，4K・8K放送という高画質化の段階に向かっている。一方通信も5Gの段階を迎え，日本も2020年から実用化が予定されている。通勤電車の中でもかつての新聞や雑誌，コミックを拡げて読んでいる姿からスマートフォンを手にして，SNSやゲームや動画を見ている姿に変わった。1995年以降のインターネットの普及によって，検索エンジン，Eコマース，SNS，音楽，動画配信サービスと様々なコンテンツ・アプリケーションがすっかり社会・生活に浸透していった。そして，産業的にみると，GAFAに代表されるデジタルプラットフォーマーが新独占企業となり，そのデータ占有に対して各国規制強化に乗り出している。

　このようなメディアの変化について，産業的アプローチにより考察するのが本書の目的である。

（2）メディア産業の研究領域・理論的枠組み

　メディア自体は媒介（中間物）であり，ラスウェルのコミュニケーションプロセスで言うと，誰が（送り手），何を（メッセージあるいはコンテンツ），どのような経路で（メディア），誰に対し言うのか（受け手）といった諸要素から成り立つものである。そのため，メディア研究ではどこを基点としてアプローチするかによって，研究領域は分かれてくる。メディア研究の領域は，メディアの政治的あるいは社会・文化的役割，メディア・コミュニケーションのコミュニケーション効果，メディアコンテンツの内容分析，メディアユーザーのオー

i

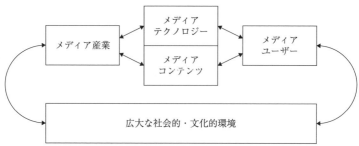

図　メディア産業の理論的枠組み

出所：Hodkinson（2011＝2016：13）.

ディエンス分析等に専門分化している。

　Hodkinson（2011）によると，前述したラスウェルのコミュニケーションプ
ロセスの諸要素をベースとした，メディア産業を理解する上での理論的枠組み
を提示した。図のように，送り手を「メディア産業」受け手を「メディアユー
ザー」とし，「メディアテクノロジー」はコンテンツを生み出し配信し使用す
るハードウェアを指し，「メディアコンテンツ」と相まってメディアユーザー
に届くことになる。また，メディアテクノロジーの進展は，技術的側面ばかり
ではなく，メディア産業とメディアユーザーの社会的・文化的環境の中で形成
され，発展していくものと捉えている。

　こうした枠組みはメディア産業研究の全体的な枠組みだが，特にメディア産
業の組織的作用，業界構造の中の競争市場の形成と変容，ビジネスモデル，エ
コシステム等のビジネスシステム，政府・監督官庁の規制等については，中核
的な項目として理解を深めることは重要である。

（3）各章の内容

　序章では，本書のメディア産業としての基本的枠組みとして，ポーターのバ
リューチェーン（価値連鎖）を基にメディア事業者の事業活動を分析する。ま
た，マクロ環境分析はPEST，業界構造ミクロ分析は5フォースをそれぞれ活
用する。放送と通信の融合については，①サービス，②端末，③産業の3つの
次元から考察した。また，メディア産業のデジタルシフトについては，①メデ
ィアの変化（パッケージ・放送からネットへ），②デバイスの変化（PCからモバ

イルへ），③ビジネスモデルの変化（サブスクリプション〔定額制〕へ），④事業者の変化（デジタルプラットフォーマーへ）と 4 つの変化を提示する。

第 1 章では，NHK（特殊法人日本放送協会）と民間放送 5 系列による 2 元体制を前提に，放送事業者，放送サービス，財源，規模，制度面では抜本的な放送法改正が行われたことに触れた。2011年 7 月地上波テレビ放送もデジタル放送に完全移行し，テレビ放送は 4K，8K の時代を迎えている。一方，従来の放送サービスの代替として，動画配信サービスが台頭してきている。外資系ではネットフリックス，Amazon Prime Video，これにディズニー，Apple も加わり，動画配信市場での覇権争いが注目される。NHK は放送法改正で認可を受けたインターネットでの「常時同時配信」に向けて取り組んでいるが，総務省から適正な規模のもと，節度をもって事業を運営すること等の注文が付けられた。いずれにしろ，NHK は公共放送から公共メディアへの脱皮を図ろうとしている。

第 2 章では，「コンテンツ・アプリケーション」「プラットフォーム」の上位レイヤーと，「ネットワーク」，「端末」の下位レイヤーの 4 つのレイヤー構造をインターネット産業の見取り図として，それぞれの現況について考察する。4 つのレイヤーの中でも，上位レイヤーの成長が目覚ましく，インターネットを通じてコンテンツやサービスを提供する企業とそれらの提供の基盤となるプラットフォームを運営する企業が，時価総額のランキングの上位を占めている。GAFA に代表されるプラットフォーマーに対しては，その市場独占を巡って，個人データ保護やデジタル課税等法制化によって規制強化に向かっていると論じている。

第 3 章では，基幹的な電話事業が独占から競争へと開放されたのは，1985年の民営化による NTT の誕生からで，それ以降30年の間に通信市場の変化やモバイル産業の発展について時代区分で整理する。今後，5G と IoT の時代は，5G の速度，容量，消費電力，レスポンス時間といった破壊的なポテンシャルが高いことから，日本は，諸外国と比べて FTTH が整備されており，5G に移行し「社会的課題の解決×ICT」（X-Tech）を推進できれば ICT イノベーションで世界の模範となることも期待される。最後にレイヤー化された産業構造の中で，通信事業者とプラットフォームが新規市場のパイを巡って，競争と共創

の2つの関係があることを指摘し，ICTのサブシステム間競争について考察している。

第4章では，日本は世界最大の新聞大国（総発行部数，普及率ともに高い）で，全国紙の総発行部数の規模，地方レベルでは県紙が全国紙を上回る，全国一律の料金となっている再販制度の存続等欧米と異なる，日本特有の特徴が示されている。また，新聞社の紙媒体の衰退に伴うWebへの対応は，当初の無料化から有料化にビジネスモデルを切り替えようとしているが日経以外は思うように進んでいない状況を指摘する。一方，欧米の新聞は，リーマンショック後，新聞経営の危機が転機となり，デジタルシフトに向かっている。そして，データジャーナリズム，AIによる記事作成の自動化（ロボットジャーナリズム），マルチメディア，VRの活用といったイノベーションも生まれている。

第5章では，新聞産業同様，委託販売制度，再販制度，流通における取次の役割等を日本特有の商取引として挙げている。「印刷出版物の電子化」を電子書籍第1世代（電子書籍1.0）とすると，初めからデジタルデータで作成される，つまり印刷出版物を経由しない作品を第2世代の電子書籍（電子書籍2.0）と言っている。紙の書籍・雑誌と比べて，電子出版市場は続伸しており，電子コミックの伸びが印刷コミックの減少分を補完したというプラス材料の反面，電子雑誌が定着すると印刷雑誌の購読はさらに減少するといった懸念も出てきている。また，2019年6月に「読書バリアフリー法」が可決され，障害者のために読書しやすい環境を整備することが出版界に求められ，障害者が読みやすい電子書籍の開発も望まれると指摘している。

第6章は，第1節「広告業界，デジタル大変革」，第2節「メガエージェンシーからみた世界の広告業界」，第3節「世界の広告クリエイティブの新しい潮流——カンヌライオンズの受賞作品のトレンド」の3つに分けて，広告業界の変化，動向について考察する。第1節は広告会社のデジタルトランスフォーメーション（デジタル大変革）について，5つの領域「BASIC」を提案する。第2節は，5つのメガエージェンシー，WPP，オムニコムグループ，ピュブリシスグループ，インターパブリックグループ，電通それぞれの起源や成長の軌跡を辿り，世界の広告業界の仕組みと変化について解説する。第3節は，カンヌライオンズの受賞作品から，世界のクリエイティブのトレンドについて考

察したものである。かつては，ペイドメディア（マスメディア）中心で，クリエイティビティの高い広告を作ることが主眼であったが，今日では，POE メディア（日本ではトリプルメディア）全般を視野に入れた仕掛けが中心の統合型ソリューションへ変化してきたと論じている。

　第7章では，テレビが普及する以前，19世紀末に誕生した映像産業で130年強の長い歴史の中で産業としてどのような変遷を辿ったのかを概観する。映画製作の特徴は，テレビと比べて，潤沢な時間と費用をかけた，長編の物語（narrative）ジャンルと言え，多額の資金調達，マルチユースから映画会社の他に，その他の企業が投資する，外国では LLC/LLP という法人組織，また日本では製作委員会（民法上は任意組合）方式で制作されることが多い。また映画製作には，資本集約的な部門と労働集約的な部門があるが，後者の AI 化（AI による自動化）には，限界があるとみることが妥当と論じている。

　第8章では，20世紀のレコード産業は，新しいメディアが登場するたびに飛躍的成長につながったが，21世紀に入り，音源がデジタル化され，ネット上で音声ファイルが無料で交換されるようになったため，パッケージとしてのレコード市場が縮減し，混迷の時代を迎えていると考察する。こうした変化の中で，音楽産業は20世紀の分業型産業構造から21世紀の複合型産業構造の転換が起こっていると指摘する。レコード会社の多くは，従来の CD の制作と宣伝と販売を主軸にするビジネスから，今は分業区分が崩れ，アーティストの育成や楽曲の管理，ライブ事業等を取り込んだ「総合的な音楽ビジネス」を目指している。ただ時代が変化しようが，音楽ビジネスの原点はヒット曲作りにあることを，忘れてはいけないとも論じている。

　第9章では，日本のソフトパワーとなり，海外にも広く影響を与えているアニメ産業と，いまやご当地キャラクターにみられるように，地方創生に利用されているキャラクター産業について言及する。キャラクターの定義，構成要素と成立要件，ビジネス上の効用，そしてキャラクタービジネスの歴史を辿りながら，産業構造の変化にも触れた内容である。キャラクターと消費者の関係は，ストーリー消費からデータ消費に向かっており，メディア展開も垂直統合・ピラミッド構造から同時多発のフラット構造へと変化していると説く。また，SNS 時代の特徴として20世紀のディズニーなどキャラクター権利者が手掛け

た完全パッケージ化を否定する，消費者もキャラクター育成に参画していく「ぬりえ消費」を新たな変化と考察している。

　終章では，メディア産業再編の変遷を辿り，今日のメディア・コングロマリットの再編は動画配信の本格化に向けてのものとみる。デジタルプラットフォーマー（GAFA）が時価総額でメディアコングロマリットを上回り，新独占企業として台頭してきた。今後メディアコングロマリットの競争優位性は，データ駆動型コンテンツ開発に向かうと論じている。また，既存メディア企業が持続的成長をするためには，デジタルトランスフォーメーションは避けて通れないもので，その成功例としてニューヨークタイムズを取り上げる。市場は健全な競争環境があって発展してゆくもので，独占の弊害を是正するための制度設計の重要性を説き，考察している。

（4）本書の特色と謝辞

　このような時代の変化に対応すべく，本書は以下の特徴を備えている。

① 　本のタイトルの通り，メディアを産業論的視点から考察したテキストである。そのため，送り手がメディアを介して受け手にサービスを提供するために，どのようなビジネスのしくみを作っているのか，市場での競争，競争市場の枠組みを作る制度設計等を解明するものである。
② 　メディア業界に身を置き，現在大学教育に携わっている者ら（経験者も含めて）が，それぞれの専門性を発揮してメディアビジネスのしくみを解き明かした書である。
③ 　時代を担う次世代の若者に最新の知識と理論を提供するため，最新の動向，考察を盛り込んだ内容である。
④ 　大学生向けのテキストとして刊行するものであるが，メディア業界に勤めてビジネスに携わっている方々にも満足頂ける専門的知見を備えた内容である。

　最後に，この度の刊行に当たっては，各章のご執筆者のご尽力により，独自性の高いテキストになったことについて，編者として心より感謝を申し上げた

い。また，ミネルヴァ書房編集部音田潔氏に対しても，各執筆者との調整等の
編集面でのスムーズなご対応に，改めて感謝申し上げたい。

2020年3月

湯淺正敏

参考文献

Hodkinson, P.（2011）*Media, Calture and Society: An Introduction*, Sage Publication.
　（＝2016，土屋武久訳『メディア文化研究への招待——多声性を読み解く理論と
　視点』ミネルヴァ書房。）

目　　次

はしがき

序　章　デジタル変革がもたらしたメディア産業革命……………………1

 1　デジタル化がもたらした影響——バリューチェーンの変化……………1

 2　放送と通信の融合——サービス・端末・産業の融合 ………………3

 3　メディア産業のデジタルシフト …………………………………5

 4　メディア産業のマクロ分析・ミクロ分析 ……………………8

第1章　放送産業………………………………………………………13

 1　放送産業の概況——放送の二元体制……………………………13

 2　放送・通信融合時代の放送制度 ………………………………17

 3　放送事業者の番組ネットワーク体制 …………………………19

 4　放送と BPO……………………………………………………23

 5　放送のデジタル化と高画質化—— 4K・8K へ………………26

 6　加速する動画配信サービスの覇権争い………………………28
  ——動画配信サービス事業者の動向から

 7　NHK——公共放送から公共メディアへ ……………………32

第2章　インターネット産業………………………………………42

 1　インターネット産業の概況——上位レイヤー市場の成長……………42

 2　コンテンツ・アプリケーション市場の動向 ………………46

 3　プラットフォーム市場の動向——サービスの展開とエコシステム………53

 4　GAFA と「忘れられる権利」…………………………………59
  ——プラットフォーマーをめぐる諸問題と政府の規制

第3章　通信産業 …………………………………………………………………… 69

　1　通信産業の概況——自由化とその後の展開 ……………………………… 69

　2　ブロードバンド通信の隆盛と主役交代 …………………………………… 74

　3　モバイル通信のイノベーションと競争促進 ……………………………… 78

　4　5GとIoTで加速するビッグデータの増大 ……………………………… 83
　　　——次世代ICT市場の見通しと課題

第4章　新聞産業 …………………………………………………………………… 90

　1　新聞産業の概況——日本におけるその構造的特徴 ……………………… 90

　2　日本の新聞産業のトレンド——紙の衰退とデジタル化 ………………… 98

　3　新聞事業のイノベーション——海外における事例から ………………… 103

　4　ビッグデータ・AI・VRによる調査報道とフェイクニュース ……… 110
　　　——先端技術が競争力に

第5章　出版産業 …………………………………………………………………… 116

　1　出版産業の概況——日本型出版産業の成立と変化 ……………………… 116

　2　流通システムと取引ルール ………………………………………………… 121

　3　出版社のビジネスと出版物 ………………………………………………… 125

　4　電子出版とメディア・イノベーション …………………………………… 128

第6章　広告産業 …………………………………………………………………… 136

　1　広告産業の概況 ……………………………………………………………… 136
　　　——デジタルトランスフォーメーションと5つの領域「BASIC」

　2　メガエージェンシーの動向からみた世界の広告業界 …………………… 145

　3　世界の広告クリエイティブの新しい潮流 ………………………………… 156
　　　——カンヌライオンズ受賞作品のトレンド

第7章　映画産業 …………………………………………………………………… 169

　1　映画産業の概況——映像産業の中での位置づけ ………………………… 169

　2　映画の職能と人材育成 ……………………………………………………… 172

3 映画の産業組織——映画と周辺産業 …………………………………… 179

4 映画の技術開発 …………………………………………………………… 185

5 映画産業への政策に見る日米欧の違い ……………………………… 189

6 AI 時代の映画の商業性と芸術性 ……………………………………… 191

第8章 音楽産業 ……………………………………………………………… 195

1 音楽産業の概況——20世紀の発展から21世紀の混迷へ …………… 195

2 CD 売上の急降下と音楽市場の低迷の始まり ……………………… 199

3 躓きながらも発展してきた音楽配信 ………………………………… 203

4 構造変革が進む音楽産業——これからの課題 ……………………… 211

第9章 アニメ・キャラクター産業 …………………………………… 218

1 アニメ・キャラクター産業の概況 …………………………………… 218
　　——日本のコンテンツ産業の主力商品に

2 アニメ・キャラクター産業の構造変化 ……………………………… 229

3 SNS 時代におけるキャラクターの管理と育成 …………………… 238

終　章　これからのメディア産業 ……………………………………… 246

1 メディア産業再編の行方 ……………………………………………… 246

2 デジタルプラットフォーマー——新独占企業の出現 ……………… 249

3 メディア産業からデータ駆動型コンテンツ産業へ ………………… 252

索　引

<table>
<tr><td>序　章</td><td>デジタル変革がもたらしたメディア産業革命</td></tr>
</table>

1　デジタル化がもたらした影響
──バリューチェーンの変化

（1）メディアの諸要素

　メディア[(1)]とは，コミュニケーションの仲立ちをするもので〈媒介〉とも呼ばれている。媒介とは，人々が自ら直接体験できない出来事や状況を，メディアとの接触によって間接的に体験することである。私たちは，テレビや新聞を介して世の中の出来事を知ることができる。今日では，ニュースの伝わり方も変化し，マスメディアの他に，モバイルメディアを介してインターネットからのニュースをアクセスすることができるようになった。

　メディアは，身体の視聴覚の拡張とも言え，メディアの発展にはテクノロジーが大きく貢献している。グーデンベルクの印刷によって情報の大量複製が可能となり，新聞や雑誌，書物といった印刷物が流通するようになった。そして，放送電波を利用してラジオ放送が，次いでテレビ放送が誕生した。遠くで起こっている出来事をリアルタイムな映像で家庭に届けることはマスメディア革命と呼んで差し仕えない。そして，インターネットによるコミュニケーション革命が起こり，今日に及んでいる。

　そして，メディアは，媒介であるが故に，様々な諸要素によって成り立つものである。メディアの諸要素をメディア産業的視点で捉えると，メディア組織（送り手），テクノロジー（伝達技術），コンテンツ制作・編成，流通，サービス形態，ビジネスモデル，受け手（オーディエンス・ユーザー），制度・規制（制度的枠組み）となる。

　メディア産業の中核となるメディア事業者は，他の産業と比べて特別な性質をもつ者である。取り分けマスメディアは，世間一般に広く情報を伝達する，または娯楽（コンテンツ）を提供することから社会的に影響を持つ事業者とな

る。マスメディアの情報生産活動は，単なる私的な消費活動のみならず，公的な活動領域，公共の利益を代弁する政治的機能を有するものである。

（2）メディア事業者とそのバリューチェーン

　一般にメディア産業に関わっている事業者は，放送局，新聞社，映画会社，レコード会社，通信事業者，インターネット事業者など，コンテンツの制作・流通の中核を担っているメディア事業者を筆頭に，テレビ番組制作会社や出版編集制作会社，新聞販売店，書店，映画館などの流通事業者，そしてメディア事業者が広告収入を財源とする場合，広告媒体の販売を代行する広告会社に分類される。

　放送局でいえば，テレビ番組を制作し，番組編成して，地上波を使い，放送によってテレビという受像機を通して視聴者に番組が届く仕組みである。民間放送の場合は，広告を挿入することによって無料放送が成り立っている。また，新聞社（一般紙）でいえば，記者が書いた，あるいは通信社から配信されるニュースを新聞紙面に編集し，輪転機を通して印刷された新聞紙を梱包して新聞販売店に配送し，各販売店から自宅まで配達されて購読者に新聞が届くことになる。

　図序 - 1 は，Porter（1985 = 2008）が提唱したバリューチェーン（価値連鎖）をメディア企業に当てはめたものである。バリューチェーンとは，企業が顧客に対して価値を生み出し，かつ自社に利益をもたらすための事業活動の一連の流れを機能や役割単位に分解し，自社の強みや弱みを分析するフレームワークである。基本的構成は，主活動とそれを支える支援活動に大きく分かれる。主活動は，一般メーカーでは，調達→製造→物流→販売・マーケティング→サービスとなるが，メディア事業者の業務からみると，調達→制作・営業（広告）→流通→販売→宣伝・プロモーションの流れとなる。一方，支援活動はこれらの業務プロセスを全般的に支援するもので，経営マネジメント（事業戦略と財務管理），人事・組織管理，情報ネットワーク管理，オペレーション管理，研究開発（R&D）の５つの機能・組織単位に分けられる。

　新聞事業で見れば，調達は，取材もしくは通信社，制作は記事および広告の編集とパッケージ化（紙とニュースサイト），流通は新聞紙とインターネット，

図序 − 1　メディア産業のバリューチェーン（価値連鎖）

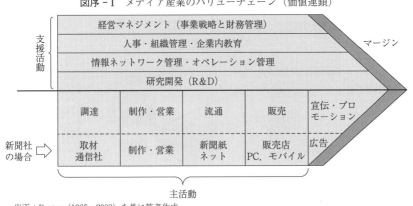

出所：Porter（1985＝2008）を基に筆者作成。

販売は新聞販売店とデバイス（PC，モバイル），宣伝・プロモーションの流れ
となる。特に，インターネットやモバイルメディアの普及により，情報やコン
テンツが直接ユーザーのモバイル端末に届くことになった。このようにメディ
ア産業のバリューチェーンの中で，流通過程がネットに置き換わり，代替サー
ビスとして従来のビジネスモデルに脅威を与えている。

2　放送と通信の融合
——サービス・端末・産業の融合

　放送・通信の融合については，①サービス，②端末，③産業の融合，３つの
次元で説明する。図序 − 2の通り，放送の領域は一方向（1：N），マスメディ
ア，画一的情報，リアルタイム，プッシュ型，受動的，動画，それに対して通
信の領域は，双方向（1：1またはN：N），パーソナルメディア，専門情報，
プル型，能動的，テキスト・静止画という異なる特性を持つ。放送・通信の融
合とは，本来異なる領域だったものが，それぞれの領域が侵食され，境界線が
曖昧となる現象を指す。

（1）サービスの融合

　放送のデジタル化と通信のブロードバンド化によって，お互いの領域を侵食
し合うことになる。ストリーミング動画サービスのような放送類似サービスが

図序 - 2　放送と通信の融合の概念図

起こることによって，通信が放送の領域に入り込んでくる。一方，放送もデジタル化されたことによって，通信の領域にあった双方向が放送にも備わり，一方向のサービスだけではない，視聴者のリクエストに応じた，オンデマンド型のサービスも可能となってくる。実際にデジタル放送では，リモコンのキーを使って，視聴者がクイズ番組に参加したり，ショッピング番組で紹介された商品の注文をしたりなど，双方向メディアとしても利用されている。このように，放送は通信の領域に向かって，通信は放送の領域に向かって，それぞれ従来の境界線を相手の領域まで押し広げようとしているのが融合である。

　放送と通信の連携サービスを実現させる，ハイブリッドキャストと呼ばれる技術仕様がある。これは，①放送独立型アプリと②放送連動型アプリの2つに分かれる。①は，スクロールニュース，生活情報の表示，見逃し VOD へのアクセス等，②は放送と連携して，番組に関連した情報や視聴者参加型番組情報をセカンドスクリーンに自動表示，また放送中および放送後に遡って番組情報にアクセスできるクリップタイムライン機能等が挙げられる。

（2）端末の融合

　スマートテレビとは，テレビ番組とインターネットによる動画配信等が同時にみられる放送・通信融合テレビ端末のことである。スマートテレビの特徴としては，次の3つが挙げられる。1つ目は，従来のテレビ番組に加え，動画などのインターネット上の各種コンテンツ情報をテレビ画面で楽しめること。2

つ目は，パソコンやスマートフォンのような，情報処理を持っていること，そして3つ目は，インターネットを通じたソーシャル視聴が可能である（山崎 2011：12）。

（3）産業の融合

　端末やサービスの融合のレベルではなく，事業者自体が融合していくものである。事業者の融合とは，放送事業者と IT 事業者による戦略的提携や M&A 等によって，両事業者が提携，買収によりグループ企業化することである。これからの産業融合は，メディア事業者にかかわらず，自動車業界あるいは電力業界が IT 企業と連携する異業種による融合も活発化されることが予測される。

3　メディア産業のデジタルシフト

（1）メディアの変化——パッケージが放送からネットへ

　今日のメディアの大きな変化は，パッケージ系からネットワーク系へのメディアシフトが挙げられる。2018年の国内コンテンツ市場規模は，12兆6,590億円でほぼ横ばいであるが，図序-3の通り，メディア別の推移を見ると，パッケージ系メディアが5兆5,905億円（2009年）から3兆7,422億円（2018年）へと10年間で市場規模を約33％縮減させた。一方，ネットワーク系メディアは，1兆2,834億円（2009年）から3兆6,086億円（2018年）と急上昇し，約2.8倍に市場が拡大した。また，放送系メディアは3兆5,926億円と2009年と比べてほぼ横ばいで推移している。通信インフラのブロードバンド化やクラウド[2]によって，動画や音楽やゲームソフトといったリッチコンテンツがネット流通するようになり，動画・音楽配信サービスの増加によって「ノンパッケージ化」が進行している。

（2）デバイスの変化——PC からモバイルへ

　そして，ネットワーク系メディアのデバイスが PC からモバイル（スマートフォン）にシフトしてきている。2008年 iPhone が発売されて以降，日本でもスマートフォンは携帯電話端末の87％を占め，世帯普及率も PC（72.5％）を

図序 - 3　メディア別の市場規模の推移

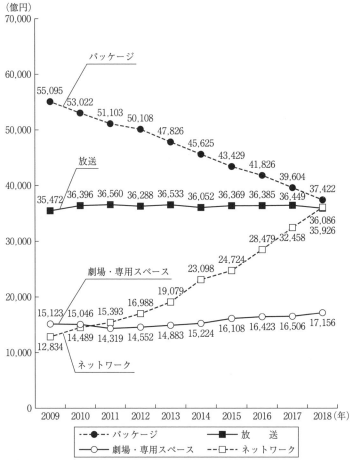

出所：デジタルコンテンツ協会編（2019：10）。

抜き，75.1％となった。また，博報堂 DY メディアパートナーズ編（2019）に
よると，2018年のメディア総接触時間（東京）は396.0分（週平均の平均接触時
間）で，過去最高となり，接触時間が最も伸びたのが，携帯電話・スマートフ
ォンで103.1分と初の100分台となった。メディア総時間に占めるシェアでは，
携帯電話・スマートフォンとタブレット端末のモバイルのシェアは33.6％と初
めて1/3を超えた。2020年から 5G も始まり，モバイルメディアのテレビ化も

起こり，ますますスマートフォンを中心としたモバイルシフトへ向かっていこう。

（3）ビジネスモデルの変化——サブスクリプション（定額制）へ

　インターネットの普及は，利用者の負担をゼロにする情報無料化を促した。Google は検索エンジンを広告ビジネスに結びつけたビジネスモデルによって，ユーザーには様々なサービスを無料で提供している。また，動画投稿サイトYouTube は，当初著作権違法サイトとして提訴の対象となったが，今日では無料の動画配信サイトとして広く利用されている。新聞社が運営するニュースサイトは，当初情報無料化の流れで無料サービスであったが，SNS やインターネット系のニュースサイトに主導権が移り，無料を支える広告ビジネスが思うように収益を上げられず，欧米主要紙のサイトは有料化，定額制の購読料に方向を転換させた。

　映画，音楽，スポーツといったエンタテイメント・コンテンツも，サブスクリプションと呼ばれる定額料金制に移行している。

　音楽配信では，アメリカで2003年4月から始まったアップル社によるアイチューンズ・ミュージックストアから曲単位で購入し，同社のデジタル携帯音楽プレイヤー（iPod）で再生する，音楽の新しいライフスタイルが広まった。その後，音楽配信サービスは，ダウンロード型からストリーミング型に移行していく。ストリーミング型は，ダウンロード型と違って，月に定額を支払えばいくらでも曲を聴き放題が売りで，2010年代の半ばから急増した。特に日本国内では，2015年5月からAWA（サイバーエージェントとエイベックス），LINE ミュージック，Apple ミュージック，Google Play・ミュージック，Amazon Prime・ミュージックと国内外交えて定額制サービスが続々と登場した。

　動画配信サービスでも，同様なことが起こっている。ネットフリックスを筆頭に，Amazon，Apple，ディズニー等がストリーミング型定額制サービスを始めている。

（4）事業者の変化——デジタルプラットフォーマーへ

　ICT の進展によって従来のメディア事業者とは違ったスタイルの事業者が

出現してきた。GAFA（Google・Apple・Facebook・Amazon）に代表されるようなデジタルプラットフォーマーである。プラットフォーマーのビジネスは，メーカーは製品を作り，それを販売する，あるいは小売業は，モノを流通させ，販売するといった，旧来の一方的な直線的ビジネスではない。ビジネスの中核的な価値がネットワーク，つまりユーザーをコネクトするネットワークのスケール化とユーザーデータがビジネスのリソースとなってきた。デジタルプラットフォーマー[4]は，AI，アルゴリズムによって，個人データをビジネスに活用する事業者で，指数関数的に成長し，新たな独占事業者となった。

Facebookのデイリーユーザーアクティブ数（2019年3月時点）をみると，15億6,000万人で，これは世界人口75億人の約2割の人たちがSNSで交流を深めていることになる。また，Facebookの1人当たりの時価総額（時価総額／従業員数1万7,048人）は2,050万ドルであるが，GMの1人当たりの時価総額（時価総額／従業員数1万7,048人）23万1,000ドルと比べて，約100倍である。2万人にも満たないFacebookは，実に先進国1国分の経済価値を生み出している（Galloway 2017：22-23）。

プラットフォーマーは，メーカーと比べて生産手段を所有せず，在庫確保のための設備投資もいらないが，その代わりユーザーを結びつける，ネットワーク化が市場支配力をもたらすことになる。

4 メディア産業のマクロ分析・ミクロ分析

（1）メディア産業の環境分析——マクロ分析

企業という組織は，ステークホルダー（利害関係者）との関係で組織間ネットワーク（ビジネスエコシステム）を形成する。そして，組織および組織間ネットワークは，それらを取り巻く外周，つまり外部の環境によって影響を受ける。一般に環境の動向や変化を調べる場合，環境を4つの領域，Politic（政治），Economic（経済），Society（社会），Technology（技術）の4つの頭文字から取ったPESTと呼ばれるマクロ分析が使われている[5]。マクロ分析とは，4つの要因から何が企業活動に影響を与えるのか，機会や脅威となるものを把握することから始まる。

1）政治領域

ここでは，民主主義や共産党一党独裁という政治システムというよりも法律，規制，政策などの制度面が産業全体に企業活動に大きな影響を与えるため，その動向を探ることが重要である。通常の企業法務である会社法，独占禁止法等はもちろんであるが，新法の動向を把握する必要がある。例えば，2018年5月にEU（欧州連合）が施行したGDPR（一般データ保護規則）については，個人データを独占し，それをビジネスに活用しているデジタルプラットフォーマーへの規制のみならず，一般企業のデータ管理が問われている。

2）経済領域

景気動向（インフレ，デフレ等），可処分所得，消費支出などの動向により，産業全体の長期的な成長を予測し，企業経営に活かす。

3）社会・文化領域

総人口，人口構成，出生率などによって市場および顧客の属性，ライフスタイル，価値観，社会規範などが顧客の消費行動にどのような影響を与えるのかを把握する。

4）技術領域

新しい技術革新（狭義のイノベーション）は，市場の枠組みを大きく変革させる影響を及ぼす。特に従来の産業を根底から覆す，破壊的イノベーション（ディスラプター）のリスクが高まっている。具体的には，動画・音楽配信サービスのサブスクリプション（定額制）の流行について，4つの環境要因から分析すると，次のようになる。景気動向指数が悪化し，先行き不安から財布の紐が堅いと，可処分所得が下がる。（経済要因）また，所有よりも利用へという消費に対する価値観の変化（社会・文化要因）が蔓延し，定額制サービスが増加する。

技術面からみても，クラウドからストリーミング再生できる技術によって，モバイルメディアを通して，定額で使い放題のサブスクリプションサービスが提供できるようになった。（技術要因）コンテンツのダウンロードではないため，デジタルコピー，不正コピーは起こらず，権利保護の問題とはならない。

このように4つの領域の環境分析から，変化，トレンドを読み取り，今後の

方向性，その影響度等から，メディア事業者の動向を予測する。

（2）メディア産業における業界構造——ミクロ分析

　企業が業界内でどのような影響を受けるのかといった業界構造の把握，ミクロ分析には，ポーターの5フォースがある。これは，①新規参入の脅威，②企業間競争，③売り手（供給事業者）の交渉力，④買い手（顧客）の交渉力，⑤代替品・サービスの脅威，以上5つの競争要因から業界構造を分析する手法である。この理論は，今後の産業の変化について触れていないため，あくまでも静態的アプローチであるという批判もあるが，ここでは現時点での業界内の脅威を理解する目的で紹介する。

　これを基にメディア業界構造を分析すると，図序-4のようになる。放送事業者（地上波民放）の場合でみると，「新規参入事業者」は「動画配信事業に乗り出したIT企業や通信事業者」，「買い手の交渉力（影響力）」は「広告主や視聴者」，「売り手の交渉力（影響力）」は「コンテンツホルダー，番組制作会社」，「代替品・サービスの脅威」は「動画配信サービス（SVOD）[6]」となる。同様に，新聞社の場合は，「新規参入事業者」は「IT企業によるニュースサイト」，「買い手の交渉力（影響力）」は「広告主や購読者」，「売り手の交渉力（影響力）」は「情報源，通信社等」，「代替品・サービスの脅威」は「オンラインニュース，ブログ，SNS」となる。

　放送事業者は業界間競争で見れば，免許制度に守られた既得権益の強い，つまり参入障壁が高い業界であるが，デジタル化，ブロードバンド化によって，放送電波以外の通信インフラが新たな映像の伝送路になり，固定されたテレビではなく，モバイルメディアが新たなデバイスとなっていることが既存業界にとって脅威となっているわけである。新聞社も全国紙や県紙の場合も，アナログの時代は，放送と違って発行の自由はあるものの既に淘汰された中で安定化した業界であったが，これもインターネットの影響によって，販売部数の低下，広告収入の激減が新聞経営を揺るがしている。

　今，メディア業界は総じて，既存のメディア事業者にとっては，デジタルシフトしたメディアに対して，今後はIT企業との戦略提携等によって，デジタル大変革（デジタルトランスフォーメーション）が求められている。まさにデジ

図序-4　5フォースによるメディア業界構造

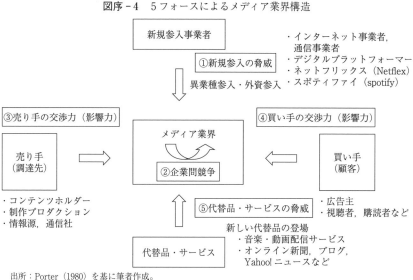

出所：Porter（1980）を基に筆者作成。

タル変革期のメディア産業革命到来の真っ只中にあると言ってよい。

注

(1)　メディア（media）は，メディウム〈medium〉の複数形である。

(2)　インターネット上でWebサービスやソフトウェアを利用したり，データを保存したりすることが可能となり，これをクラウド（Cloud）というようになった。クラウド・コンピューティングの定義は，「遠くにある（雲の上の）データセンターのアプリケーションやコンテンツをインターネットによって，様々な端末（PC，スマートフォン，タブレット等）から利用できるサービスである。」

(3)　次世代通信規格5G（Generation）は，①高速大容量通信，②超信頼，低遅延通信，③多数同時接続の3つの特徴がある。日本は2020年の商用化を目指している。

(4)　欧州委員会「オンライン・プラットフォームに関わる政策文書」（2016年5月）によると，デジタルプラットフォーマーの特徴を以下の5点挙げている。①新たな市場を創造し，伝統的な市場に挑み，新たな形の参加者を組織し，もしくは，大量のデータを収集，処理，編集することに基づき事業を行う能力を有している。②複数市場において運営しているが，ユーザーグループ間の直接的なインタラクションに関するコントロールの度合いは多様である。③「ネットワーク効果」から利益を得ている。つまり，ユーザー数の増加に伴いそのサービス価値も向上する。④迅速

且つ容易にユーザーにリーチするため，情報通信技術を用いていることが多い。⑤ 著しい価値を獲得し，新規事業ベンチャーを促進し，新たな戦略的な依存関係を構築する等によって，デジタル価値の創造において主要な役割を担っている。

⑸　4つの要因以外に，社会・文化領域を，人口動態や環境要因に分けて分析する場合もある。

⑹　Subscription Video On Demand の略で，定額動画配信サービスのこと。

参考文献

小池良治（2012）『クラウドの未来――超集中と超分散の世界』講談社。

デジタルコンテンツ協会編（2019）『デジタルコンテンツ白書2019』。

日本総合研究所　経営戦略研究会編（2008）『経営戦略の基本』日本実業出版社。

博報堂 DY メディアパートナーズ編（2019）『メディアガイド2019』宣伝会議。

山崎秀夫（2011）『スマートテレビで何が変わるか』翔泳社。

山本真（2013）「放送通信融合の現在と今後に向けた研究の取り組み」『NHK 技研 R&D』142。

湯浅正敏編著（2005）『メディア産業論』有斐閣。

湯浅正敏編著（2001）『放送 VS 通信　どうなるメディア大再編』日本実業出版社。

Galloway, S.（2017）*the four: The Hidden DNA of Amazon, Apple, Facebook, and Google*, Portfolio.（＝2018，渡会圭子訳『the four GAFA――四騎士が創り変えた世界』東洋経済新報社。）

Porter, M. E.（1985）*Competotve Advantage*, The Free Press. A Division Of Macmillan Publishing.（＝2008，土岐伸・中辻萬治・服部昭夫訳『競争優位の戦略――いかに高業績を持続させるか』ダイヤモンド社）。

<table>
<tr><td>第 1 章</td><td>放送産業</td></tr>
</table>

1 放送産業の概況
——放送の二元体制

（1）NHK・民間放送の二元体制

　日本は，NHK（特殊法人日本放送協会）と民間放送 5 系列による二元体制を有するのが特徴である。前者は，国民から広く徴収する受信料制度により，放送法によって広告放送が禁じられている。一方，後者はスポンサー企業による広告収入に依存している商業放送である。

　イギリスは公共放送の BBC が強く，民間放送は相対的に弱く，逆にアメリカは商業ベースのメジャーなテレビネットワーク（NBC・CBS・ABC・FOX テレビ等）に対して，公共放送（PBS）はマイナーな存在である。このように英米の公共放送と民間放送のバランスを見比べると，日本は巨大な受信料収入を持つ全国放送事業体である NHK と，キー局 5 系列による全国民放テレビネットワークが，それぞれマスメディアとしての価値をもつ放送体制となっている。また，キー局の資本関係をみると，マスメディア集中排除原則とは裏腹に，日本テレビ—読売新聞社，TBS—毎日新聞社，フジテレビ—産経新聞社，テレビ朝日—朝日新聞社，テレビ東京—日本経済新聞社というように，全国紙を発行する新聞社と密接な関係をもち，グループ経営化されていることは世界的に見ても例がない。

　また，アメリカは1980年代以降から CS（通信衛星）とケーブルテレビの普及によって多チャンネル化された。一方日本の多チャンネル化は，遅れること1989年以降 CS による都市型ケーブルテレビ局への番組配給，1991年民間衛星放送事業者 JSB（現・WOWOW），そして1996年 CS デジタル多チャンネル放送パーフェク TV（現・スカパー）の開業というように段階を踏んでいった。また，近年インターネットを介した動画配信サービスも加わり，視聴者（ユーザー）のチャンネル選択肢は広がってきており，既得権益に守られていた放送

事業者にとっては，新たな局面を迎えている。

（2）放送事業者の財源と市場規模

　ここで，放送事業者の市場規模とその財源について説明する。民間放送は，無料放送のため，放送事業収入の主な財源は広告収入である。放送事業者の分類については，地上波テレビおよびラジオ放送を行う事業者を，基幹放送事業者と位置づけ，テレビ，ラジオ併せて総事業収入は，2017年で2兆3,471億円であった。衛星放送には，放送衛星（BS：Broadcasting Satellite）によるものと，通信衛星（CS：Communications Satellite）によるものと2タイプある。

　衛星系放送事業者は，衛星基幹放送と衛星一般放送に分かれる。前者 BS 放送には，22社の内，NHK 衛星放送，放送大学学園以外は，民間放送事業者（20社）で，その中に地上波民放系5社（BS 日テレ・BS-TBS・BS フジ・BS 朝日・BS テレ東）や WOWOW が含まれる。東経110度 CS 放送は，民間放送事業者20社，衛星一般放送は，民間放送事業者4社が行っている。

　ケーブルテレビ放送事業者は，地上放送並びに衛星放送受信による再送信や，自主放送を含めた多チャンネル放送を地域に提供しており，全国でその数は，504社（2017年度末現在）となっている。その事業収入は，2017年で4兆9,992億円である。公共放送 NHK は，2018年度の経常事業収入（7,332億円）のうち，受信料収入は7,122億円で，事業収入の97.1％を占めている[1]。以上，すべての放送事業者収入を合わせると，総計3兆9,402億円となる（表1-1）。

（3）ラジオ放送の動向

1）2023年 AM 停波・AM の FM 化

　ラジオのネットワークには，AM 系が TBS ラジオをキー局とする JRN（加盟34局），ニッポン放送と文化放送をキー局とする NRN（加盟40局）の2つ（共に1965年発足），FM 系が TOKYO FM をキー局とする JFN（加盟38局）と J-WAVE をキー局とする JFL（加盟5局）があり，外国語 FM 局では InterFM897をキー局とする MegaNet（加盟4局）・独立系 FM は6局がある。また，短波放送（日本唯一のラジオ NIKKEI）や V-Low マルチメディア放送（i-dio）[2]，コミュニティ FM 放送等がある（博報堂 DY メディアパートナーズ編 2019：110）。

表1-1　放送事業の市場規模

放送事業者	総事業収入	事業収入の財源
地上系民間基幹放送事業者 （テレビ127社，ラジオ単営194社）	2兆3,471億円	広告収入他
・テレビ放送事業者 ・ラジオ放送事業者（単営）	2兆2,220億円 1,115億円	
衛星系放送事業者39社	3,697億円	
・衛星基幹放送（BS19社） ・衛星基幹放送（110度CS20社） ・衛星一般放送（124/128CS 4社）	2,184億円 775億円 737億円	有料収入，広告収入 民放系BS261億円 WOWOW605億円
ケーブルテレビ事業者（504社）	4,992億円	有料収入・広告収入
NHK（日本放送協会）2018年度	7,332億円	受信料7,122億円
放送事業者収入総計	3兆9,402億円	

出所：総務省編（2019）を基に筆者作成。

　2014年からAMラジオのFMとのサイマル放送（FM補完放送・ワイドFM）がスタートとした。これは，AM波は，ビル影などに弱く都市部では難視聴が問題となって，高音質で，簡易な放送設備で難視聴も改善できるFM波への移行が検討されていた。

　2019年8月「放送事業の基盤強化に関する検討委員会」では，AMラジオ放送のあり方について取りまとめを行い，民放連の要望を踏まえ，2023年の停波実験，AMからFMへの転換の制度面での整備を示唆した。

2）radiko（ラジコ）──インターネットによるラジオ放送

　ラジコは，地上波ラジオ放送（CMも含む）をインターネットによって同時配信するストリーミングサービスで，2010年12月に本配信が開始された[3]。従来のラジオ専用受信機がなくても，専用アプリをダウンロードすれば，PC，タブレット，スマートフォンで，電波受信時の難聴取問題もなくラジオ番組をクリアに聴くことができる。2019年12月現在，全国の民放ラジオ局のうち93局と放送大学，それにNHKも2019年4月より正式に加わった（デジタルコンテンツ協会編 2019：23）。

　ラジコのユニークユーザー（UU）は，月間約700万UUで，エリア外の放送を聴くことができるプレミアム会員も60万人を超えた。また，2018年10月よりユーザー特性に応じて異なる音声CMを配信する「ラジコオーディオアド」[4]

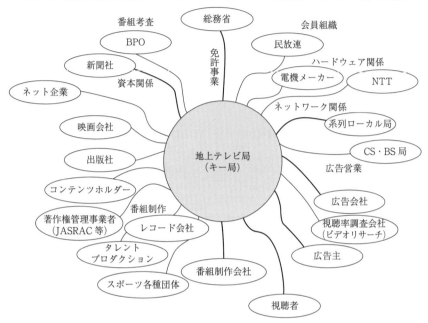

図1-1　放送事業者を取り巻くステークホルダー——地上波テレビ（キー局）の場合

総務省

免許事業

番組考査
BPO

会員組織
民放連

新聞社

ハードウェア関係
電機メーカー　　NTT

ネット企業

資本関係

ネットワーク関係

映画会社

系列ローカル局

出版社

CS・BS局

コンテンツホルダー

地上テレビ局
（キー局）

広告営業

著作権管理事業者
（JASRAC等）

番組制作
レコード会社

広告会社

タレント
プロダクション

視聴率調査会社
（ビデオリサーチ）

広告主

スポーツ各種団体

番組制作会社

視聴者

が導入された（博報堂DYメディアパートナーズ編 2019：113）。

（4）放送事業者を取り巻くステークホルダー（利害関係者）

　放送産業，取り分けテレビ放送は，地上波以外にBS，CS，ケーブルテレビ，インターネットブロードバンド回線など伝送路（番組流通経路）の多様化により，今日様々な放送事業者が関与している。地上波テレビ放送事業者，NHK-BS，WOWOWなどのBS放送事業者，CSを介して多種多様なチャンネルを供給しているCS放送事業者，そのCS放送事業者の有料放送の課金管理を行う放送プラットフォーム事業者（スカパー），また電波ではなく，有線で多チャンネル放送サービスを提供するケーブルテレビ事業者，さらにFTTHやADSLといったブロードバンド通信回線を利用したIPTV，これらに加えて新たな動画配信サービス事業者も登場してきている。

　放送産業市場を形成するものは，何も放送事業者ばかりではない。図1-1の通り，地上波テレビ（キー局）の場合のステークホルダー（利害関係者）を

みると，免許事業関係では放送行政の監督官庁である総務省，資本関係では新聞社，ネットワーク関係では系列ローカル局，放送設備やテレビ受像機（受信端末）を生産，販売する電機メーカー，広告営業では広告会社，広告主，視聴率調査会社（ビデオリサーチ），番組制作では番組制作会社，タレントプロダクション，音楽著作権関連では著作権管理事業者（JASRAC 等），放送外収入の映画製作では映画会社，そして近年ネット企業などと関わりを持っている。

　そして，もちろん視聴者も忘れるわけにはいかない。NHK や有料放送にとっては，前者は受信料，後者は視聴料という直接の財源，民間放送にとっても，直接の財源ではないが，視聴者は財源に大きな影響を与える存在である。広告収入を大きく作用する視聴率は視聴者の数によって決まるからである。

2　放送・通信融合時代の放送制度

（1）放送の定義と通信・放送法体系の枠組みの変化

　近年，2010年，2014年と続けて放送法改正が行われた。2010年は，通信・放送融合時代を想定して，放送関連法 4 法を放送法に統合し，放送法の定義の変更，ハード・ソフトの分離導入など抜本的な改正が行われ，60年ぶりの大改正とも呼ばれた。

　改正前の放送の定義が，「公衆によって直接受信されることを目的とする<u>無線通信の送信</u>」であったが，改正後では，有線テレビジョン放送も統合した放送の枠組みとなったため，「公衆によって直接受信されることを目的とする<u>電気通信の送信</u>」となった。放送とは，英語では BROADCAST，これは大地に種をまくという意味もあり，一般多数の人たちに向けて電波を介してコンテンツを送りこむサービスの提供を指す。

（2）基幹放送と一般放送

　2010年の放送法改正では，無線・有線の区別をなくした上で，放送を基幹放送と一般放送に分けた。基幹放送は無線系のみで，地上放送は「地上基幹放送」BS，110度 CS 放送は，「衛星基幹放送（改正前は，特別衛星放送）」，マルチメディア放送は「移動受信用基幹放送」に区分けされた。一般放送は，「基

幹放送以外の放送」と定義され，上記以外の改正前の有線テレビジョン放送，電気通信役務放送，東経110度 CS 以外の CS 放送が該当する。

　基幹放送事業者は，あまねく受信できるように努めるというようにユニバーサル性が求められ，特別な社会的影響力を勘案して一般放送事業者と比べて，番組編集準則のほか，番組調和原則，災害時放送の義務付け等を課している。

　一般放送事業者は，「受信者の利益を実現するため」を基点としているため，技術基準をクリアし安定的な放送業務が行われれば，基幹放送事業者の番組調和原則のような番組の編集に関わる規定はない。

（3）ハード・ソフトの分離の導入

　地上波放送局は，放送番組を電波によって送信するための設備を所有・運用し，かつ電波に乗せるための番組コンテンツの制作・調達，編成業務を継続的に行う事業者に対して放送免許が与えられる。これをハード・ソフト一体型の放送免許とすると，ハード・ソフト分離型の放送免許は，CS・BS 衛星放送によって導入された。CS 放送の送信設備を所有・運営する民間通信衛星会社（基幹放送局提供事業者：旧受託放送事業者）と番組コンテンツを供給する事業者（認定基幹放送事業者：旧委託放送事業者）に分け，それぞれ放送免許を与える制度である。

　改正後では，すべての放送事業者に対して，原則ハード・ソフト分離を導入することにより，改正前の受託・委託放送制度は廃止された。なお，改正前にハード・ソフト一体型の地上波放送局に対しては，制度的にはハード・ソフト分離型での事業も可能とし，「特定地上基幹放送事業者」と位置づけた。

（4）マスメディア集中排除原則の緩和

　マスメディア集中排除原則（マス排）とは，一の者が支配できる放送事業者を 1 局に限る，つまり複数局所有を制限する制度である。これは放送の「多元性」「多様性」「地域性」を実現することがその政策目的である。しかし，今日のメディア環境は多メディア・多チャンネル化によって従来と大きく変わってきた。そのため，ラジオ局は 4 局所有できる特例や一般放送はマス排の対象外とするなど一部の緩和策が講じられた。

（5）認定放送持株会社

　認定放送持株会社は，2007年の放送法改正により導入された制度で，放送免許を保有しない持株会社を設立して，その傘下に複数の放送局を収め，支配できる制度である。当初の趣旨は，デジタル化対策で経営的に逼迫，弱体化したローカル局の救済・支援であったが，実際にはテレビ局自らのメディアコングロマリット化を促すことに作用した。

　2009年4月に発足したTBSホールディングスを例に見ると，放送関連事業として番組制作・販売，放送技術系，衛星放送BS-TBS，「映像文化事業」としてビデオソフト・イベントの企画制作会社，その他不動産事業等も入り，アメリカのそれとはスケールは違うものの放送事業から総合映像サービス事業へというメディアコングロマリット化を目指している。

　このように，認定放送持株会社の導入は，ローカル局よりもテレビキー局の放送事業からの脱皮，広告費漸減傾向の中で非放送事業分野への経営シフト拡大のため，さらにいえば，異業種からのM&Aの防御策として期待されていることと読み取ることができよう。

　そのため，今後ダイナミックなメディア融合による戦略的提携が活発化していくことは否定できない。

3　放送事業者の番組ネットワーク体制

（1）テレビ番組の制作・流通体制・キー局とローカル局

　地上民間放送のテレビネットワークでは，東京キー局がローカル局の大半の番組を供給している。キー局からみれば，系列局によるネットワーク化によって，全国向けに同一番組を一斉に放映することができる。つまり全国向けの広告媒体になることによって，ナショナルスポンサーから多額の広告料（番組提供料）が得られるわけである。ゴールデンタイムの番組では，1クール提供で何十億の金額となるため，複数社が提供スポンサーになるのが通例である。スポンサーから入ってくる番組提供料のうち，広告会社への手数料（コミッション），番組制作費を除いた，電波料をキー局が一括セールスした場合は，一定の比率でもって各系列局へ配分される。ローカル局は，系列関係によって，キ

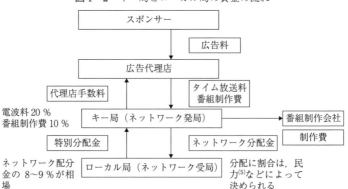

図1-2　キー局とローカル局の資金の流れ

一局から送られてくる全国番組を受けることによって大方の番組編成が埋まり，しかもスポンサーからの広告収入も宛がわれる構造になっている。ローカル局からすれば，自らローカル番組の開発をするより，東京キー局の番組を受けていた方が，無駄な出費がなく，効率的な経営ができるわけである。実際ローカル局の自社制作比率は，多いところで20％，少ないところは10％を切る比率となっている（図1-2）。

　だが，ネットによる動画配信サービスが進む中，キー局からの全国番組の受け皿では，ローカル局の存在感が薄れてくる。そのような危機感から，最近ローカル局は，キー局の経営環境も厳しい折，将来番組比率が低下することを想定して，自主制作比率を高めるため，ローカル番組及びスポンサー開発やキー局以外からの番組調達ルートの確保，動画配信や映画製作といった新たな映像サービスの開拓を行っている局も出てきている。

（2）放送局と番組制作会社

　東京キー局が系列ローカル局向けに制作している番組は，実際は多くの番組制作会社の手を借りることによって成り立っている。これは，広告会社にとって，CM撮影の現場では外部のCM制作会社がなくてはならない存在であるのと同様，放送番組の制作上，番組制作会社は，キー局の手足となっている存在である。

　そもそも番組制作会社の起こりは，テレビの急速な普及によるテレビ局の外

部発注の高まりからだが，具体的には次の3つの要因が影響している。

① 　ニュース番組など取材を専門とする制作会社の必要性。

② 　劇場用映画興行の不振による映画会社によるテレビ制作への進出。

③ 　テレビ局では制作できない時代劇，アニメ，特撮などの番組の確保が相まって，初期の制作会社が生まれた。劇場用映画系列，テレビ局系列，新聞社系列（ニュース映画部門），大手広告会社，などで，アニメでは，東映動画，虫プロなど，特撮では円谷プロなどがあった。

その後，テレビ局の合理化に伴う制作分離が進むことによって，1970年代には，テレビ局内の制約や方針に飽きたらず，自由な場を求めて独立したディレクターたちが立ち上げた「テレビマンユニオン」が契機となり，「テレパック」「IVS制作」「イースト」など次々とテレビ関係者による局系番組制作会社が誕生した。

現在，番組制作会社の数は，正確にその数を把握することは困難であるが全国で1,400近くあるといわれ，そのうち半数は東京に集中している。番組全般の制作を請け負うことができる，総合制作会社の数は少なく，ドラマ，ドキュメンタリー，情報などジャンルごとに専門特化されたり，イベント，企業ビデオ制作，広告，タレント事務所などの事業と兼業している小規模なところが数多くある。

キー局は，テレビというビッグビジネスを生み出すマスメディア，コンテンツ（放送番組）を乗せる，限られた編成枠を持っていることから，自ずと番組制作会社に対して優位な立場に立っている。番組制作会社は，キー局から番組企画や制作などの発注を受ける立場から，受注競争は激しく，そのような中で，低い受注単価，番組の著作権の所在や二次利用権の制約などで不利な立場になっている。

こうした業界の弱い立場を改善していく目的で，1982年に当時代表的な番組制作会社21社によって「全日本テレビ番組製作者連盟（ATP）」が設立され，124社（正会員，2019年12月現在）が加盟している（全日本テレビ番組製作者連盟2019）。放送局と番組制作会社の間では，いまだ前近代的なビジネスが残存しており，番組制作会社の制作見積もりの不明確さ，一部口頭契約の慣行，放送事業者が窓口管理業務（窓口権）を保有する場合，二次利用権などの利用条件

が不明確など多くの課題を抱えている。

（3）有料放送と放送プラットフォーム事業者（スカパー）

CS デジタル放送では，スクランブルによる有料放送システムのため，放送プラットフォーム事業者が放送ビジネスの要となっている。現在スカパー1社が独占しているが，前身は1996年に CS デジタル放送を開業したパーフェクトTV で，1998年にJスカイBと合併してスカパーとなり，1999年には競合だったディレク TV を吸収合併した経緯がある。スカパーは，有料放送の課金管理をチャンネル供給事業者に代わって行い，有料放送を成り立たせているビジネス基盤という意味で放送プラットフォーム事業者と呼ばれている。ただし，基幹放送局提供事業者や認定基幹放送事業者のように放送免許が与えられている事業者ではない。流通にたとえるならば，テナント（チャンネル供給事業者）を集めて，集客（視聴者）を図るショッピングモールが放送プラットフォームといえよう。

（4）IPTV──通信回線を利用した映像サービス

IPTV とは，閉じたネットワークを利用して，対応するテレビやセットトップボックスに接続したテレビに対して IP マルチキャスト方式で映像配信を行うサービスである。後述するインターネットを利用したオープンな動画配信サービスとは別である。

通信回線のブロードバンド化によって，放送の伝送路が新たに起こってきたため，放送は電波だけのものではなく，多チャンネル放送は，衛星波やケーブルテレビだけではなくなった。2002年1月に施行された電気通信役務利用法によって，ケーブルテレビのように自前で伝送路を敷設せずに，既に敷設されている第三者の通信回線（NTT の FTTH など）を利用した多チャンネルサービスが可能となった。映像伝送が可能なブロードバンド回線では，ADSL と FTTH であり，前者はソフトバンク系の「BB ケーブル TV」，後者は，NTT系の「フレッツ光回線」を利用した「ひかり TV」，KDDI の「au ひかりテレビサービス」などが挙げられる。

4　放送と BPO

（1）BPO の組織と運営体制

　BPO（正式名称：放送倫理・番組向上機構[6]）は，NHK と日本民間放送連盟によって，2007年3月に発足した。その目的は，放送倫理・番組向上機構規約第3条で次のように記載されている。

　　　「本機構は，放送事業の公共性と社会的影響の重大性に鑑み，言論・表現の自由を確保しつつ，視聴者の基本的人権を擁護するため，放送への苦情や放送倫理上の問題に対し，自主的に，独立した第三者の立場から迅速・的確に対応し，正確な放送と放送倫理の高揚に寄与することを目的とする。」

　BPO には，互いに独立した3つの委員会[7]，①放送倫理検証委員会，②放送と人権等権利に関する委員会，③放送と青少年に関する委員会がある。

　①は，放送倫理を高め，放送番組の質を向上させるための審議を行い，必要に応じて委員会の意見として公表する。ある番組について放送倫理上の問題が発生した時，同委員会の判断でまず討議が行われ，「審議」あるいは「審理」の対象として扱うべきかどうかが判断される。「審議」よりも「審理」は，視聴者に対して著しい誤解を与えるほど重大な放送倫理違反がある場合となる。「審議」及び「審理」対象となった番組については，検証のため，ヒアリング等の調査や「審理」の場合は，委員会に特別調査チームの設置や，事案に応じて，放送局に対して第三者委員による外部調査委員会の設置を勧告する場合もある。委員会は，意見，見解・勧告を放送局に通知した後，公表する。それを受けて，放送局は，ニュース等で委員会からの通知内容（意見，見解・勧告）を報道し，3カ月以内にどのように対応したかについて報告書を提出することになる。

　このようなプロセスを経るため，BPO と各放送局は，調査への応諾，勧告の順守と応諾，再発防止計画の提出，外部調査委員会の設置，委員会の審議，審理等の活動全般について，最大限の協力を行うように個別に合意書を結ぶことになる。

②は，放送による人権侵害，名誉棄損，プライバシー等の権利侵害に対する救済を主な目的としている。同委員会は，司法による裁判所とは異なり，放送による人権侵害の訴え，苦情，申し立てについて審理入りする前，まず申し立て人と放送局との話し合いを設け，自主的解決に向けて，仲介・斡旋を率先して行っている。

③は青少年が視聴するに当たって問題がある等，一般視聴者からの意見について，当該番組について，審議するかどうか討議し，放送局の制作者との意見交換等を行った上で，問題点を議論し，「委員会の考え」または「見解」を表明する。

三委員会は，それぞれが独立性をもった組織であるため，当該番組に対して，放送倫理の考えや取り上げ方等の違いが生じる場合がある。規約第4条2項には，三委員会が「同一の番組を取り扱う場合，互いに連携して，必要な措置を講ずる」ことが定められており，独立性を保ちながらも三委員会は，判断が大きく異ならないように一定の配慮は望まれる（三宅ら 2016：28-29）。

（2）BPO から指摘されたテレビ番組とその問題点

1）持ち込み番組と局の考査問題

ここでは，BPO の放送倫理検証委員会に「重大な放送倫理違反があった」と指摘された東京メトロポリタンテレビジョン（以下，MX テレビ）が放送した番組「ニュース女子」について，取り上げる。同番組は，化粧品ディーエイチシー（以下，DHC）のグループ会社「DHC テレビジョン」の完パケ持ち込み番組で，局は一切取材・制作に関わっていないものだ。通常局制作番組に関しては，番組制作会社は調査に協力する義務があるが，持ち込み番組の場合は，その義務が定められていない。そのため，MX テレビを通じて聞き取り調査を依頼したが DHC からは断わられ，同委員会が直接現地（沖縄）に出向いて，独自に調査を行った異例の案件であった。その結果，番組で取り上げた内容を裏づけるに足る事実の存在が認められない，その番組を流した MX テレビの考査も適切性を欠くものとして，「重大な放送倫理違反があった」という意見を公表した。

これを受けて，MX テレビは，放送責任を明確にするため，今後持ち込み番

組とせず，同番組の制作主体となるという意向を示した。だが，DHC との協議がまとまらず，同番組の放送を終了する結果となった。DHC は，同局の11.5％を占める大口スポンサーであり，放送打ち切りは，取引がなくなるという営業面で痛手を負うことであったが，放送倫理違反という局の姿勢が問われることを重く受け止めた苦渋の判断だったことが伺える。

2）バラエティー番組やらせ問題――演出の許容範囲

　もう一つの事例は，日本テレビのバラエティー番組「世界の果てまでイッテQ！」に祭り企画のでっち上げがあったと『週刊文春』（2019年1月8日発売）が報じた件である。報道された内容によると，ラオスの首都ビエンチャンで「橋祭り」に参加する企画であったが，そもそも「橋祭り」は現地には存在せず制作サイドがもちかけて実現された疑問が投げかけられた。BPO は，番組のために用意された催しをあたかも地元の祭りのように，視聴者を誘導したとして，放送倫理違反に当たるという意見書を公表した。ここで，論点となるのは，バラエティー番組は，どこまで脚色や演出が許されるのかである。BPOは「どこまで事実に即した表現にすべきかについての放送倫理上の判断は，ジャンルや番組の主旨を考慮した幅をもつものになる」と説明し，判断基準は「出演者や視聴者をも含む人々の間において『約束』として築かれるものだ」と指摘している（朝日新聞 2019）。

　「バラエティー番組は，やらせはつきもの，面白ければ構わない」という意見がある一方，番組がドキュメンタリー性を打ち出す中で，だまされた，視聴者を欺く行為であるという厳しい意見もある。今日，ネット社会では，ネガティブな意見も飛び交い，またたく間に拡散するため，その対処の仕方によっては，テレビ局の姿勢が問われ，ブランド毀損にもつながりかねない。持ち込み番組企画だから，現地コーディネーターに任せたからといって，番組を放送した局の責任が回避されるものではない。今まで以上に，ニュース番組，ドキュメンタリー番組はもちろんであるが，バラエティー番組に対しても事実を歪曲した演出の逸脱は容認できないとみるべきである。まさに放送責任が問われる時代となった。

5　放送のデジタル化と高画質化
――4K・8Kへ

（1）放送のオールデジタル化――CS・BS・地上波テレビ

　日本初のデジタル放送は，1996年10月に開業したスカパーの前身，パーフェクTV による CS デジタル多チャンネル放送からである。そして，BS によるデジタル放送が2000年12月に始まった。BS デジタル放送は，多チャンネル化の推進よりも高画質化や高機能化に向かった。また，放送事業者も NHK や民放各系列の関連会社という既存放送事業者が中心になり，チャンネル編成も一部の映画チャンネルを除いて，専門特化された編成ではなく，地上波の総合編成に近いもので，各社1チャンネルによるデジタルハイビジョンをメインとした放送を行うことになった。

　デジタルハイビジョン放送は，一般的には HDTV（High Definition TV）と呼ばれ，従来の標準テレビと比べて，解像度は2倍以上，縦横の比率も9：16と横長で，鮮明で迫力ある映像が楽しめる。HDTV に対して，標準画質のデジタルテレビ放送は SDTV（Standard Definition TV）といっている。HDTV はデジタル圧縮により，1中継器の半分（ハーフトラポン）で伝送でき，SDTV では，3チャンネル伝送できる。

　元来，テレビ放送は一方向のメディアだったが，BS デジタル放送では，テレビ番組を見ながら，リモコンのDボタンを押すと，L字型のスペースに番組関連情報が表示され，リモコンの4色のボタンによって，自宅に居ながら参加できるクイズ番組など双方向を利用することも可能になった。

　このように，デジタル放送は，CS，BS を経て，地上波のデジタル化は，2003年から東京，大阪，名古屋の3大都市圏から始まり，2006年には全国放送化され，2011年7月24日を以ってアナログ放送が停波され，地上デジタル放送に完全移行した。アナログ放送では，VHF と UHF の2つの電波帯に分かれていたが，地上デジタル放送では，すべて UHF 帯で NHK 及び地上波民放の既存放送事業者に免許が与えられ，チャンネルが割り当てられた。アナログ放送と同じ5.6MHz（メガヘルツ）の帯域であるが，デジタル圧縮により，BS デジタル放送同様 HDTV1 チャンネル，SDTV3 チャンネル，データ放送，さら

に移動体向け放送サービスである，ワンセグ放送が実現された。

（2）次世代テレビの動向

1）スーパーハイビジョンと4K・8K放送

2013年「放送サービスの高度化に関する検討委員会」の答申を受けて，2014年9月に「4K・8Kロードマップに関するフォローアップ会合」第1次中間報告が取りまとめられ，公表された。第1次中間報告で，4K・8K推進のためのロードマップが策定された。2015年にCS，ケーブルテレビ，IPTV等において4K実用放送開始，2016年にはBSで4K・8K試験放送開始，2018年までにBSによる実用放送開始を目標とすることが定められた。さらに2020年東京オリンピック・パラリンピック大会では，4K・8K放送を市販のテレビで一般家庭が享受できる，普及の姿を提示した。そして，2015年7月の第2次中間報告では，衛星放送による2018年以降の対象伝送路についての具体化が示された。こうして，2018年12月1日からNHK並びに民放系列BS各社等が4Kによる実用放送が始まった。

そもそも4K・8K放送とは何かであるが，4Kは現行ハイビジョン（2K）の4倍の画質で50インチほどの大型テレビに対応できる。また8Kは，現行ハイビジョンの8倍の画質で，パブリックビューイング用の100インチの大型スクリーンにも対応できるものだ。4K・8Kとも，ハイビジョンを超える，「スーパーハイビジョン」と呼ばれている。

2）スマートテレビ

スマートテレビとは，端的にいえば，テレビ番組とインターネットによる動画配信等が同時に見られる放送・通信融合テレビ端末を指す。[8]山崎（2011）によると，スマートテレビには3つの特徴があるという。1つ目は，従来のテレビ番組に加え，動画などのインターネット上の各種コンテンツ情報をテレビ画面で楽しめること。2つ目は，パソコンやスマートフォンのような，情報処理能力を持っていること，そして3つ目は，インターネットを通じた心理的な共同視聴（ソーシャル視聴）が可能である（山崎 2011：12）。

放送と通信の連携サービスを実現させる，ハイブリットキャストと呼ばれる技術仕様がある（図1-3）。ハイブリットキャストの放送形態は，①放送独立

図1-3 ハイブリットキャスト——放送とネットの融合サービス

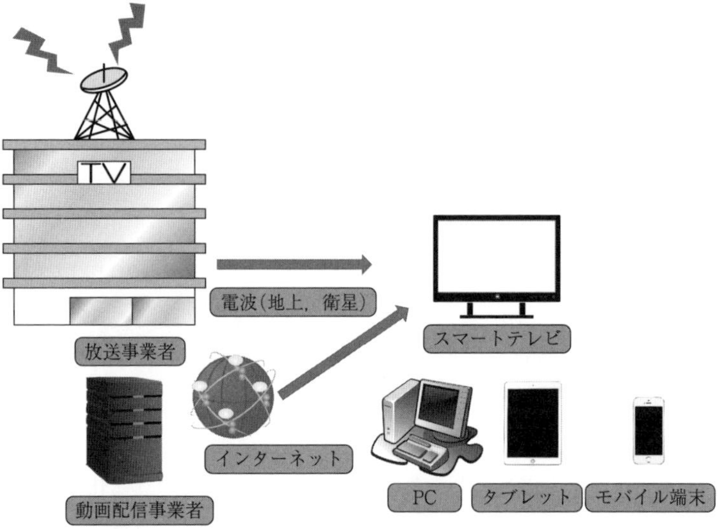

型アプリと②放送連動型アプリの２つに分かれる。①は，スクロールニュース，生活情報の表示，見逃し VOD へのアクセス等，②は放送と連携して，番組に関連した情報や視聴者参加型番組情報をセカンドスクリーンに自動表示，また放送中および放送後に遡って番組情報にアクセスできるクリップタイムライン機能等が挙げられる。

6　加速する動画配信サービスの覇権争い
——動画配信サービス事業者の動向から

（1）Netflix の台頭——動画配信の牽引役

　Netflix（ネットフリックス）は1997年の創業で，元はといえば DVD レンタルの郵送サービスから始まった会社だった。2007年にストリーミングによる動画配信サービスを開始し，ビジネスの転換を図った。すでに動画配信サービスは，Hulu（フールー）や YouTube が先行していたが，前者は，全米テレビネットワークが YouTube に対抗するために設立されたもので，2008年３月から無料サービスを開始した。後発のネットフリックスが成長した要因としては，３つの競争的優位性，①サービスの利便性，②オリジナルコンテンツの制作力

の強化，③視聴者データの分析力を挙げることができる。

　①については，月12ドル払えば，いつでも好きな番組（映画，ドラマ等）を見放題みられる，サブスクリプション・オン・デマンド（SVOD）サービス（定額制）という利便性である。また，視聴する端末も PC，スマホ，タブレット，ネット接続のテレビでも可能で，すでにテレビのリモコンにネットフリックス専用ボタンが取り付けられたテレビも発売されている。

　②については，当初はハリウッドの映画スタジオから映画の放映権を買い付けて流していたが，ウィンドウ（公開時期）の関係で，新作の映画作品を配信できない限界があった。そこで，新作はハリウッドの制作プロダクションを使って，自らオリジナルコンテンツの制作を行うようになった。そのきっかけとなったのが，2013年にエミー賞を受賞したドラマ「ハウスオブカード」であった。

　その後，オリジナル制作力の強化が功を奏して，映画作品「ROMA/ローマ」（アルフォンソ・キュアロン監督）では，2019年アカデミー賞3部門受賞し，初のオスカー受賞作品を輩出した。だが，急成長の裏には，良質な独自コンテンツの確保によるコンテンツ制作費の高騰が，経営リスクを招いている。また，カンヌ映画祭がネットフリックスを上映参加から排除したように，映画業界の警戒感も高まっている。

　③については，これがネットフリックスの大きな特徴となるもので，クラウドコンピューティング，ビッグデータ，AI といった先端テクノロジーの活用を配信ビジネスに取り込んでいる IT 企業としての側面である。顧客の視聴データから視聴者の好みを分析し，レコメンデーションに活かしたり，映画製作で製作プロダクションとの交渉の材料として活用している点である。

　このようにして，ネットフリックスの動画配信サービスは，世界190カ国に広がり，ネットフリックスの加入世帯数は，5,670万（2018年第1四半期）となった。そして，動画配信事業者 Amazon，フールー，直接放送衛星ディレクTV，大手ケーブルテレビ事業者のコムキャスト等を凌ぐ，全米 OTT サービスランキング第1位となった（NHK 放送文化研究所編 2019：256）。日本には2015年に進出し，同年9月に Amazon も Amazon プライム会員（年会費3,900円）に対して，無料で動画配信サービスを開始した。

（2）メディアコングロマリット・ディズニーの参入

　外資系ではすでにネットフリックス，Amazon プライムビデオ，それに加えて2019年11月に Apple が「Apple TV ＋（プラス）」，12月にディズニーが「ディズニー＋（プラス）」と相次いで参入した。特にディズニーは，1日で会員数1,000万人を突破した。

　近年ウォルト・ディズニーは，2006年にピクサー，2009年にマーベル，2012年にルーカスフィルム，2019年に21世紀フォックスと相次ぐ M&A によって，強固なコンテンツ力を中核に据えたメディアコングロマリットとなった。ネットフリックスの成長を目の当たりにしながら，ディズニーは動画配信サービスの時期を見計らっていたといえる。2017年には，独自のサービスを始めると表明し，ネットフリックスへの作品供給を取りやめた。2019年5月にコムキャストの間で，同社がもつ3割強のフールーの保有株を5年以降に全株買い取ることで合意の下，経営権を即時に譲り受けた。11月から開始したサービスは，月額6.99ドルとネットフリックスと比べ，低い価格設定となった（表1-2）。

　2020年には NBCU（ピーコック）ワーナーメディア（HBO MAX）等の参入も予定され，動画配信市場はますます競争激化し，レッドオーシャン化してきている。

（3）国内動画配信サービスの状況

　一方，日本のテレビ局が動画配信を始めたのは，第1期が2005年頃で日本テレビが「第2日本テレビ」（2005年10月），TBS が「TBS BOO Bo BOX」（2005年11月），フジテレビが「フジテレビオンデマンド」（2005年7月），テレビ朝日が「テレ朝ｂｂ」をそれぞれスタートさせた。当時は，ライブドアがフジテレビ，楽天が TBS に，ネット業界がテレビ局のコンテンツに魅力を感じて買収や経営統合を図ろうとした時期だった。系列地方局から見れば，動画配信はキー局単独で新たなネットワークを組むことを意味しテレビネットワークを壊すことになるという反発があった。また，ネットで番組配信するためには，事前に出演者に対してネット配信許諾が必要になり，権利処理に手間や費用が掛かるといった著作権問題等，難題が山積していて，ビジネスとして成立するのかが不安視された。そのため，テレビ局はおそるおそる動画配信に乗り出したの

表1-2　外資系動画配信サービス一覧

サービス名	サービス開始時	価　　格	顧客数
ネットフリックス	2007年 日本は2015年	月12.99ドル（標準プラン） （日本円1,200円）	世界190カ国，5,670万世帯 （2018年第1四半期） 国内利用者300万人突破 （2019年9月発表）
Amazonプライムビデオ	2011年 日本は2016年	年119ドル（日本円4,900 円）。プライム会員追加料 金不要	2,600万世帯（2018年第1 四半期） 国内利用者509万人
ウォルト・ディズニー	2019年11月	月6.99ドル（日本円700円）	開始まもなく1,000万突破
Apple	2019年11月	アップルTV＋月600円	―
NBCUピーコック	2020年4月（予 定）	広告付き無料 有料サービス（料金未定）	―
ワーナーメディア	2020年5月（予定）	HBO MAX（14.59ドル）	―

が実情である。

　そして第2期が2015年前後で，2014年に日本テレビがフールーを買収，2015年にネットフリックス，Amazonといった外国勢が日本市場に参入した。また同年には在京キー局5社（現在，関西テレビ・NHKも参加）が共同で見逃し配信サービス「TVer（ティーバー）」（CM付き無料）を開始した。そして，2016年にはテレビ朝日とサイバーエージェントが共同で，スマートフォン利用者をターゲットにした「AbemaTV」を開始し，テレビ局とネット企業の提携サービスも始まった。このような変遷を辿りながら，2018年動画配信市場（2,195億円）は映画興行収入市場（2,225億円）に迫る勢いに成長している（デジタルコンテンツ協会編 2019：27）。

（4）スポーツ動画配信事業者・DAZN

　2020年には超高速通信5G[11]が始まり，スマホがますます動画配信の受け皿，デバイスとなってくる。こうした中で，自宅外で映画，テレビドラマとは別に，リアルタイムで視聴する価値の高いコンテンツとして，スポーツ中継が注目される。こうしたスポーツ中継をスマホで楽しむ視聴ニーズを捉えて，スポーツに特化した動画配信サービスも登場している。DAZN（ダゾーン）は，イギリスの動画配信大手パフォームが運営する動画配信サービスで，2016年7月に2017年から10年間のJリーグ（J1〜J3）の全試合の放映権を2,000億円で獲得

したことが話題となった。[12]

　パフォームは，2007年ロンドンで設立され，当初はイングランドの下部リーグの Web サイトの制作会社であった。その後，「Watch & Bet」というブックメイカー向けの動画配信サービス，そしてオンデマンド用のアプリ ePlayer[13] の開発によって，各国の主要なスポーツメディアサイトと提携し，その国ごとのスポーツニュースやハイライトシーンなど配信できることになった（大原 2018：141-143）。こうして，パフォームは，世界中で開催される200以上のスポーツイベントの放映権をもち，世界最大級のスポーツ配信事業に成長していった。

7　Ｎ Ｈ Ｋ
——公共放送から公共メディアへ

（1）公共放送 NHK の特徴

　NHK は日本で唯一の公共放送であり，1950年放送法によって「特殊法人日本放送協会」[14]（前身は社団法人日本放送協会）として設立された。NHK には，民間放送と比べて公共放送として，以下のような特徴が挙げられる。

1）全国放送を行う唯一の放送事業体（民放は県域免許）

　NHK は，民放が原則県域を基本単位とした地域放送事業体に対して，全国を一つの事業体でカバーする全国放送事業体であり，それゆえ，全国あまねく放送する義務が課せられている。そのような全国放送としての義務から，NHK-BS は，当初，難視聴解消を目的に打ち上げられたわけであるが，難視聴世帯がごく限られたことから，いつしか地上波テレビと違った自主編成が認められるようになり，今日に至っている。

2）財源は国民から徴収する受信料

　受信料は，番組サービスの対価による有料放送と違って，番組視聴如何にかかわらず，受信機の設置に対して課せられる，ある種の負担金という性格を持つものである。前述した通り，2018年度の受信料収入は7,122億円（前年比3.0％増）で，事業収入7,332億円の97.1％を占めている（日本民間放送連盟編 2019：1）。

　2017年12月 6 日に NHK が受信契約を拒んだ男性に受信料の支払いを求めた訴訟の判決で，最高裁は NHK との契約義務を定めた放送法の規定は合憲であ

るとする判断を下した。最高裁の合憲とする判決は、NHKの受信料契約にお墨付きを与えたことになり、全国の受信料未払者や事業者に対して、今後裁判を起こせば勝訴する可能性が高く、受信料支払い率に影響を与えそうだ。事実、受信料支払い率を見ると、2005年番組制作費着服事件という不祥事があった年は、受信料不払い世帯が130万世帯、不払い率が約30％であった。2005年度の単独決算の受信料収入は前年比6％減の6,024億円で、ピーク時より454億円少ない水準となった（日本経済新聞 2006）。だが、近年未払者に対して督促、強制執行等厳しい対応を行っているのが功を奏して、2018年では82％と改善されてきている。ただし、諸外国と比べて依然支払い率は低い。イギリスのBBCはNHKと同様に国民から徴収する受信許可料を財源としているが、罰則規定があり(15)、支払い率は94.3％と高水準である。また韓国のKTVは、受信料金は、ガス、電気料金と合わせて徴収しており、こちらも支払い率は96.7％と高水準である。このように、NHKの場合は、罰則規定がないことも起因して、受信料支払い率が低いと言われ、負担者の公平性が問われている。

3）営利を目的とする業務や広告放送の禁止

　公共放送という性格から、受信料を主な財源とするため、営利を目的とした業務は認められておらず、広告放送によるスポンサー収入は認められていない。諸外国を見ると、公共放送でも、中国のCCTV、韓国のKTVのように広告収入を財源の一部としている国もあり、公共放送だから、広告放送が禁じられているわけではない。BBCは、かつてサッチャー政権時に民営化を推進するため、ピーコック委員会を立ち上げ、広告放送導入を検討した時期があった。また、NHKも民営化導入案が浮上した時期もあった。

4）マスメディアの集中排除原則の対象外

　民間放送は、マスメディア集中排除の原則が厳しく課せられているが、NHKはこの原則の適用外である。そのため、一つの事業体で全国放送が可能であったり、地上2系統に、BS3系統（内ハイビジョン1系統）と複数のチャンネルが保有できたりもする。そのため、NHKの場合はBS放送事業も民放のように別会社化せず、本体の事業として取り組むことができる。また、NHK放送技術研究所を有し、衛星放送、ハイビジョン、4K・8K放送等新しい放送サービスに対して先導的な役割を担っている。マスメディア集中排除原

則の対象外で，多メディア・多チャンネル化しやすい体質であるため，特に民間放送からは，NHKの肥大化，民業圧迫の批判を受ける要因となっている。

5）新規事業を行う場合は放送法の改正が必要

NHK本体は，放送法によって営利事業は認められていないが，1982年の放送法改正により，NHK外部に関連会社を設立することが認められるようになってから，多くの関連会社が生まれた。NHKと関連した付帯業務の範囲の中で，民間と変わらない営利事業が行われているのが実態である。NHKは，放送番組の委託制作，放送テキストやキャラクターグッズの販売などを行っている子会社，関連会社を数多く抱えている。

NHK関連会社の内訳は，子会社12団体，関連公益法人等9団体，関連会社4団体である（2019年4月1日現在）。放送番組の企画・制作，販売分野では，NHKエンタープライズ，NHKエデュケーショナル，NHKグローバルメディアサービス，NHKプロモーション，NHKプラネット，NHK出版など，業務支援分野では，NHKアイテック，NHK文化センターなど，公益サービス分野では，NHKサービスセンター，NHK交響楽団などがある。2018年度の連結決算によると，連結の範囲はNHKエンタープライズなど連結子会社13社と持分法適用会社1社（放送衛星システム）で，それらを合わせた経営事業収入は8,010億円（前年比158億円増）であった。NHKは7,322億円で，関連会社は687億円となる（日本民間放送連盟編 2019）。

NHK本体は，放送法の規定により，制度的に事業の制約があるが，子会社には，設立された後は，業務範囲には制限が無く，出資の目的である業務だけではなく，節度を持つ範囲内で自主事業が行えることになっているのが現状である。こうしたことから，長年にわたってNHKは，民放連から民業の圧迫という観点からNHKの肥大化の批判を受けている。

6）NHKと政府との関係

NHKは，国家の統制下に置かれた国営放送でもなく，視聴率に左右される，スポンサーに依存した民間放送でもない。政府や企業等第三者の介入を免れるため，その財源を国民から広く徴収する受信料制度に求めた，公共放送である。だが，制度的に見ると，NHK予算の国会承認，放送法改正による新たな業務の認可等，政府・与党との接点を避けることはできない。また，経営人事面で

も，経営委員は国会の承認を得て首相が任命し，経営委員会が会長の任免を行うことが制度化されている。そのため，時の政府からの干渉や介入を受けやすい危険性を孕んでいる。

（2）NHK のガバナンス

　NHK の組織統治（ガバナンス）も問われている。NHK の経営委員会と執行部および監査委員会の役割・権限について概観する。

1）経営委員会及び監査委員会

　経営委員会は，NHK の最高意思決定機関と位置づけられ，経営委員（12名）は，外部から両議院の同意を得て内閣総理大臣によって任命される。そして，経営委員の中から3名以上を監査委員に任命する。監査委員会は2007年の法改正により導入され，経営委員会が監督権限を行使するための報告徴収権や調査権等を持ち，両者の連携が NHK のガバナンスの強化につながることが期待されている。

　経営委員会の権限については，協会の経営に関する基本方針，監査委員会の職務の執行のため必要なものとしての総務省令で定める事項，収支予算，事業計画及び資金計画等，第14条には仔細に明記されている。

2）NHK 会長と執行部

　前述した経営委員会が監督権限を行使するのに対して，NHK の会長，副会長並びに理事は，NHK の業務の執行機関である。これらによって構成される理事会は，NHK の業務が適正に執行されるための審議機関であるが，決定機関ではない。そのため，会長は理事会の決定に拘束されることはなく，独自の判断を行うことができることから，NHK の会長の権限が事実上強大になることが問題点として指摘されている。

3）NHK のガバナンスの問題点

　NHK 経営トップ層のかんぽ生命保険不正販売報道を端緒とした一連の騒動は，まさに NHK のガバナンスの脆弱性を浮き彫りにした事件であった。2018年4月に放送された「クローズアップ現代＋（プラス）」で，かんぽ生命保険不正販売に関する番組が放映された後，日本郵政側が経営委員会に対して抗議を行ったため，一時その続編の放映が見送られた。そして，経営委員会が郵政

側の抗議に応じて会長に厳重注意したこと，会長が日本郵政側に謝罪文を送ったこと等が次から次へと発覚し，混乱を極めた。前述の通り，経営委員会には，監督権限はあっても，NHKの業務を執行することはできず，執行の全権限を有するNHK会長に対しての注意そのものが執行への関与となり，明らかに放送法違反となる。

（3）公共放送から公共メディアへ

1）NHKのネット配信の変遷

2000年12月から始めたNHKのネット配信は，放送業界のみならず，新聞業界からも反発を招いた。通常のインターネットのホームページによる番組情報に留まらず，視聴者からの強い要望があったとして突然NHKニュースの項目を2分ぐらいの映像として毎日流し始めたからだ。ブロードバンド化によって，通信インフラも映像サービスとして利用できるようになり，NHKとしてもその選別をつけた恰好だ。NHKは，放送法によって業務範囲が規定されており，新しい業務を行うためには放送法を改正しなければ実現できない。放送法では，NHKの業務範囲を「放送とその付帯業務」と記されているが，NHK側はネットニュースは，放送の付帯業務でその範囲内であるとした。一方ネット配信で競合する新聞社や放送局は本来業務の範囲を越えたものとして，反発した。両者の相違について，当時総務省の見解では，放送番組の二次利用である点から放送の補完利用として行われたもので，放送の付帯業務の範囲内として解釈され，認められた恰好となった。

その後，2007年の放送法改正では，任意業務の一つとして，「放送した放送番組及びその編集上必要な資料」（既放送番組）をインターネットによって提供する義務が追加された。翌年12月からは，放送済みのドラマ，ニュース番組，ドキュメンタリー等を有料で配信するNHKオンデマンド[16]をスタートさせ，インターネット活用業務を拡大させた。この件が発端となって，公共放送としてインターネットの利用はどこまで認められるのか，さらにデジタル時代の公共放送NHKのあり方まで論議が巻き起こすことになった。

2）NHKの常時同時配信問題

2019年5月29日にNHKのインターネット常時同時配信を可能とする改正放

送法が国会で成立した。2014年の放送法改正では,「協会のテレビジョン放送による国内基幹放送の全ての放送番組を当該基幹放送と同時に一般の利用に供することを除く」と規定され,インターネットによる常時同時配信は見送られた。その後「放送を巡る諸課題に関する調査研究会」の第2次取りまとめなどを踏まえて改正されたもので,今回はこの規定を削除することによって,NHKの念願であった常時同時配信の道が開けた。

　これにより,NHKは2019年度中にネット配信を開始する方針で,12月には認可を受ける予定でいた。だが,2019年11月にすでに10月に提出された実施案に対して,総務省から待ったがかかった。

　このように認可直前に総務省から再検討を求められたが,2020年1月14日にNHKから再提出された実施基準案が認可されるに至った。NHKは実施に当たって当初の計画を縮小することになった。主な変更点は以下2点である。従来の基準案ではネット業務費の上限は受信料収入の実質3.8%だったが,現行基準の2.5%に減らした。また,配信時間については,常時ではなく,当面1日17時間で調整することになった(朝日新聞 2020)。認可を受けて,NHKは1月15日に地上波テレビの常時同時配信と見逃し配番組配信サービスのサービス名と放送時間について発表した。新サービス名は「NHK プラス」で6時から24時までの1日18時間常時同時配信サービスを行う。また,番組の途中でも最初から視聴できる「追っかけ視聴」も可能となる。一方,見逃し配信サービスは24時間利用でき,放送終了後7日間視聴できる(日本民間放送連盟編 2020:1)。

3）問われるNHKの公共性

　NHKは放送法によって,全国あまねく放送する義務が課せられている。だが,今日メディア環境が放送からネットへ,テレビからモバイルメディアへとシフトしている中で,放送メディアだけでは,将来全国をカバーできなくなる事態にもなり兼ねない。かつてBBCワールドワイドの某ディレクターと面会した際,彼が「公共放送としてのBBCの役割は,地上デジタル放送ばかりでなく,衛星テレビ,ケーブルテレビ等あらゆるプラットフォームに番組コンテンツを供給することにある」と明言したことが記憶に残っている。今日のメディア環境では,あまねくとはあらゆるプラットフォームにテレビ番組を供給す

る義務があると意味づけることができる。今後は，テレビ放送のみならず，インターネットを介してのモバイルメディアへの情報（番組）提供も必要であり，「常時同時番組配信」はある一定の規律の下，容認せざるを得ないと判断される。ただ，今後 NHK が公共メディアとしての責務をどのように果たしていくのかを国民一人一人が監視して問い質していかねばならない。

　総務省の放送を巡る諸課題に関する検討委員会の「第二次取りまとめ（案）」の中では，「公共放送としての NHK の役割・使命は，インターネット時代においても変わるものではなく，情報提供の在り方が多様化する中で，公共的見地から，国民・視聴者にあまねく必要な情報が提供されることを確保することが重要である」と述べている。公共放送から公共メディアへ向かうためには「あまねく」提供する手段である「新たな伝送路」といったハードな側面ばかりではなく，「公共的価値」⁽¹⁷⁾のある多様な情報提供サービスのあり方といったソフトの側面も併せて見ていかねばならない。

　注
(1)　2018年度の NHK の連結決算は，NHK エンタープライズなど連結子会社13社と持ち分法適用会社（放送衛星システム）を合わせると，経常事業収入は8,010億円（前年度比158億円増）（日本民間放送連盟編 2019：1）。
(2)　2016年 3 月，東京，大阪，福岡に続いて名古屋周辺まで放送を開始。VHF 帯を使用し，高音質の音楽番組や詳細な交通情報，天気予報，デジタルサイネージへの各種データ配信，防災情報など，IP データ放送を活用した画期的なサービスである（博報堂 DY メディアパートナーズ編 2019：110）。
(3)　2005年 radiko プロジェクトとしてスタートし，2008年大阪での IP サイマル配信実験以降，出演者，音楽，野球など権利者との協議を重ねた結果，放送と同時のサイマル配信の許諾を得ることができ，本配信開始に至った。
(4)　ラジコオーディオアドは，ラジコで聴く番組に設けられたミッドロール（コンテンツの間に挿入される）に配信される音声広告で，局横断型のターゲティング指定が可能である（博報堂 DY メディアパートナーズ編 2019：113）。
(5)　系列各局の配分金の配分比率は，各ネットワークの業務協定に明文化されている。基本的には，各テレビ局の立地する地域における人口などのエリアパワー（民力度）で決定されることになるが，実際は各局の経営状況などの特殊事情が考慮されて決められてることが多い（西 1997：24）。また，全国ネットワーク番組を送り出

すネットワーク発局は，ネットワーク受局（系列各局）に対して配分金の一部を特別分担金として徴収する。これはネットワーク発局がスポンサー獲得交渉などにかけた負担の一部をネットワーク受局にも分担してもらう名目で配分金の8〜9％程度が当てられるようだ（西 1997：24-25）。

(6)　英語表記は，Broadcasting Ethic and Program Improvement Organization.

(7)　BPO は，2つの任意団体，放送番組向上協議会（1969年設立）と「放送と人権等権利に関する委員会機構（BRO）」（1997年設立）の業務を移管して設立された組織である。また向上協の中にあった「放送番組委員会」「青年委員会」「放送人権委員会」によって構成され，その後2007年には BPO 機能強化のため，放送番組委員会を発展的解消し，「放送倫理検証委員会」が設置された（三宅ら 2016：4）。

(8)　スマートテレビの定義は，デジタルテレビの受信機能とともに，以下の2つの機能を保有する端末，またはセットトップボックスなどのテレビ周辺機器をいう。ア）インターネット経由の映像をテレビ画面で視聴可能，イ）高い処理能力を持つCPU が搭載され，スマートフォンのようなゲームなどのアプリケーションをテレビで利用することが可能。

(9)　アメリカでは，新作映画がSVOD に提供されるまで，劇場公開→ DVD →テレビ放映→衛星・ケーブルテレビ→ SVOD の順に公開されるため，約2年かかる。

(10)　OTT は Over the Top の略で，英語の意味は「頭ごなしに」。具体的には既存のケーブルテレビや衛星放送を介さず，インターネット経由でコンテンツを提供するサービスを指す（柴田 2016）。

(11)　次世代通信規格 5G は，①高速大容量通信，②超信頼・低遅延，③多数同時接続，と3つの特徴をもち，日本は2020年の商用化を目指している。

(12)　スカパーとの契約では，年間30億円だったものが4倍以上に高騰した巨額の放映権料であった。

(13)　Web サイトに埋め込まれるため，アプリをダウンロードする必要がない。ユーザーはブラウザだけで動画再生が可能となる。

(14)　総務省は，特殊法人について「政府が必要な事業を行おうとする場合，その業務の性質か企業的経営になじむものであり，これを通常の行政機関に担当させても，各種の制度上の制約から能率的な経営を期待できないとき等，特別の法律によって独立の法人を設け，国家的責任を担保するに足る特別の監督を行うとともに，その他の面では，できる限り経営の自主性と弾力性を認めて能率的な経営を行わせようとする法人」と説明している（鈴木・山田編著 2017：154-155）。

(15)　受信許可料の不払いに対しては，1,000ポンド（約13万円）以下の罰金が科せられ，応じない場合収監される場合もある。

(16)　現在，見逃し見放題パックは月990円（税込）で，「大河ドラマ」や「朝の連続テ

レビ小説」など600〜700本配信され見逃した翌日から14日間程度視聴できる。また，単品購入も可（110円〜）。ちなみに，2018年度のインターネット活用業務の経費は，139億円で受信料収入の2.0％で，NHKオンデマンド等は，一般勘定とは別勘定（放送番組等有料配信業務勘定）で自事業収入22億円であった。

⒄ 2017年，NIIK経営計画（2018-2020年度）3か年計画が発表され，今後のNHKのビジョンが示された。NHKは6つの「公共的価値」（①正確，公平・公正な情報の提供，②安全で安心な暮らしに貢献，③質の高い文化の創造，④地域社会への貢献，⑤日本と国際社会の理解促進，⑥教育と福祉への貢献）と，それらを実現するための14の経営指標を掲げた。

参考文献

大原敏郎（2018）『テレビ最終戦争――世界のメディア界で何が起こっているか』朝日新聞出版。

川端和治（2019）『放送の自由――その公共性を問う』岩波書店。

柴田厚（2016）「既存の放送ビジネスを揺さぶるアメリカのOTTサービス」NHK放送文化研究所編『放送研究と調査』2016年3月号。

デジタルコンテンツ協会編（2019）『デジタルコンテンツ白書2019』。

総務省編（2019）『情報通信白書 令和元年版』日経印刷。

総務省放送を巡る諸課題に関する検討委員会編（2018）「第二次取りまとめ（案）」。

鈴木秀美・山田健太編著（2017）『放送制度概論』商事法務。

電通メディアイノベーションラボ編（2019）『情報メディア白書2019』ダイヤモンド社。

西正（1997）『放送ビッグバン――ソフトビジネス大競争時代の夜明け』日刊工業新聞社。

西田宗千佳（2015）『ネットフリックスの時代――配信とスマホがテレビを変える』講談社。

日経BP社編（2016）「特集 テレビ地殻変動――ネットTVが作る新秩序」『日経ビジネス』1857。

日本民間放送連盟編（2007）『放送ハンドブック 改訂版』日経BP社。

日本民間放送連盟編（2019）「NHK18年度決算事業収入7332億円――受信料収入は7122億円」『民間放送』7月3日号。

日本民間放送連盟編（2020）「『NHKプラス』4月1日開始 同時配信1日18時間 ネット実施計画も発表」『民間放送』1月23日，1頁。

博報堂DYメディアパートナーズ編（2019）『広告ビジネスに関わる人のメディアガイド2019』宣伝会議。

松岡新・向後英紀編著（2004）『新 現場からみた放送学』学文社。

松田浩（2005）『NHK ——問われる公共放送』岩波書店。

三宅弘・小町谷育子（2016）『BPO と放送の自由』日本評論社。

山崎秀夫（2011）『スマートテレビで何が変わるか』翔泳社。

湯浅正敏編著（2001）『放送 vs 通信 どうなるメディア大再編』日本実業出版社。

湯浅正敏編著（2006）『メディア産業論』有斐閣。

NHK 放送文化研究所編（2019）『NHK データブック世界の放送2019』NHK 出版。

朝日新聞（2018a）「メディアタイムズ 番組制作巡る協議不調——MX『ニュース女子』月内終了」3月2日付朝刊。

朝日新聞（2018b）「メディアタイムズ『ニュース女子』地方局継続——MX 打ち切り後も15局」6月16日付朝刊。

朝日新聞（2019）「メディアタイムズ バラエティー演出どこまで OK ？」1月10日付朝刊。

日本経済新聞（2006）「NHK 全国で法的措置 受信料不払い来年度」『日本経済新聞』12月19日付朝刊。

日本経済新聞（2020）「NHK ネット同時配信認可 総務省 4月開始，肥大化なお懸念」『日本経済新聞』1月15日付朝刊。

第2章	インターネット産業

1 インターネット産業の概況
──上位レイヤー市場の成長

（1）インターネット産業の台頭

　インターネット産業の歴史を振り返った時，分水嶺となるのは，日本で「インターネット元年」とも呼ばれる1995年である。その象徴と位置づけられるのは，Microsoft による「Windows95」の発売である[1]。Windows95 の特徴として，例えば，画像や図形といったグラフィックによってコンピュータの操作が可能となったことが挙げられるが，インターネット関連では，通信接続で使用されるプロトコルや，ウェブサイトを閲覧するブラウザの搭載などが挙げられる。これらの機能がパソコンの運用を司る OS に搭載されたことで，それまで限定的であったインターネット利用が促進された。以降，インターネット関連のサービスは発展していき，インターネット産業も右肩上がりに成長していった。

　2019年8月の世界における時価総額ランキングを見ると，情報源により多少のばらつきは見られるものの，Microsoft（アメリカ），Apple（アメリカ），Amazon.com（アメリカ），アルファベット（Alphabet［Google の持ち株会社］アメリカ），Facebook（アメリカ），アリババ・グループ・ホールディング（阿里巴巴集団：中国），テンセント（騰訊：中国）といったインターネット関連企業が上位を占めている[2]。日本国内においても，2016年の情報通信産業の市場規模（名目国内生産額）は全産業の9.6%を占め，全産業の中で最大規模となっている（総務省編 2018）。

　全体を俯瞰してみると，インターネット産業は過去二十数年で大きな成長を遂げたと総括できる。ただその中身に目を向けてみると，全体としての成長とは別の変化を認めることができる。表2-1は，1995年と2017年のインターネ

表2-1　1995年と2017年のインターネット関連市場における時価総額ランキング

1995年

社　名	主な業態	所在国	時価総額（億ドル）
ネットスケープ（Netscape）	ソフトウェア	アメリカ	54
Apple	ハードウェア	アメリカ	39
アクセル・シュプリンガー（Axel Springer）	メディア,出版	ドイツ	23
レントパス（RentPath）	メディア,レンタル	アメリカ	16
ウェブ・ドット・コム（Web.com）	ウェブサービス	アメリカ	10

2017年

社　名	主な業態	所在国	時価総額（億ドル）
Apple	ハードウェア,ソフトウェア,サービス	アメリカ	8,010
Google/アルファベット	検索（情報,検索等）	アメリカ	6,800
Amazon.com	電子商取引,サービス,メディア	アメリカ	4,760
Facebook	SNS（情報,社会）	アメリカ	4,410
テンセント	SNS（情報,社会等）	中国	3,350

出所：OECD（2017）.

ット関連市場における時価総額の上位5社を並べたものである。

（2）上位レイヤー市場の成長

　1995年を2017年と比較すると，時価総額の飛躍的な増加はもちろんであるが，合わせて，時価総額の上位を占める企業の業態が大きく変化している点が目にとまる。2017年のランキングでは，インターネットを通じてコンテンツやサービスを提供する企業，ならびに，それらの提供の基盤となるプラットフォームを運営する企業が上位を独占している。このような傾向は，インターネットが社会に広く普及し，利用が一般化した2000年代後半以降，とりわけ顕著となった。こうした産業構造の変容について，総務省が公表している「情報通信白書」では以下のように解説されている。

　　「2005年から現在までの時代においては，インターネット上には様々なサービス（コンテンツ・アプリケーション）が出現し，成長してきた。またそれらのサービスの提供を支えるサービス（プラットフォーム）も成長し，ICTサービスは大きくその全体像を変化させている。」（総務省編 2015）
　ここで言及されている「コンテンツ・アプリケーション」は動画，音楽，電

表2-2　インターネット産業
　　　のレイヤー構造

| コンテンツ・アプリケーション |
| プラットフォーム |
| ネットワーク |
| 端　　末 |

出所：各種資料を参考に筆者作成。

子書籍，SNS，モバイル向けアプリなどの市場を指し，「プラットフォーム」はモバイル OS，検索サービス，電子商取引，電子決済，デジタル広告，クラウドサービスなどの市場を指す。[3] 双方はインターネット産業の見取り図である「レイヤー構造」では上位レイヤーに位置づけられる（表2-2）。

　インターネットの普及や利用において「下位レイヤー」に属する「ネットワーク」や「端末」は前提条件であり，市場規模においても下位レイヤーが占める割合は大きい。しかし，固定・移動体の高速ブロードバンド網，すなわち「ネットワーク」が行き渡り，パソコンや携帯電話，スマートフォンといった「端末」が広く普及した社会では，それぞれの市場成長の鈍化は否めない。他方，上位レイヤーに属する「コンテンツ・アプリケーション」や「プラットフォーム」は収益率が高く，市場の成長も期待される。こうした見込みについて『情報通信白書』では，次のように述べられている。

　　「全体的には，『ネットワーク』，『端末』の下位レイヤーの市場は，既に世界的に普及している固定・移動体ネットワークサービスを中心としてその規模は大きいが，成長率の観点からはとりわけ『端末』レイヤーは低く，スマートフォンを中心に急速に成長してきた『人』向けデバイスの成長は今後鈍化することが予想される。他方『コンテンツ・アプリケーション』や『プラットフォーム』の上位レイヤーの市場は，現在の市場規模は前述の下位レイヤーと比べて小さいが，成長率が高いことから，今後 ICT 産業の付加価値は全体的に上位のレイヤーの関連へとよりシフトしていく可能性が高い。」（総務省編　2018）

（3）上位レイヤーとネットワーク効果

　「コンテンツ・アプリケーション」および「プラットフォーム」といった上位レイヤーの市場成長は，「ネットワーク効果（ネットワーク外部性）」という観点からもその可能性が語られる。「ネットワーク効果とは，利用者が増えるほど製品やサービスの価値が上がることを意味する経済原理のことである。利

用者の拡大によって利用者の便益が増加する場合にネットワーク効果が働く」（根来 2017：62）。このネットワーク効果は，インターネット産業において大きく作用し，時価総額で上位を占めるような企業の成長をもたらした。

　山口（2017）は，ネットワーク効果の働く市場の用件として，「①潜在的ユーザーが大量にいること」と「②参加コストが低いこと」の2つを挙げ，インターネット市場は「フリーミアム」や「広告モデル」といった「フリー・ビジネス」により，②の条件に革命をもたらしたと指摘している。特に「コンテンツ・アプリケーション」および「プラットフォーム」といった上位レイヤーではフリー・ビジネスが主流であり，フリー・ビジネスにより多くのユーザーを呼び込んだ企業が大きな成長を遂げている。

　例えば，「コンテンツ・アプリケーション」のレイヤーに属するSNSは，原則として無料でサービスを利用できることから多くのユーザーを集めた。結果，ユーザー同士の交流が活性化し，サービスの価値が上昇した。そして，SNSを提供する企業も成長していった。「フェイスブックを利用する人が増えれば増えるほど，いろいろな人とフェイスブック上でコミュニケーションすることができるようになり，利用者の便益が上がる」（根来 2017：66）。このような過程には，まさしくネットワーク効果の原理が働いている。このことは「プラットフォーム」のレイヤーにも当てはまる。例えば，Googleの検索サービスは無料で提供されており多くのユーザーを集めている。多くのユーザーを集めるサービスは広告効果が高く，多くの広告が集まる。結果として，Googleは広告サービスから大きな収入を獲得し，大企業へと成長していったのである。

　もちろん，下位レイヤーの市場に成長性がないわけではない。第5世代の移動通信システム，いわゆる「5G」をめぐっては，インフラ構築における設備投資，5G対応の各種端末（スマートフォン，ロボット，ドローン，AR/VR等），AI（人工知能）やIoT（モノのインターネット）での活用など，「ネットワーク」や「端末」の市場は，今後も成長が見込まれる。しかし，インターネットやモバイル端末が社会に広く普及し，その利用が一般化した2000年代後半以降，インターネット産業を牽引し，世界的にも注目を集めてきたのは，上位レイヤーに属する企業であり，そうした企業によって提供されるサービスであった。そこで以下では「コンテンツ・アプリケーション」と「プラットフォーム」のレ

イヤーに属する市場に焦点を当て，インターネット産業の動向を概観していく。

2　コンテンツ・アプリケーション市場の動向

　「コンテンツ・アプリケーション」のレイヤーに属するのは，その名のとおり，各種の「コンテンツ」や「アプリケーション」である。本節ではコンテンツやアプリケーションの中から，SNS，メッセージング・アプリ，インターネット動画サービス，モバイルゲームを取り上げ，それぞれの代表的なサービス，ならびに市場の動向を説明していく。

（1）Ｓ　Ｎ　Ｓ

　SNS は「ソーシャル・ネットワーキング・サービス」の略称で，「登録された利用者同士が交流できる Web サイトの会員制サービス」という定義がなされている。もう少し説明を加えると，以下のような特徴が挙げられる。

① ユーザーはサービスへ登録しアカウントを取得する。

② 自身のプロフィール入力，写真を掲載したページ作成，メッセージ，日記，画像・写真，ムービーなどの投稿を行う。

③ これらのコンテンツを媒介としながら，友人や知人，あるいは，同じ趣味を持つ人たちと交流を図る。

　SNS は上位概念である「ソーシャルメディア」と同様に定義が曖昧であり，どのサービスを「SNS」とするか，という線引きは難しい。本項では，ウェブ上におけるユーザー間のつながりや交流を軸としたサービスを SNS と位置づけ，その動向を概観する。

　いつ SNS が誕生したのかは定かではない。ただ草分け的な存在としては，2002年にアメリカで開設された「フレンドスター（Friendster）」や，2003年に同じくアメリカでサービスを開始した「マイスペース（Myspace）」が挙げられる。日本では，2004年にサービスを開始した「ミクシィ（mixi）」ならびに「グリー（GREE）」が草分け的な SNS として挙げられる。いずれもサービス開始から，比較的短い期間で多くのユーザーを集め，マイスペースは，2006年にはアカウント数が１億を突破し，2008年には２億に到達した。ミクシィは，

2007年に1,000万 ID を突破し，2008年には1,500万 ID に達している。⁽⁶⁾

　ただし，これら早発のサービスは，2000年代後半から2010年代前半になると勢いを失っていった。他方，同時期に多くのユーザーを獲得し，世界的な SNS へと成長したサービスがある。一つは「Facebook」であり，もう一つは「Twitter」である。

　Facebook は，2004年にアメリカのハーバード大学に在籍していたマーク・ザッカーバーグ（現・CEO）と彼の仲間たちによって立ち上げられた。当初は同大学の学生間で交流を図るシステムであったが，次第に対象範囲は拡大され，メールアドレスを有する13歳以上の者であれば誰でも利用できるようになった。その後，ユーザーは世界中に広がっていき，2010年に5億ユーザーを突破し，2012年には10億ユーザーに達したとされる。2016年に公表された日本を含む世界8カ国を対象とした SNS の利用状況に関する調査では，日本を除く国でFacebook が1位となっており（総務省編 2016），現在も世界で最も大きなシェアを占めている（図2-1）。

　Facebook の代表的な機能として，「文書・画像・動画の投稿」「友達リクエスト（申請）」「タイムライン」「いいね！（Like）」「シェア（Share）」などがある。このうち特徴的な機能として「いいね！（Like）」と「シェア（Share）」が挙げられる。「いいね！」は，投稿された情報を評価する機能であり，「シェア（Share）」は，興味をひいた情報を「友達」と共有する機能である。これらの機能を通じて，友人・知人との交流や情報共有を図るのが Facebook の特徴である。

　2000年代後半から2010年代前半にかけて世界で多くのユーザーを集めたもう一つの SNS である Twitter は，2006年にアメリカのスタートアップ企業Obvious（現・Twitter 社）によって開始された。Twitter は，投稿（ツイート）の文字数が140文字に制限されているが，この文字数の制限が投稿における「気兼ねのなさ」をもたらし，多くのユーザーを集めた。2010年頃にはユーザー数は1億に達し，2019年3月末の全世界の月間アクティブユーザーは約3億3,000万を数える。⁽⁸⁾日本国内では最も利用者の多い SNS であり，2018年末の日本における月間アクティブユーザーは4,500万超とされる。⁽⁹⁾

　Twitter はジャック・ドーシー最高経営責任者（CEO）が「私はツイッター

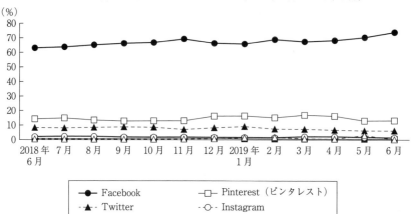

図2-1　世界における主なSNSのシェア（2018年6月〜2019年6月）

出所：StatCounter "Social Media Stats Worldwide".[7]

はSNSだとは思っていません」と語った[10]り，時に「ミニブログ」や「マイク
ロブログ」と呼ばれたりするように，その他のSNSとは一線を画す面がある。
ただし，同サービスに備わっている「フォロー／フォロワー」「返信」「リツイ
ート（RT）」「いいね」といった各種の機能は，ユーザー間のつながりや交流
を促進するものであり，Twitterは代表的なSNSの一つと位置づけても差し
障りはないだろう。

（2）メッセージング・アプリ

　前項で取り上げたSNSは，いずれも2000年代に開始されたサービスであり，
主にウェブブラウザを通じて利用されていた。しかし，2010年代以降のスマー
トフォンの普及に伴い，スマートフォンを中心としたモバイル端末，ならび，
モバイル端末向けのアプリケーション，いわゆる「アプリ」を通じた友人や知
人との交流が一般的となっていった。その主流へ躍り出たのは，いわゆる「メ
ッセージング・アプリ」であ[11]る。

　代表的なメッセージング・アプリとして，「WhatsApp（ワッツアップ）」
「Facebook Messenger（通称「メッセンジャー」）」「WeChat（微信：ウィーチャ
ット）」「LINE」「カカオトーク（KakaoTalk）」などが挙げられる（図2-2）。

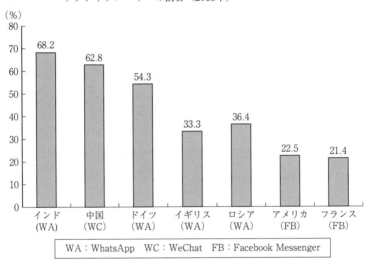

図2-2　世界の主要国におけるメッセージング・アプリの１日当たりの
アクティブユーザーの割合（2018年）

WA：WhatsApp　WC：WeChat　FB：Facebook Messenger

出所：SimilarWeb "Daily Active Users: Top Communication Apps per Country".[12]

これらのうち，2019年現在，「WhatsApp」が世界で最も多くのユーザーを集めているとされ，西欧，ロシア，中東，アフリカ，南アジア，中南米の多くの国で最もポピュラーなメッセージング・アプリとして利用されている。ただし，国・地域ごとに主要なメッセージング・アプリは異なる傾向にあり，北米では「Facebook Messenger」，中国では「WeChat」，韓国では「カカオトーク」のユーザー数が最も多い。日本では「LINE」の利用が圧倒的な割合を占めている。

　日本国内で圧倒的なシェアを占める LINE は，韓国に本拠を置く NAVER の子会社「NHN JAPAN（現・LINE 社）」が2011年に開始したサービスである。2013年には世界の登録ユーザー数は１億を超え，2014年には４億を突破したとされる。日本国内における2019年第１四半期の月間アクティブユーザー数（MAU：月に１回以上アプリを使った人）は約8,000万人に達している。[13] LINE には多様な機能が備わっているが，主立ったものとして，トーク（友だち，グループ），無料通話（インターネット電話），スタンプ，タイムラインなどが挙げられ，いずれもユーザー同士の交流に際して重要な役割を果たしている。また，

トークにおける「既読」の機能も LINE の特徴として挙げられる。その他，LINE のアカウントと連携するゲームアプリ「LINE：ディズニーツムツム」も人気を集めている。

（3）インターネット動画サービス

　2000年代後半以降，SNS やメッセージング・アプリと並んで一般ユーザーに広く利用されるようになったサービスとして「インターネット動画サービス」が挙げられる。インターネット動画サービスは，ユーザーが作成した動画を，同じくユーザー同士で共有・視聴する「動画共有サービス」と，一定の料金を支払うことで映像作品を視聴できる「動画配信サービス」に大別される。2016年に公表された調査によると，日本国内における動画共有サービスの利用経験は76.8％，動画配信サービスの利用経験は16.3％となっている（総務省編 2016）。

　動画共有サービスで最も多くのユーザーを集めているのは「YouTube」である。YouTube は2005年にアメリカで開始されたサービスで，2006年には「Google」によって買収された。その後，サービスは世界各国・地域へ拡大していき，2019年現在，世界で最も利用者の多い動画共有サービスとして不動の地位を確立している。YouTube のホームページでは，世界中での利用状況は「毎月19億人以上のログイン済みユーザーが YouTube を利用しており，1日あたりの動画視聴時間は10億時間を超え，視聴回数は数十億回にのぼります」と説明されている。日本国内では，2017年に18〜64歳のインターネット人口の82％が視聴し，月間のログインユーザー数は6,200万人に達したとされる。

　YouTube のコンテンツは，前述のとおり「ユーザー」によって作成・投稿された動画である。ただし「ユーザー」の範囲は，いわゆる「一般ユーザー」や「素人（アマチュア）」に限らず，企業，政治家，政党，地方自治体，宗教団体，芸能人に至るまで幅広い。そして，一般ユーザーや素人の中にも，「YouTuber（ユーチューバー）」のように，継続的に動画を投稿し，動画に付随する広告から収入を得ている者も存在している。また，コンピュータ・グラフィックスによって制作されたキャラクター（アバター）を用いて動画投稿を行う「バーチャル YouTuber（Vチューバー）」も，2016年頃から活動を展開して

いる。

　日本の代表的な動画共有サービスとしては，2006年にニワンゴ（現・ドワンゴ）が開始した「ニコニコ動画」が挙げられる。サービス開始の翌年には ID 登録者数は100万に達し，2008年には ID 登録者数は1,000万を突破した。[16] ニコニコ動画は YouTube などと同様に，ユーザーによる動画の投稿をサービスの核としているが，他のサービスとは一線を画す独自の機能として「コメント機能」がある。コメント機能とは，再生中の動画の画面上に文字や記号を書き

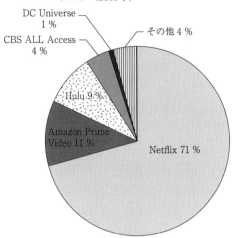

図2-3　動画配信サービス（SVOD）の世界シェア（2018年）

出所：Parrot Analytics "Worldwide platform demand share of digital originals".[19]

込むことができる機能で，コメントを通じたユーザー間の交流が展開されてきた。そこから「職人」や「弾幕」といった文化も生まれた。

　ニコニコ動画の収益は，「プレミアム会員」と呼ばれる有料会員サービスが多くを占めている。プレミアム会員数はニコニコ動画の人気の高まりとともに増加し，2010年には100万人を突破，最盛期には約250万に達した。その後，有料会員サービスのメリットの少なさや，他の動画サービスの充実といった理由もあいまってプレミアム会員数は減少に転じている。[17]

　動画配信サービスは，代表的なものとして「Netflix（ネットフリックス）」「Amazon Prime Video（アマゾンプライム・ビデオ）」「Hulu（フールー）」といったサービスが挙げられる。そして世界シェアの大半はこれら3つのサービスによって占められている（図2-3）。ニールセンの調査によると，日本ではAmazon Prime Video の利用者数が509万人で Netflix の利用者数171万人を大きく上回っている。[18]

　動画配信サービスのうち，世界最大の市場シェアを占めている Netflix は，1997年にアメリカで設立された会社で，当初はインターネットを通じた DVD

レンタルの事業を展開していた。2007年以降は，セットトップボックスやインターネット接続端末（パソコン，ゲーム機，タブレット，スマートフォン）を通じた動画配信サービスを事業の中核と位置づけ，規模を拡大していき，2019年3月末の有料会員数は全世界で1億4,880万人に達している[20]。配信されるコンテンツは，当初はテレビ番組や映画などの既存作品であったが，2010年代中頃からはオリジナル作品の制作・配信にも乗り出している。Amazon Prime Video および Hulu も Netflix と同様にオリジナル作品の制作・配信を行っている。

（4）モバイルゲーム

　モバイル・コンテンツ・フォーラム（MCF）の調査によると，ゲームや音楽等のデジタルコンテンツを有料配信する「モバイルコンテンツ市場」のカテゴリ別の内訳では，2017年は全体の約65％を「ゲーム・ソーシャルゲーム等市場」が占めている[21]。『情報メディア白書 2019』に掲載されている日本国内におけるカテゴリ別のアプリ収益構成比（2017年）のグラフでも「ゲーム」が他のカテゴリを大きく上回っている（電通メディアイノベーションラボ編 2019：122）。オンラインゲームの市場規模は，スマートフォンの普及とともに拡大を続けており，前掲の MCF 調査では，2017年の「ゲーム・ソーシャルゲーム等市場」は2014年比で45％増となっている。「コンテンツ・アプリケーション」のレイヤーを市場規模という観点から捉えた時，「ゲーム」市場，とりわけ，モバイルを通じて提供されるゲーム（以下，モバイルゲーム）の市場動向を見過ごすことはできない。

　モバイルゲームのビジネスモデルは，大半が「フリーミアム」によって成り立っている[22]。フリーミアムは「基本無料」とも呼ばれるように，ゲーム自体は原則として無料でプレイできるが（無課金），ゲーム内で使用されるアイテム等が有料で提供され（アプリ内課金），収益を得る仕組みである。『インターネット白書2018』では，課金ユーザー一人あたりの平均支払額（Average Revenue Per Paid User：ARPPU）の高さ，すなわち「高い ARPPU 構造」がモバイルゲーム市場を支えている，と指摘されている（インターネット白書編集委員会編 2018）。なお，三菱総合研究所が2016年に公表した調査では，スマート

フォンでプレイするモバイルゲームへの課金経験者は24.3％となっている。[23]

2010年代前半以降，モバイルゲームは絶え間なくリリースされ，短期間でサービスを終了するタイトルも少なくない。そうした中，数年にわたり人気を集めてきたタイトルとして「パズル＆ドラゴンズ」と「モンスターストライク」が挙げられる。また，2010年代後半に人気を集めたタイトルとして「Fate/Grand Order」や「荒野行動」などがある。その他，先に挙げたLINE のアカウントと連携する「LINE：ディズニーツムツム」や，社会現象にもなった「ポケモン GO」も人気タイトルに数えられる。Gz ブレインによると，2018年にモバイルゲームで最もプレイされたタイトルは，1 位「LINE：ディズニーツムツム」，2 位「ポケモン GO」，3 位「どうぶつの森ポケットキャンプ」となっている（表2-3）。モバイルゲームの課金売り上げのランキングは，1 位「モンスターストライク」，2 位「Fate/Grand Order」，3 位「パズル＆ドラゴンズ」となっている。

世界市場に目を向けてみると，2018年の世界モバイルゲーム市場は，前年比103.4％の 6 兆9,568億円と推計されている。世界最大のマーケットはアジアで4 兆2,660億円，以下，北米（1 兆5,534億円），ヨーロッパ（7,785億円）と続いている。[24] SuperData の調査によると，2019年 4 月現在，タイトル別の収益ランキングは，「Honor of Kings」（中国：テンセント）が 1 位，「Perfect World」（中国：テンセント）が 2 位で，日本の「Fate/Grand Order」が 3 位に位置している。その他の日本のゲームでは，「パズル＆ドラゴンズ」が 8 位，「モンスターストライク」が10位となっている。[25]

表2-3　日本国内モバイルゲーム・プレイランキング（2018年）

順位	タイトル
1 位	LINE：ディズニーツムツム
2 位	ポケモン GO
3 位	どうぶつの森 ポケットキャンプ
4 位	パズル＆ドラゴンズ
5 位	モンスターストライク

出所：Gz ブレイン「プレスリリース」（2019年 2 月 6 日）。

3　プラットフォーム市場の動向
——サービスの展開とエコシステム

（1）データ駆動型社会とプラットフォーマー

2018年 6 月に内閣総理大臣を本部長とする「日本経済再生本部」は，「未来

投資戦略2018──「Society 5.0」「データ駆動型社会」への変革」を閣議決定した。同戦略は日本経済の成長戦略の枠組みであり，その中核をなすのが「Society 5.0」と「データ駆動型社会」である。

　まず，「Society 5.0」とは，狩猟社会（Society 1.0），農耕社会（Society 2.0），工業社会（Society 3.0），情報社会（Society 4.0）に続く新たな社会のあり方を指し，政府の「第5期科学技術基本計画」で日本が目指すべき未来社会の姿として提唱された。次いで，「データ駆動型社会」とは，スマートフォンやセンサーを搭載した端末など，インターネットに接続された機器を通じて得られたデータを通じて，経済成長や社会的課題の解決が図られる社会を指す（野村2018）。つまり，「データ駆動型社会」は「Society 5.0」という社会像を実現する基盤と位置づけられる。

　「Society 5.0」や「データ駆動型社会」に言及する文脈では，AI，IoT，ビッグデータ，といった技術がたびたび取り上げられる。それぞれは異なるものであるが，「Society 5.0」や「データ駆動型社会」を実現する上で，いずれも肝要な技術と位置づけられる。そして，これらの社会像や技術の前提であり，「デジタル新時代の価値の源泉」（内閣府 2018：2）とされるのが「データ」である。データを基盤とする社会のあり方について，新聞記事では次のように解説されている。

> 　「デジタル変革，人工知能（AI），IoT（モノのインターネット），ビッグデータといった言葉が世の中に氾濫しています。これらの背景にあるのが21世紀の石油ともいわれる『データ』です。インターネットに接続されたスマートフォンやセンサーなどさまざまな機器が生み出す膨大なデータが，社会や経済，産業を変えつつあります。[26]」

　ここでいう「データ」には，POS データや顧客データのように，かねてより収集・活用されてきたデータだけでなく，ソーシャルメディア利用やオンライン・ショッピングの情報，そして，GPS（全地球測位システム）の位置情報など，スマートフォンに代表される通信端末の利用から得られたデータも含まれる。さらには，「新しいリアルデータ」（森川 2019）とも呼ばれるような，インターネットに接続された「モノ（物）」，すなわち，IoT から得られるデータも含まれる。「デジタル新時代」や「デジタル変革」の鍵として「データ」

が位置づけられるようになったのは，インターネットに接続された通信端末を通じて膨大なデータの収集が可能となったためである。そして，データの収集および蓄積において，多大な影響力・支配力を有しているのが「プラットフォーマー」である。[27]

　プラットフォーマーとは，文字通り「プラットフォーム」レイヤーのサービスを手掛ける事業者である。[28]世界的に規模の大きな事業者として，アメリカに拠点を置く「Google」「Apple」「Facebook」「Amazon」，そして，中国に拠点を置く「百度（バイドゥ：Baidu）」「アリババ」「テンセント」が挙げられる。

（2）プラットフォーマーが提供する主要サービス

　本項では，プラットフォーマーが提供する主要なサービスのうち，モバイルOS，検索サービス，電子商取引（eコマース），デジタル広告の4市場の世界シェアを概観する。

　まず，モバイルOSについては，Googleが提供する「Android（アンドロイド）」と，Appleが提供する「iOS」の2つが市場を独占している（図2-4）。特に，OSのソースコードが公開（オープンソース）されている「Android」が世界全体シェアの3/4を占めている。なお，日本は世界的には若干特殊な市場の傾向を示しており，「iOS」の割合が「Android」を上回っている調査結果や，両者が拮抗するような調査結果が示されている。[29]

　検索サービスに関しては，StatCounterの調査では，Googleが世界において9割以上のシェアを占めている。[31]NetApplicationsの調査においても同様に，Googleが約8割のシェアを占めている。[32]日本も同様の市場構成となっており，Googleが約75%のシェアを占めている。[33]2位の「ヤフー（Yahoo!）」（約21%）もGoogleの検索技術を用いていることをふまえると，Googleのシェアは90%を超えていることになる。なお，中国では原則としてGoogleの検索サービスを使用することができないため，「百度」「捜狗（ソゴウ：Sogou）」「神馬（シェンマ：Shenma）」といった国内の検索サービスによって市場が構成されている。その中で，「百度」が6割超のシェアを占めている。[34]

　電子商取引（eコマース）については，日本貿易振興機構（JETRO）が2017年に公表した報告書によると，全体的な傾向としては，G7参加国（アメリカ，

図2-4　モバイル OS の世界シェア（2018年6月〜2019年6月）

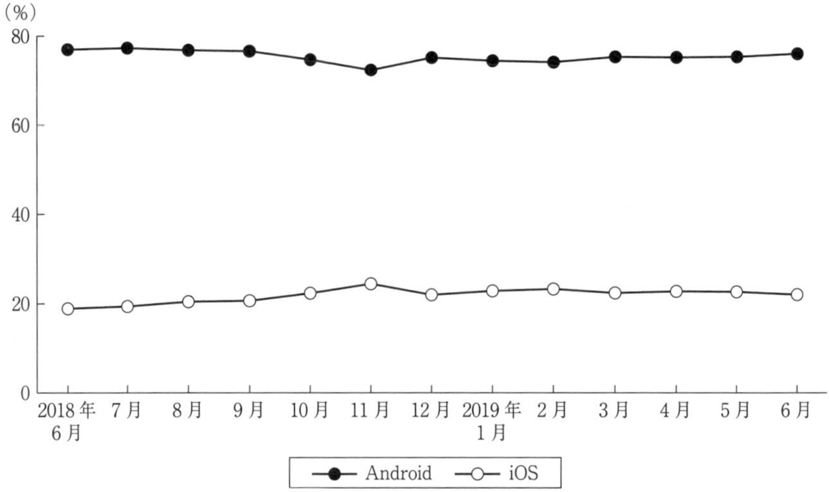

出所：StatCounter "Operating System Market Share Worldwide".[30]

表2-4　主要国の電子商取引市場のシェア（2016年）

	1位		2位		3位	
日　　本	Amazon	20.2%	楽天	20.1%	ソフトバンク（Yahoo! ショッピング）	8.9%
アメリカ	Amazon	33.0%	ウォルマート	7.8%	イーベイ	7.4%
イギリス	Amazon	26.5%	イーベイ	10.1%	テスコ	6.6%
中　　国	アリババ	43.5%	京東商城（JD.com）	20.2%	蘇寧電器	3.1%
インド	フリップカート	39.5%	ジャスパー・インフォテック	30.2%	Amazon	12.1%
ロシア	マクサス	4.6%	ワイルド・ベリーズ	4.3%	ウルマート	3.6%

出所：日本貿易振興機構編（2017）を参考に筆者作成。

西欧，日本）は Amazon が1位であり，BRICS を構成する国では，各国の事業者が1位となっている（日本貿易振興機構 2017）（表2-4）。日本は「Amazon」が1位であるが，2位の「楽天市場」と差はない。中国では，検索サービスと同様に国内の事業者によって市場が構成されており，とりわけ「アリババ」のシェアが大きい。なお，中国でマーケットプレイス事業を展開していた Amazon は，国内事業者に太刀打ちできず2019年7月に事業から撤

退すると表明した。

デジタル広告について，調査会社 eMarketer は，2019年の世界のデジタル広告費は前年比17.6％増の3,332億米ドル規模に達し，広告費全体の半分を占めると予測している。[35]電通が毎年公表している「日本の広告費」でも，2018年は「インターネット広告費」が全体の26.9％を占め，テレビメ

図2-5　主な事業者のデジタル広告収入（2019年2月）

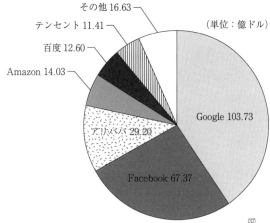

（単位：億ドル）

その他 16.63
テンセント 11.41
百度 12.60
Amazon 14.03
アリババ 29.20
Facebook 67.37
Google 103.73

出所：eMarketer "Digital Ad Spending 2019" を参考に筆者作成。[37]

ディア（地上波テレビ＋衛星メディア関連）の29.3％に迫っている。[36]このように成長が著しいデジタル広告市場は，事業者別の収入では Google が市場全体の約3〜4割を占め，以下，Facebook，アリババ，Amazon，百度と続いている（図2-5）。

（3）プラットフォーマーのビジネスモデル――エコシステム

　以上，プラットフォームレイヤーに属する主要なサービスの中から，モバイル OS，検索サービス，電子商取引（eコマース），デジタル広告の4つを取り上げ，世界市場の動向を概観した。一連の整理をふまえると，先に挙げた主要なプラットフォーマーが市場を独占していることがわかる。特に，アメリカに拠点を置く4社（Google・Apple・Facebook・Amazon）は世界規模で影響力・支配力を発揮しており，それぞれの頭文字をとって「GAFA」とも呼ばれている。GAFA をめぐる諸問題や規制の動向は，次節で取り上げることとして，ここではプラットフォーマーのビジネスモデルであるエコシステムを解説する。

　ここまで見てきたように，インターネット産業は，「コンテンツ・アプリケーション」「プラットフォーム」「ネットワーク」「端末」といったレイヤーに分離されており，それぞれのレイヤーに属するサービス，および事業者間の結

びつきによってビジネスモデルが成り立っている。このように一つの事業者で全体を担うのではなく，複数の事業者，ならびに消費者をも巻き込みながら，共存共栄で発展を遂げていくビジネスモデルを自然界の生態系になぞらえて「エコシステム」と呼ぶ。特に，レイヤーが分離されているインターネット産業は，エコシステムの観点から把握されることも多い。そして，インターネット産業のエコシステムの構築において，それぞれのプレイヤーをつなぐ，あるいは，中核をなすのがプラットフォーマーなのである。エコシステムとプラットフォーマーの関係については次のように説明されている。

> 「インターネット——或いはクラウドコンピューティング——を介してソフトウェア・サービスを提供する企業群で構成される成長しているエコシステムにおいては，製品とサービス間の相互依存性の大きな増大が機会とリスクをもたらす。このことは，競争がますますプラットフォーム（新製品とサービスを作り出すためにエコシステムのメンバー間で共有される技術と能力）によって引き起こされるということを意味する。Amazon や Facebook のように，ソフトウェア・サービスを提供するためにインターネットのプラットフォームを立ち上げた企業は，先例のない採用率を達成しただけでなく，非常に短い間に競争相手に対して強力なアドバンテージを作り上げた。」(Marco 2009＝2011：17)

スマートフォン利用を例とするならば，消費者が利用するアプリはアマチュアを含めた様々なプレイヤーによって開発され，コンテンツもまたアマチュアを含む様々なプレイヤーによって制作されている。ただし，こうしたアプリやコンテンツを提供する基盤を提供しているのはプラットフォーマーである。アプリは「Google Play」(Google) や「App Store（アップストア）」(Apple) を通じて提供され，コンテンツは，「Google Play」や「YouTube」(Google)，あるいは，「iTunes Store」や「Apple Books」(Apple) を通じて配信される。そもそも，これらのアプリやコンテンツ，そしてサービスはスマートフォンに搭載された基本ソフトウェア（OS）を基盤としており，前述の通り，モバイル OS は Google の「Android」と Apple の「iOS」が市場をほぼ独占している。

ハードウェアとしてのスマートフォンも，言うまでもなく，いずれかの OS が搭載されている。このように捉えると，スマートフォン産業，ひいては，イ

ンターネット産業のエコシステムは，プラットフォーマーによって成り立っていることがわかる。むしろ，スマートフォンの普及以降は，Google や Apple に代表されるように，巨大なプラットフォーマーが各レイヤーへと進出し，1社によるエコシステムの構築が進んでいる。

このように巨大なプラットフォーマーを軸としたビジネスモデルを「プラットフォーマーと補完プレイヤーから構成される共同体」（根来監修 2013：31）としての「エコシステム」と呼べるか否かはわからない。「ネット帝国主義」（岸 2010）と呼ぶ方が適切かもしれない。ただ，いずれにせよ，世界規模で事業を展開するプラットフォーマーの影響力は拡大しており，さらにデータを通じて価値が創出される時代の到来により，その勢いがさらに加速していることは確かである。その一方でプラットフォーマーの活動をめぐっては様々な問題や争点も浮上している。

4　GAFA と「忘れられる権利」
——プラットフォーマーをめぐる諸問題と政府の規制

前節で見たようにプラットフォーマーの影響力は増大している。特に，アメリカに拠点を置く Google，Apple，Facebook，Amazon の 4 社，いわゆる「GAFA」は世界規模で顕著な支配力を有している。他方，プラットフォーマーの影響力・支配力の拡大は，様々な問題を引き起こし，ヨーロッパを中心に，そして日本においても規制の論議を招いている。

（1）市場独占をめぐる問題

EU（欧州連合）の行政執行機関である欧州委員会は，Google が自社の提供するショッピングサイトや価格比較サービスのページを検索結果で優先的に表示されるよう操作している，という競争事業者による訴えを受け，2010年11月，EU 競争法（独占禁止法）違反の観点で正式な調査を開始すると発表した。[38]欧州委員会は，調査をふまえて，Google の行為が EU 競争法に違反しており，消費者に損害を与えていることから，検索結果の表示手法を変更するよう求めた。[39]Google は反論したが，2017年 6 月，欧州委員会は Google が EU 競争法に違反したとして24億2,000万ユーロの制裁金を支払うよう命じた。[40]

また，Google が提供しているモバイル OS「Android」についても，Google が Android を搭載した端末を製造する事業者や移動体通信事業者に対して Google 公式アプリのバンドル（抱き合わせ）を強制しており，こうした取り決めは EU 競争法違反に抵触する疑いがあると欧州委員会は指摘した。Google は欧州委員会の見解に反論したが，2018年7月，欧州委員会は Google が EU 競争法に違反したとして43億4,000万ユーロの制裁金を払うよう命じている[41]。この他，Google が提供するコンテンツ連動広告サービス「AdSense（アドセンス）」について，Google が2006年から2016年にかけてインターネット広告事業で優越的な立場を乱用し競争を妨げたとして，欧州委員会は2019年3月，EU 競争法違反により14億9,000万ユーロの制裁金を支払うよう Google に命じた[42]。

　欧州委員会による EU 競争法違反の観点からの調査，ならびに，制裁金の支払い命令は Google だけでなく，Amazon，Facebook，Apple も対象となっており，欧州ではプラットフォーマーによる市場支配に対する風当たりは強まっている。こうした動きは日本国内においても見られる。

　2018年6月に閣議決定された「未来投資戦略2018」では，「プラットフォーマー型ビジネスの台頭に対応したルール整備」を進める方針が盛り込まれた。これを受けて，経済産業省，公正取引委員会，総務省は，「デジタル・プラットフォーマーを巡る取引環境整備に関する検討会」を設置し，12月には「プラットフォーマー型ビジネスの台頭に対応したルール整備の基本原則」が公表された。基本原則では，プラットフォーマーを「革新的なビジネス等を生み出し続けるイノベーションの担い手」，ならびに「社会経済に不可欠な基盤を提供している」と評価した上で，「そのルールやシステムの不透明さが，利用者（事業者や消費者（個人））との関係で不公正な取引慣行やプライバシーの侵害等の温床となるおそれがあり，特に巨大化したデジタル・プラットフォーマーはその可能性が高い」「デジタル・プラットフォーマーが拡大し，独占化・寡占化を果たす傾向にあることに鑑みると，事後規制としての競争法の執行は重要性を持つため，デジタル市場の特性を踏まえた取組を進める必要がある」と記されている[43]。

　2019年1月には，公正取引委員会は「デジタル・プラットフォーマーの取引慣行等に関する実態調査」に着手し，2019年8月には，独占禁止法で禁止され

る「優越的地位の濫用」をプラットフォーマーに適用する際の指針案が公表され，2019年内に運用を開始する予定となっている。また，プラットフォーマーに対する規制の検討を目的に内閣官房に設置された「デジタル市場競争会議」では，2019年10月に開かれた第1回の会合において「デジタル・プラットフォーマー取引透明化法案」（仮称）を2020年の通常国会に提出する方針が示された[44]。

（2）デジタル課税

2014年6月，欧州委員会は，アイルランド政府がAppleに適用している法人税の優遇措置がEU競争法に規定された国家補助の禁止に違反している疑いがあるとして調査を開始すると発表した[45]。2016年8月，欧州委員会はAppleに対するアイルランド政府の措置が違法であると認定し，最大130億ユーロの追徴課税による回収を命じた[46]。欧州委員会の命令に対してアイルランド政府は不服を申し立てたが，最終的にはAppleが追徴金の支払いに合意し，2018年9月，アイルランド政府は追徴課税に利息を加えた143億ユーロをアップルが支払ったと発表した[47]。

このような優遇税制をめぐる問題はAmazonもその対象となっており，2017年10月，欧州委員会はルクセンブルク政府がAmazonに対して2億5,000万ユーロにのぼる不当な税優遇を行っていたと認定し，追徴課税により回収するよう同政府に命じた[48]。プラットフォーマーに対する課税の問題をめぐっては，AppleやAmazonに限らず，GoogleやFacebookにも厳しい目が向けられており，プラットフォーマーに対する課税の問題は大きな争点となっている。

2018年3月には欧州委員会が，EU域内においてデジタル・ビジネス活動を展開する事業者に対して公平な税金を課す提案，いわゆる「デジタル課税」に関する2つの指令案を提示した。その一つは，「重要なデジタル・プレゼンスへの法人税課税」に関する提案で，企業がEU域内に物理的な拠点を有していない場合でも，収益，利用者，契約数が一定条件を超えた際には「デジタル・プレゼンス」を有していると見なし，法人税を課す，という内容である。もう一つは，「特定のデジタルサービスの提供から生じる売上へのデジタルサービス税」に関する提案で，オンライン広告やユーザーデータの販売により生じた

売上が一定水準を超えた場合，3％税率で課税する，という内容である。⁽⁴⁹⁾

　欧州委員会の提案は，EU 加盟国の財務省理事会で合意に至らず見送りとなったが，デジタル課税については国際的な枠組みでの導入が検討されている。経済協力開発機構（OECD）は「BEPS（税源浸食と利益移転）プロジェクト」の中でデジタル課税についての検討を重ね，2019年 1 月にはポリシーノートを公表し，同年 5 月には2020年の合意に向けた作業計画が公表された。⁽⁵⁰⁾OECD と連携してデジタル課税の検討を進めてきた G20 も2019年 6 月に日本で開催された関連閣僚の会合で，デジタル課税の国際的なルールづくりに向けた作業計画を承認し，2020年末までに最終合意へ至る方向で合意に至った。

（3）個人データ保護

　2018年 5 月25日，EU は個人データの保護に関する新たな規則「一般データ保護規則（General Data Protection Regulation：GDPR）」を施行した。GDPR の概要は，次の通りである。

> 「（GDPR は）主に EU 域内に居住する個人のプライバシー保護を目的として，EU 域内で収集される個人データ保護に関する規則であり，また EU 域内のデータ保護法制を一本化した規制の枠組みである。具体的には，EU 域内で取得した「個人データ」を「処理」し，EU 域外の第 3 国に「移転」するために満たすべき法的要件を規定したものである。」（総務省編 2017，括弧内は筆者補足）

　GDPR の主眼は，個人がデータの主体であり，個人データの保護が基本的な人権であるという点に置かれるが，同時に個人データを管理・処理する事業者に対して厳しい規制を課すという側面もあり，世界で最も厳しいデータ規制とも言われる。⁽⁵¹⁾GDPR の厳格性の象徴として制裁金の金額が挙げられる。GDPR の第83条には制裁金の要件が規定されており，GDPR の違反行為に対しては，最高で2,000万ユーロ，または事業に対して世界全体での年間売上総額の 4 ％以下の制裁金を科すと記されている。⁽⁵²⁾

　もちろん，大量の個人データを保有し，個人データを活用して莫大な利益をあげてきたプラットフォーマーは規制や制裁の対象となる可能性が高く，2019年 1 月にはフランスのデータ保護当局が，Google に対して GDPR に違反する

行為があったとして5,000万ユーロの制裁金の支払いを命じている[53]。フランス当局は，個人データの扱いに関するユーザーへの情報提供が不透明である点と，ターゲティング広告における個人データの処理に関する同意の取得が適切ではない点を問題として挙げている。日本でも個人データの保護は重要な論点となっており，2020年に予定している個人情報保護法の改正に関する中間整理には，個人が企業に対してデータ利用の停止を求める権利が論点として盛り込まれた[54]。

　GDPRとプラットフォーマーの関係という点では「忘れられる権利」の問題も看過してはならない。忘れられる権利とは，個人（データ主体）がインターネット上に存在する個人データの削除を関連する事業者に求める権利で，GDPRの第17条に「消去の権利（「忘れられる権利」）」として規定されている。

　「忘れられる権利」は，2009年にフランス上院で提出されたデジタル世界におけるプライバシー権の保障強化に関する法案で初めて言及されたと言われている（宮下 2014ほか）。その後，社会保険料の滞納による差し押さえと，それに伴う不動産競売の公告に関する過去の新聞記事がGoogleの検索結果に表示されるとして，スペイン人の男性が新聞社，およびGoogleに対する苦情をデータ保護当局に申し立てた件で，2014年5月，欧州司法裁判所は，検索結果から当該ページの表示とリンクを削除する義務をGoogleが負い，データ主体は削除の請求権があることを認めた（石井 2015；鈴木 2016ほか）。この判決は「忘れられる権利」の先行判決と位置づけられ，以降，「忘れられる権利」が広く認められるようになった。

　日本でも検索サービスを提供する事業者に対して検索結果の削除請求を求める訴え，および裁判は行われており，2015年には検索結果に表示される自身の犯罪歴に関する情報の削除をGoogleに求める申し立てがさいたま地裁により認められている（安藤 2017ほか）。その後，東京高裁は地裁決定を取り消し（2016年7月），最高裁も高裁決定を容認し，削除を認めない決定が出されたが（2017年1月），プラットフォーマーと「忘れられる権利」の問題が日本においても争点となっている（なりつつある）ことは確かである。

注
(1)　本章では，サービスや企業の表記は初出を除き原則としてカタカナを使用する。

ただし、「LINE」や「YouTube」のようにローマ字表記が人口に膾炙しているサービスや企業はそのままの表記を用いる。

(2) 世界における時価総額ランキングは以下のウェブサイトの情報などが参考となる。
   Value.Today, World Top Companies（2019.11.15閲覧）
   CorporatcInformation.com, Top 100 Lists（2019.11.15閲覧）

(3) それぞれのレイヤーに対応するサービスの種類は一貫していない。例えば、電子商取引が「コンテンツ・アプリケーション」に割り当てられたり、SNS が「プラットフォーム」に割り当てられたりする場合もある。両者の違いについては、「実は両方のレイヤーの明確な定義は存在しないし、どのサービスがどちらに属するかという明確な判断基準も存在しません」（岸 2010：49）とも説明されている。

(4) 総務省　国民のための情報セキュリティサイト「SNS（ソーシャルネットワーキングサービス）の仕組み」（2019.11.15閲覧）。

(5) 例えば、『情報通信白書』では LINE も SNS に含めている（総務省編 2015, 2017）。ただし、本章では LINE のようなサービスは「メッセージング・アプリ」に分類し、「SNS」とは区分する。

(6) 株式会社ミクシィ HP（2008年7月14日）「『mixi』のユーザー数が1,500万人を突破」（2019.11.15閲覧）。

(7) StatCounter, Social Media Stats Worldwide（参照元のページに掲載されているグラフや数値は最新のデータであり本文中のグラフや数値とは異なる。なお古いデータは同ページ内で確認できる）（2019.11.15閲覧）。

(8) Twitter, Inc., Quarterly results, 2019 First quarter（2019.11.15閲覧）。

(9) Twitter Japan（2018年12月27日）「4,500万人がつくった今年のトレンドを発表」などを参照（2019.11.15閲覧）。

(10) NHK クローズアップ現代＋（2017年11月21日）「ツイッター CEO が語る "つぶやき" の光と影」（2019.11.15閲覧）。

(11) 「メッセンジャー・アプリ」「コミュニケーション・アプリ」「通話アプリ」などと呼ばれることもある。

(12) SimilarWeb, 25/01/2019, Mobile Messaging App Map of the World—January 2019（2019.11.15閲覧）.

(13) LINE 株式会社「2019年12月期　第1四半期決算説明会プレゼンテーション資料」（2019.11.15閲覧）。

(14) YouTube「プレスルーム」（2019.11.15閲覧）。

(15) 「日本経済新聞」（2018年7月6日）「ユーチューブ、日本で10年　ネット人口の8割が視聴」（2019.11.15閲覧）。

(16) 株式会社ドワンゴ／株式会社ニワンゴ（2008年11月13日）「ニコニコ動画の ID

登録者数が1000万人を突破」（2019年11月15日現在，当該情報を閲覧できないため各種ニュースサイトを参照）。

(17) ITmedia（2019年2月14日）「niconico 有料会員，188万人に減少」（2019.11.15閲覧）。

(18) ニールセン（2019年2月27日）「無料動画アプリは14％，有料動画アプリは25％昨年から利用者数を拡大──ニールセン動画サービスの利用状況を発表」（2019.11.15閲覧）。

(19) Parrot Analytics, 06/05/2019, Global SVOD market share trends based on audience demand for digital originals（2019.11.15閲覧）。

(20) CNN Business, 17/04/2019, Netflix added record number of subscribers, but warns of tougher times ahead（2019.11.15閲覧）.

(21) モバイル・コンテンツ・フォーラム「2017年モバイルコンテンツ関連市場規模」（2019.11.15閲覧）。

(22) 「Free-to-play（フリー・トゥー・プレイ）」と呼ばれることもある。

(23) 三菱総合研究所「スマホゲームの動向」（2019.11.15閲覧）。

(24) Gz ブレイン（2019年2月6日）「2018年世界モバイルゲーム市場は6兆9568億円に！国内人気モバイルゲーム第1位は「LINE：ディズニーツムツム」。──『ファミ通モバイルゲーム白書2019』（2019.11.15閲覧）。

(25) SuperData, Worldwide digital games market: April 2019. なお，2019年11月15日現在，SuperData のウェブサイトで当該データを確認できないため以下の情報を参照。

WePlay!, 23/05/2019, Worldwide digital games market: April 2019（2019.11.15閲覧）.

(26) 「日本経済新聞」（2018年2月12日付朝刊）「データ駆動型経済とは何か(1)東京大学教授森川博之──社会構造を根本から変革（やさしい経済学）」。

(27) 「プラットフォーマー」は，「デジタル・プラットフォーマー」「IT プラットフォーマー」「オンライン・プラットフォーム」などとも呼ばれる。本章では，特定の文脈を除き「プラットフォーマー」で統一する。

(28) 例えば，欧州委員会の政策文書では，オンライン広告プラットフォーム，マーケットプレイス，検索エンジン，ソーシャルメディア，クリエイティブなコンテンツのマーケット，アプリケーション配信プラットフォーム，通信サービス，決済システム，共有経済のプラットフォームといった活動に携わる事業者を「オンライン・プラットフォーム」と位置づけている（European Commission 2016：2）。

(29) StatCounter の調査では，2019年6月現在，日本における iOS のシェアは69.86％，Android のシェアは29.94％となっている。MMD 研究所による2018年の

調査では, iPhone 端末利用率が35.2%, Android 端末の利用率40.1%となっている (MMD 研究所, 2018年9月10日)。

(30) StatCounter, Operating System Market Share Worldwide (データの性質については注(7)参照) (2019.11.15閲覧).

(31) StatCounter, Search Engine Market Share Worldwide (データの性質については注(7)参照) (2019.11.15閲覧).

(32) NetApplications.com, Search Engine Market Share (2019.11.15閲覧).

(33) 注(31)「View search engine market share by region」参照。

(34) 注(31)「View search engine market share by region」参照。

(35) eMarketer, 28/03/2019, Digital Ad Spending 2019 (2019.11.15閲覧).

(36) 電通 (2019年2月28日)「2018年 日本の広告費」(2019.11.15閲覧)。

(37) 注(35)参照。

(38) European Commission, 30/11/2010, Antitrust: Commission probes allegations of antitrust violations by Google (2019.11.15閲覧).

(39) European Commission, 15/04/2015, Antitrust: Commission sends Statement of Objections to Google on comparison shopping service; opens separate formal investigation on Android. (2019.11.15閲覧).

(40) European Commission, 27/06/2017, Antitrust: Commission fines Google €2.42 billion for abusing dominance as search engine by giving illegal advantage to own comparison shopping service (2019.11.15閲覧).

(41) European Commission, 18/07/2018, Antitrust: Commission fines Google €4.34 billion for illegal practices regarding Android mobile devices to strengthen dominance of Google's search engine (2019.11.15閲覧).

(42) European Commission, 20/03/2019, Antitrust: Commission fines Google €1.49 billion for abusive practices in online advertising (2019.11.15閲覧).

(43) 経済産業省 (2018年12月18日)「プラットフォーマー型ビジネスの台頭に対応したルール整備の基本原則を策定しました」(2019.11.15閲覧)。

(44) 内閣官房「デジタル市場競争会議」(2019.11.15閲覧)。

(45) European Commission, 11/06/2014, State aid: Commission investigates transfer pricing arrangements on corporate taxation of Apple (Ireland) Starbucks (Netherlands) and Fiat Finance and Trade (Luxembourg) (2019.11.15閲覧).

(46) European Commission, 30/08/2016, State aid: Ireland gave illegal tax benefits to Apple worth up to €13 billion (2019.11.15閲覧).

(47) Government of Ireland, 18/09/2018, Minister Donohoe confirms the recovery of the alleged State Aid from Apple (2019.11.15閲覧).

⑷　駐日欧州連合代表部（2017年10月4日）「欧州委員会，ルクセンブルクがアマゾンに2.5億ユーロ相当の違法な税優遇を行ったと認定」等を参照（2019.11.15閲覧）。

⑷　European Commission, Fair Taxation of the Digital Economy（2019.11.15閲覧）．日本貿易振興機構（JETRO）（2018年4月5日）「欧州委，デジタル経済への課税を提案」（2019.11.15閲覧），ならびに，大和総研グループ（2018年9月28日）「EUのデジタル課税案と日本企業への影響——理事会指令案の要点解説と今後の展望」（2019.11.15閲覧）等も参照。

⑸　OECD（2019年5月31日）「国際社会は，経済のデジタル化によって生じる租税問題を解決するためのロードマップに合意」（2019.11.15閲覧）。

⑸　「日本経済新聞」（2018年11月6日付朝刊）「GDPR——EU，米IT念頭に厳格ルール（きょうのことば）」。

⑸　個人情報保護委員会「一般データ保護規則の条文」（2019.11.15閲覧）。

⑸　CNIL, 21/01/2019, The CNIL's restricted committee imposes a financial penalty of 50 Million euros against GOOGLE LLC（2019.11.15閲覧）.

⑸　個人情報保護委員会（2019年4月25日）「個人情報保護　いわゆる3年ごと見直しに係る検討の中間整理」（2019.11.15閲覧）。

参考文献

安藤均（2017）「『忘れられる権利』は新しい人権か——『忘れられる権利』をめぐるプライバシーの検討」『旭川大学経済学部紀要』76，71-100頁。

石井夏生利（2015）「『忘れられる権利』をめぐる論議の意義」『情報管理』58(4)，271-285頁。

インターネット白書編集委員会編（2018）『インターネット白書2018——デジタルエコノミー新時代の幕開け』インプレスR&D。

岸博幸（2010）『ネット帝国主義と日本の敗北——搾取されるカネと文化』幻冬舎新書。

首相官邸（2018）「未来投資戦略2018——『Society 5.0』『データ駆動型社会』への変革」。

鈴木秀美（2016）「『忘れられる権利』と表現の自由——ドイツ連邦裁判所の判例を手がかりに」『メディア・コミュニケーション』66，15-30頁。

総務省編（2012）『情報通信白書　平成24年版』。

総務省編（2015）『情報通信白書　平成27年版』。

総務省編（2016）『情報通信白書　平成28年版』。

総務省編（2017）『情報通信白書　平成29年版』。

総務省編（2018）『情報通信白書　平成30年版』。

電通メディアイノベーションラボ編（2019）『情報メディア白書2019』ダイヤモンド社。

内閣府（2018）「未来投資戦略2018──『Society 5.0』『データ駆動型社会』への変革」。

日本貿易振興機構（2017）「ジェトロ世界貿易投資報告 2017年版」。

根来龍之（2017）『プラットフォームの教科書──超速成長ネットワーク効果』日経BP社。

根来龍之監修・富士通総研・早稲田ビジネススクール根来研究室編（2013）『プラットフォームビジネス最前線──26の分野を図解とデータで徹底解剖』翔泳社。

野村敦子（2018）「データがもたらす経済・社会の変革──データドリブン社会を目指す先行事例から得られる示唆と課題」『JRIレビュー』9(70)，61-101頁。

宮下紘（2014）「「忘れられる権利」をめぐる攻防」『比較法雑誌』47(4)，29-66頁。

森川博之（2019）『データ・ドリブン・エコノミー──デジタルがすべての企業・産業・社会を変革する』ダイヤモンド社。

山口真一（2017）「「フリー」と「プラットフォーム」でビジネスを飛躍せよ」国際大学グローバル・コミュニケーション・センター（GLOCOM）『GLOCOM OPINION PAPER』No. 011（17-002）。

European Commission（2016）*Online Platforms and the Digital Single Market Opportunities and Challenges for Europe*, COM（2016）288 final.

Iansiti, M.（2009）"Principles that Matter: Sustaining Software Innovation from the Client to the Web" *Harvard Business School Working Paper*, No. 09-142.（＝2011，椙山泰生監訳，羅嬉頴訳「エコシステムの原理──クライアントからウェブへの持続的ソフトウェア・イノベーション」『組織科学』45(1)，17-34頁。）

OECD（2017）*OECD Digital Economy Outlook 2017*.

Shapiro, C. & Varian, H. R.（1998）*Information Rules: A Strategic Guide to the Network Economy*, Harvard Business School Press.（＝1999，千本倖生監訳・宮本喜一訳『「ネットワーク経済」の法則──アトム型産業からビット型産業へ…変革期を生き抜く72の指針』IDGジャパン。）

<table>
<tr><td>第3章</td><td>通信産業</td></tr>
</table>

1 通信産業の概況
—— 自由化とその後の展開

（1）通信自由化と競争導入が辿った道

　最初に本章の執筆範囲を明確にしておきたい。総務省の情報通信白書は「情報通信産業」を「通信業」「放送業」「映像・音声・文字情報制作業（映像，新聞，出版ほか）」など9つの産業に区分している。さらに，「通信業」を「固定電気通信，移動電気通信，電気通信に付帯するサービス」の3種類に細分しているが，それらは，いわゆる電話会社によって提供されてきたサービスである。そして，ブロードバンド時代には，ケーブルテレビ会社（「放送業」の中の「有線放送」）が，多くのサービスで電話会社と連携もしくは競合している。以上により，本章では主に電話会社とケーブルテレビ会社が形成する産業（「電気通信産業」と総称されることも多い）に視点を置き，必要に応じて映像，広告などの関連産業にも言及する。

　1970年代まで通信産業の基幹的な存在であった電話事業が独占から競争へと開放されたのは，イギリスは1984年，日本は1985年であり，独仏など多くの欧州主要国では1990年代に入ってからである。日本では市場開放と同時に国内通信を独占する日本電信電話公社（電電公社）が民営化されてNTTとなったが，英独仏など大半の国でも旧国営事業者の民営化が通信自由化と前後して実施された。日本ではまた，国際通信を国際電信電話（株）（KDD）が独占的に担う体制が続いてきたが，1987年には同市場も自由化された。アメリカでは最初から国営事業者は存在しなかったが，市場をほぼ独占していたAT&Tが1984年に長距離事業と地域事業に資本分割された。その後，両事業の相互参入を通じた市場の完全開放に向けた法規制が整備されたのは1996年以降である。以上の各国の状況から25〜35年の時間が経過したが，今や提供サービスの中心は固定

表3-1　日本の通信自由化から30年間の市場変化

1985〜1995年頃	1995〜2005年頃	2005〜2015年
電話の時代	インターネットと携帯電話の時代	ブロードバンドとスマートフォンの時代
多数の新規事業者が参入。競争により料金の低廉化やサービスの多様化が実現。	インターネットの普及により産業が大きく構造変化。携帯電話が急速に普及し機能も高度化。	FTTH, 3G, LTE[注] が普及し、ネットワークのIP化が進展。スマホも急速に普及。

注：FTTH（Fiber to the Home），3G（第三世代携帯），LTE（第四世代携帯）
出所：総務省編（2015：第1部，第1章，第1節）を基に筆者作成。

表3-2　日本の固定ブロードバンド・携帯電話の契約数の推移

（万契約）

年	1990	1995	2000	2005	2010	2015
固定ブロードバンド	—	—	22	1,955	3,286	3,680
携帯電話	49	433	5,685	9,147	11,630	15,514

出所：総務省編（2015：14）を基に筆者作成。

電話から携帯電話（モバイル通信），ブロードバンド通信へと大きく変化した。その間に多くの国では競争的な新規事業者の参入ラッシュが生じたが，概ね5〜10年後には事業者の整理統合が始まり，現在は3〜5社程度の大手事業者による寡占状態が形成されている点で共通している。以上の概要を日本の実態により確認してみたい。

　2015年は日本の通信自由化から30年の節目であった。それを受けて，同年発表の『情報通信白書 平成27年版』は，「通信自由化とICT産業の発展」と題して，過去30年を振り返る特集を組んだ。同白書の整理（表3-1）によれば，ICT（Information and Communication Technology）産業（すなわち情報通信産業）は，技術進化に応じて10年ごとに大きく姿を変えてきた。

　上記の白書の区分は，通信サービスの利用状況の推移とも一致する。表3-2の通り，固定ブロードバンドの契約数は2000年からの10年間で約150倍に達する。他方，携帯電話（商用元年は1987年）は1995年からの10年間で約20倍に拡大した。

（2）競争参入ラッシュから整理統合の時代へ

　上記白書は，新規事業者の参入と整理統合に関して詳しい説明を行っている。

表3-3 通信自由化から現在までの主な新規参入とM&Aの状況

通信市場セグメント		既存通信事業者 (旧独占事業者)	主な競争事業者	
			①1990年代半ばまで	②現状（①のM&A後）
国内通信	市外通信	NTT (現，NTT東西，NTT コミュニケーションズ)	JT	ソフトバンク
			DDI	KDDI
			TWJ	
	地域通信		TTNet	
国際通信		KDD (現，KDDI)	IDC	ソフトバンク
			ITJ	
携帯電話		NTT (現，NTTドコモ)	・DDIセルラー ・IDO ・ツーカー	KDDI
			・デジタルツーカー ・デジタルホン（前，日 本ボーダフォン）	ソフトバンク

出所：神野（2007：263）を基に筆者作成。

　その概要を紹介すると，NTTが独占していた国内通信市場では，自由化から4年後の1989年に第二電電（DDI），日本テレコム（JT），日本高速通信（TWJ）の3社が市外通信に，翌年には地域通信に東京通信ネットワーク（TTNet）などが競争参入する。他方，KDDの独壇場であった国際通信市場には，1991年に国際デジタル通信（IDC）と日本国際通信（ITJ）の2社が参入する。NTTが自動車電話を引き継ぐ形で1987年から商用開始した携帯電話市場の新規参入は複雑であり，1988年から日本移動通信（IDO）やDDIセルラー・グループなどが北海道，東海，九州など地域を細かく分ける形で参入する。詳しい状況は表3-3の通りである。

　しかし，1990年代後半からは主に需給調整の形で新規事業者のM&Aが始まる。さらに，2000年代には通信サービスのIP化による融合の流れが加速し，事業者側にも統合フルサービスの提供者として規模と範囲の経済を追及する動きが激化する。それは，DDI，KDD，IDOの3社合併（2000年）によるKDDIの誕生，ソフトバンクによる2004年のJTの買収，さらには2006年の日本ボーダフォン買収[(1)]という，相次ぐ大型M&Aの形で実現されていく。結果的に，表3-3の現状からも明らかな通り，日本の通信市場はNTT，KDDI，ソフト

バンクの3社による寡占体制へと収斂する。

　通信市場における電話会社以外の大きな主役として，ケーブルテレビ会社の存在も忘れてはならない。菅谷（1997）が指摘するように，電話とケーブルの競争は1980年代からアメリカで先駆的であった。彼らは2000年代以降，映像配信用の片方向のネットワークであった同軸ケーブルを双方向化することで，ブロードバンド市場における有力な存在として台頭する。ただし，ケーブル・ブロードバンドの普及状況は国により大きく異なる。OECD 統計（2018年）によれば，全ブロードバンドに占めるケーブルの割合は，アメリカが最も高く62%であり，カナダ，ベルギーなどが50%以上で続いている。逆に低いのは，フランス（15%），スペイン，オーストラリア（いずれも16%）などである。日本の数字も17%と高くないが，1993年以降の MSO（Multiple Systems Operator）規[(2)]制の緩和後に事業者の整理統合が進み，最大事業者のジュピターテレコム（J:COM）が KDDI と資本関係を深めたこともあり，ケーブル市場で50%を越えるシェア（接続世帯）を持つ有力な事業者となっている。

（3）レイヤー構造へと大きく変化した ICT 市場

　ICT 産業の構造は，2000年代半ばから垂直統合からレイヤーごとの垂直分離（水平統合）へとシフトしてきた。レイヤー構造とは，「端末」「ネットワーク」「コンテンツ／アプリケーション」，そして，後二者を橋渡しする「プラットフォーム」が，あたかも地層（レイヤー）のように積み重なった構造である。総務省は2009年から ICT 産業をこの4区分で分析してきたと述べている（総務省編 2012：179）。

　レイヤー構造が ICT 産業に特徴的であることは，広く世界中で認識されている。例えば，2015年にアメリカの経済シンクタンク NERA の通信メディア事業部門の Senior Vice President （当時）であった Jeffrey Eisenach 博士は，ICT 産業の特徴は「ダイナミズム」「モジュラリティ」「デマンドサイド効果」であると説明している（Eisenach 2015：4-5）。モジュラリティとは，まさにレイヤー構造を言い換えた言葉であるが，彼の主張をベースに筆者なりに整理・加筆したのが図3-1である。Eisenach は水平方向のデマンドサイド効果のみを指摘しているが，筆者はモジュラリティ（レイヤー化）により各層をまたが

図3-1　ICT市場の構造と経済学から見た特徴

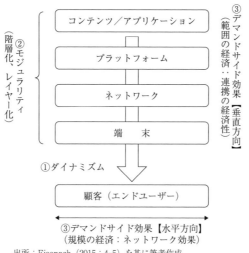

出所：Eisenach（2015：4-5）を基に筆者作成。

る垂直方向のデマンドサイド効果も生じていると考え，Eisenachの概念に加筆している。実際，垂直方向の効果が顕著化していることは，総務省編（2015：43）が「水平統合／垂直分離によりレイヤの上下進出や連携が進展」と述べていることからも明らかである。

　ネットワークとプラットフォームの連携には，必ずしも正の側面だけではなく，負の側面も想定される。最近の例では，特定コンテンツにアクセスした場合にパケット量がデータ上限にカウントされない「ゼロレーティング」をめぐる議論がある。ゼロレーティングは日本ではカウントフリーと呼ばれることもあり，ソフトバンク・モバイルの「ウルトラギガモンスター＋」など，多くのMNO（Mobile Network Operator），MVNO（Mobile Virtual Network Operator）がサービスを提供している。ゼロレーティングは通常はモバイル事業者とコンテンツ事業者が合意の上で提供するものであり，利用するユーザーには「パケ死」回避のメリットがある。一見すると何の問題もないように思われるが，米欧そして日本で議論されてきた，インターネット利用の公平性に関する「ネットワーク中立性議論」[3]の中では，その是非が取り沙汰されてきた。ゼロレーティングは新たなビジネスモデルであり，イノベーションを促進する性格がある

反面，それを利用するユーザーや参画するコンテンツ事業者と，そうではない者の間の不公平を生みだすという懸念もある。このように「イノベーション促進」という正と，「差別的な取り扱い」という負の側面が並存するサービスについて，多くの国々では「一律の禁止はしないが，必要に応じてケースバイケースの審査を行い，正負の側面のバランス分析を行う」という規制方針を取っている。

2　ブロードバンド通信の隆盛と主役交代

（1）日本が先導したメタルから光回線への移行

　通信インフラ整備の水準を国際比較した場合，日本はオール光のブロードバンド回線である FTTH（Fiber to the Home）のエリア展開や契約数が突出している。それは，OECD の固定ブロードバンド統計（表3-4）により確認ができる。

　この OECD 統計は速度基準（下り256 Kbps）が非常に低いこともあり，安価だが中低速ブロードバンドの普及している国が上位に入る傾向があり，日本の順位は余り高くない。しかし，日本の「光ファイバー（FTTH/B＋FTTC〔VDSL〕）」が全ブロードバンドに占める割合（表3-4の24.8%）は欧米主要国と比べて際立って高い。ここで，FTTB とは「Fibre to the Building」の略であり，それと FTTH を併せて FTTP（Fibre to the Premises）と呼ぶことが多い。また，FTTC（Fibre to the Cabinet）とは，交換局から路上キャビネットまでは光ファイバを敷設するが，路上キャビネットから個々の宅内までは既存の銅線を利用する VDSL（Very high-bit-rate Digital Subscriber Line）方式である。

　欧州連合（EU：European Union）は2018年に電気通信規制の約10年ぶりの大改定を行ったが，欧州委員会（EC：European Commission）が2016年にその改定草案を作成した際の背景説明資料には，「EU の（全ブロードバンド契約に占める FTTH の）比率は9％であり，日本に比べて依然として非常に遅れている」（EC 2016：45）と書かれていた。日本が成功事例として EU の目標とされてきたのである。

表 3 - 4　固定ブロードバンドの人口普及率（2018年12月時点）

(%)

国（順位）	DSL	ケーブル	光ファイバー	その他	合　計
仏（3位/37国）	29.1	6.4	7.1	0.7	43.3
独（7/37）	30.2	9.6	1.3	0.1	41.2
英（8/37）	31.3	7.9	0.8	0.0	40.0
米（16/37）	6.7	21.0	4.8	1.3	33.8
日（20/37）	1.4	5.4	24.8	0.1	31.7

注：速度は下り256 Kbps 以上。
出所：OECD（2018）を基に筆者作成。

（2）モバイル・ブロードバンドは 5G の時代へ

　日本は携帯電話でも第三世代（3G）と，それに続く世代である 3.9G〜4G（LTE）の導入や網整備で世界をリードしてきた。それでは，モバイル・ブロードバンドの実態はどうだろう。同じく OECD 統計で確認をしてみたい（表3 - 5）。

　OECD のモバイル・ブロードバンド統計の速度基準（下り256 Kbps）も固定ブロードバンドと同じく低速であるが，開発途上国では今でも多い第二世代モバイル（GSM）以前のサービスへの加入数は除外されている。日本はデータ専用加入（主にデータ SIM）の数が多いこともありトップの座を占めている。データ専用加入を除いた，いわゆる「携帯電話」のブローバンド加入のランクでは，日本はフィンランド，デンマーク，スウェーデンなどに次ぐ第 9 位となっている。いずれにせよ，日本の数値は英独仏を大きく上回る。

　前述の固定ブロードバンドの説明で言及した EC の電気通信規制の約10年ぶりの改定草案（2016年）の背景説明では，「モバイル・ブロードバンドの普及率，特に 4G サービスについて，日本，韓国，アメリカは EU 全体よりもはるかに進んでいるように思われる」（EC 2016：42）と危機感が提起されていた。

　表3 - 6 にモバイル速度の変化を世代別にまとめたが，5G では 4G 開始からわずか 5 年で速度が10倍に高速化する（3.9G と比べると67倍）。速度変化の倍率は過去の世代交代の方が大きいが，そもそも 2G から 3.5G までの速度は遅すぎて「ブロードバンドの進化」とは呼べない。3.9G 以降で比べても，遅延，瞬断などの品質の向上を勘案すると，5G のインパクトは大きなものがある。

表 3-5　モバイル・ブロードバンドの人口普及率（2018年12月時点）

(%)

国 （順位）	「データ＋音声」の加入（携帯電話）	データ専用加入	合　　計
日 （1 位/37国）	97.1	75.2	172.3
米 （4/37）	（未分計）	（未分計）	144.4
英 （17/37）	92.8	6.8	99.5
仏 （24/37）	83.4	5.1	88.5
独 （28/37）	78.4	4.4	82.8

注：速度は下り256 Kbps 以上。
出所：OECD（2018）を基に筆者作成。

表 3-6　モバイルの世代交代と通信速度の高速化

世　代（技術）	2G	3G	3.5G	3.9G	4G	5G
開始時期 （年）	1993	2001	2006	2010	2015	2020
最大速度Mbps(注)	0.01 Mbps	0.38	14	150	1,000（1 Gbps）	10,000（10 Gbps）
速度の変化	—	38倍	37	11	6.7	10

注：最大速度は比較のためすべて「Mbps」に換算。
出所：総務省資料等を基に筆者作成。

　日本では，経済規模の拡大，企業の生産性向上，社会生活の利便性向上といった目標達成の手段としての通信インフラは世界に冠たるレベルに整備されたが，まだ，その十分な活用に結びついていないように見える。しかし，2020年代は5G に代表されるように，無線でギガビット級のデータ伝送が一般化する。その際にカギを握るのは，アクセス系の無線技術に加えて，無線基地局間を接続するバックホール回線のパフォーマンスであり，エンド・エンドの光ファイバ接続の整備率が世界で最も高い日本は有利だと思われる。その点は，まさに欧州がFTTH の整備状況の改善に非常な熱意を示している理由の一つである。今後，日本がFTTH をどう活用していくのか，その行方が注目される。

（3）融合サービスは固定とモバイルからその先へ

　固定通信とモバイル通信の融合は，すでに2000年代の前半から語られていた概念であり，『情報通信白書 平成17年版』には「固定通信と移動通信の融合

表3-7　通信の融合サービスの進化と特徴

フェーズ	時　期	融合の形	典型的なサービス
第1フェーズ	2005年〜	固定とモバイルの融合（FMC）	バンドル割引
第2フェーズ	2010年〜	通信とメディアの融合	IPTV[注]，ストリーミング
第3フェーズ	2015年〜	ネットワークとプラットフォームの融合	ネット広告，電子決済

注：インターネット・プロトコル（IP）に基づき，ブロードバンド回線上で提供される映像（TV）サービス。

（FMC：Fixed Mobile Convergence）」というコラムが掲載されていた（総務省編2005：17）。事業者サイドも熱心であり，KDDIは2005年6月，固定網と無線通信の融合を図る「ウルトラ3G」の構築を進めると発表した。その後，FMCは間断なく通信業界で注目される概念であったが，具体的なサービスとして提供が本格化したのは，iPhoneが2007年（日本では2008年）に発売され，2010年代に入ってスマホの利用が急速に拡大して以降のことである。モバイル通信速度の高速化に加えて，アプリを通して音楽や動画を屋外で手軽に楽しめるようになったことが，固定・モバイル融合の普及を大きく促進したのだ。

　大手通信事業者は固定事業に加えてモバイル事業を行っており，固定・モバイル融合は「自社サービスの融合」という側面が強かった。それが，2010年代以降の動画配信の隆盛を受けて，通信事業者とメディア事業者が連携して，あるいは前者が後者を買収する形で，通信とメディアの融合競争が激しくなる。これはFMCを融合の第1フェーズとするならば，第2フェーズへの移行である（表3-7）。

　このフェーズの実例はアメリカに豊富に存在する。最大の電話会社であるAT&Tは2018年，Time Warnerを854億ドル（負債引受を含めて1,080億ドル）で買収した。他方で，同国最大のケーブルテレビ会社のComcast（最大のブロードバンド事業者でもある）は，2018年にFox Corporationの映像部門などの買収を試みたが，最終的にWalt Disneyに競り負けている。ヨーロッパに目を転じると，当初はモバイル専業事業者であったVodafone（本社イギリス）が，欧州諸国をはじめとする国外に広く進出し，現地で固定事業者に積極的に投資している。その際，ケーブルテレビが旧独占事業者の固定回線に対抗する存在で

あり，また，映像コンテンツの編集・配信に長けているという理由から，Vodafone は現地の有力なケーブルテレビ会社を買収することが多い。

そして，2015年以降は，融合が第3フェーズに入り，ネットワークとプラットフォームの融合が始まる。しかし，連携を越えて M&A による融合を目指す動きは大きな成果を上げていない。例えば，アメリカ第2位の電話会社である Verizon は，Google や Facebook に対抗するため，プラットフォーム事業を展開する AOL を2015年に，また，Yahoo を2017年に買収した。しかし，それらの事業は売り上げ目標を達成することができず，2018年には46億ドルの減損処理に追い込まれた。

3 モバイル通信のイノベーションと競争促進

（1）ガラケーからスマホへ──その進化と曲がり角

『情報通信白書』は2015年，日本の通信自由化から30周年の特集の中でモバイル産業の振り返りを行った。その記述を要約すると表3-8の通りである。

表3-8では，モバイルによるデータ通信の初期段階の重要な動きとして，iモードの提供開始を取り上げている。その点に関する同白書の記述（抜粋）は以下の通りだが，日本がモバイル・インターネットで先駆的な存在であったことを強調している。

　　「1999年の NTT ドコモグループによるiモードの提供から，多彩な携帯電話専用のウェブサイトにアクセスできるサービスが本格化し，その後ほかの事業者も EZweb/EZ アクセス，J-スカイなど同様のサービスを開始し，これが携帯電話のさらなる契約数の増加を牽引した。…（中略）…2002年度末には携帯電話に占めるインターネット接続利用者の割合は80％を超えるまでになり，世界を大きくリードするとともに，モバイル・インターネットのコモディティ化への動きがこの時期に進展した。」（総務省編 2015：15）

その後，2007年にアメリカなどで iPhone の販売が開始されると，アプリの多様化も相まって，スマホの普及が世界的に拡大する。日本でも状況は同じであり，総務省（2019a）の調査によれば，スマホの保有世帯は2010年の9.7％か

表3-8 日本のモバイル産業の振り返り

特徴（時期）(注)	主な動き
「第一次携帯電話ブーム」 （1988〜1995年）	・地域複占による新規参入の導入（1988年） ・端末売り切り制度の導入（1994年）
「携帯電話の普及と高度化」 （1996〜2005年）	・i モードの提供開始（1999年） ・携帯・PHS が固定電話加入数を凌駕（2000年） ・3G の世界初の商用化（2001年） ・移動端末によるインターネット利用者数がパソコン利用を凌駕（2005年）
「携帯電話市場の競争促進等」 （2000年以降）	・MVNO 事業化ガイドライン導入（2002年策定，2007年以降の数回にわたり改定） ・番号ポータビリティの導入（2006年） ・スマホの登場（2008年）と4G（＊）の開始（2010年以降） （＊）3.9G を含む

注：特徴の「 」内は白書の表記を引用，時期は筆者が記述内容から判断した。
出所：総務省編（2015）を基に筆者作成。

ら2018年には79.2％へと大幅に上昇し，フィーチャーホン（いわゆるガラケー）を含むすべてのモバイル端末に占めるスマホの割合は約83％に達している。

　以上のように，日本では好調に伸びてきたスマホであるが，Gartner（2019）の調査によれば，世界のスマホ出荷台数は2018年には過去最大のマイナス2.5％となるなど，登場から10年で市場は飽和しつつある。他方で，同調査は全モバイル端末に占める 5G 端末の割合が，2020年の 6 ％から2023年には51％に急伸すると予想しており，モバイル市場成長の牽引が 5G にかかっていることを示唆している。

（2）モバイル競争の促進と MVNO の振興

　総務省は前出の表3-8 の通り，2000年代から MVNO の事業化を支援するための制度整備に注力してきた。また，公正取引委員会（2016）は2016年8 月に「携帯電話市場における競争政策上の課題について」を発表したが，冒頭でその目的を「MVNO の新規参入の促進の観点を中心に，携帯電話市場における競争政策上の課題について，総務省による一連の取り組みを踏まえつつ，検討を行った」（抜粋）と述べている。以上から明らかな通り，日本では2015年以降，MVNO による競争促進への期待が大いに高まった。他方で，MVNO ブ

ームの過程では「格安スマホ」という言葉が定着した。この呼び方は，MVNOの役割を料金競争のみに矮小化しているように思われるが，世界的に見ると，MVNOは料金競争以外の付加価値を生み出すのが難しいとの認識も多く存在する。

　欧米でMVNOへの期待が高かったのは，日本よりも早く2000年代のことである。その後，2010年代に入ると，ニッチ市場における料金チャレンジャーとしての役割は認めながらも，MNOがサービス面の付加価値で勝負する有力な競争事業者になるとの見方は少なくなる。当時の論調を拾ってみると，モバイル業界の世界最大の業界団体であるGSMAは，2013年の欧州モバイル市場に関する年次レポートにおいて，ヨーロッパの国別のMVNOのシェアは10％程度であり，イギリスやドイツでは20％に近いが，ヨーロッパのMVNOの大多数は「ディスカウント」のカテゴリーに該当すると指摘した（GSMA 2013：42）。

　アメリカに目を転じて，連邦通信委員会（FCC：Federal Communications Commission）の2015年12月発表のモバイル競争レポート（FCC 2015：7）におけるMVNOの記述を訳出すると，「設備ベースのサービス事業者（MNO）とは異なり，MVNOはネットワーク投資，ネットワーク高度化，もしくは，ネットワーク・カバレッジを通じて容量創出を行うことはなく，料金以外の競争に従事することはない」というものであった。このように，アメリカでもMVNOに対する期待度は2007年頃までは高揚していたが，それ以降は沈静化している。その背景には，注目度の高かったMVNOの撤退（2007年のDisney Mobile）やMNOへの吸収（2009年のSprintのVirgin Mobile買収）などの事実がある。

　日本は主要国の中でMVNOの隆盛において後発グループであり，2015年前後の台頭期にとりわけ成長期待が高かった。業界誌によれば，当時の日本はMVNOの第3次ブームであり，それを可能にしたのはMVNO用の魅力的なSIMフリー端末の提供や調達が可能になったからである（テレコムインサイド2015）。しかし，前述の通り，少なからぬ欧米主要国ではMVNOブームが沈静化しており，MVNOは競争促進に関して料金面で一定の役割は担うが，それ以上の付加価値を過大に期待することは難しいと考えられている。同誌は，

日本でも単なる値下げ競争だけが進展して，MVNOブームが失速する懸念を表明する意見を紹介していた。

　総務省編（2019）によれば，日本の2019年3月末のMVNOサービス契約数は2,094万（前年同期比＋13.8%），移動系通信の契約数に占める比率は11.6%（同＋3.4%）と成長が続いている。その背景には，大手MNOがサブブランドとして資本関係のあるMVNOの販売に力を入れていることなどがある。しかし，全体的にMVNO契約数の伸び率は下がっており，今後の成長は楽観できない。そのため，MVNOがMNOからサービスを借りる際の接続料を引き下げるなどの政策的検討が進んでいる。

（3）モバイル競争はMNOとMVNOの舵取りが課題
####　　——楽天の参入が示すもの

　2017年12月，楽天が4社目のMNOとして参入することを発表した。2006年にソフトバンクが日本ボーダフォンの事業を買収して以降，NTT（ドコモ）とKDDI（au）を加えた3社のMNOで維持してきた寡占体制の大きな変化である。楽天の参入は他社の買収ではなく1から設備構築を行うものだが，仮想化技術を全面的に導入して設備投資コストを約6,000億円に抑えるとの発表が関係者を驚かせた。同社が電子商取引で蓄積したクラウド技術に立脚して，次世代型のモバイル事業を構築しようとしている点が注目される。

　しかし，その設備構築には遅れが生じ，総務省から数回の注意を受ける事態となり，予定していた2019年10月の商用サービス開始は2020年春に延期せざるを得なかった。その間，同社はモニターに対する実験的なサービス提供という形でネットワークの安定性や品質の確認を続けた。楽天はMVNO事業に熱心で最大事業者となっているが，仮想化（バーチャライゼーション）を全面的に押し出したMNOとして，いわば「MVNOからVMNO（Virtual MNO）」に脱皮しようとしたのだが，生みの苦しみに直面する結果となった。

　楽天の事態を踏まえて，果たして，日本で4社のMNOが永続的に共存可能なのか考察してみたい。多くの欧米主要国においては，図3−2の通りMNOの数は3社もしくは4社である。もし，あるモバイル事業者の業績が低迷した場合，①既存の他MNOとの合併で救済されるか，もしくは，②モバイル業界

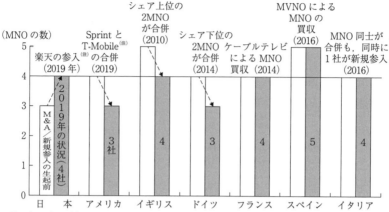

図3-2　欧米主要国の MNO 数の増減
　　　　――「2019年」と「M&A／新規参入の生起前」の比較

注：楽天（2019年）は試験サービス，アメリカの Sprint/T-Mobile の合併は審査中（2019年11月時
　　点）。
出所：各国規制機関の報道発表，Thomson Reuter 社の M&A 情報データベースなどを基に筆者作成。

以外の事業者（ケーブルテレビや衛星放送など）に買収されるか，いずれかの選
択が取られることが多い。

　①の場合は市場における MNO の数が減るため，競争の縮減を懸念して，競
争当局が合併計画に難色を示すことがある。例えば，4 社の MNO が凌ぎを削
るアメリカにおいて，ソフトバンクは買収した Sprint（業界4位）を，ライバ
ルである第3位の T-Mobile US（Deutsche Telekom 子会社）と統合することを
目指してきた（存続会社は T-Mobile）。オバマ民主党政権時代は競争当局（連邦
司法省），FCC ともに MNO が4社から3社に減ることについて反対の姿勢が
強かったが，トランプ共和党政権の誕生により規制の風向きが変わり，2019年
7月に両当局が合併計画を承認するに至った（一部の州は反対中）。ヨーロッパ
では，ドイツで MNO の数が M&A を経て3社となった。仏・西は MNO の救
済者が非 MNO であったことから MNO の数は変わっていない（図3-2）。こ
のような現状を受けて，ヨーロッパのモバイル業界では，「MNO が共存可能
なマジックナンバーは3社なのか4社なのか」という議論が続いている。

　しかし，5G の時代になり，ドイツのように 5G 免許を「既存 MNO の数＋
1社」だけ割り当てるケースも出てきた。全国規模の一般消費者市場に加えて，

IoT を含む法人向けやローカル向けの 5G 市場が多彩に拡大していくだろうとの期待感の反映である。そうであれば，MVNO の振興よりも 5G を見据えて MNO の数を増やす方が競争促進にはより効果的かもしれない。結果的に，日本では楽天の参入により，そのような設備ベースの競争政策が取られたことになった。

　日本では，欧米の MVNO の経験から学ぶ「後発者利益」を発揮して，料金競争以上の付加価値に基づく競争の期待が高い。実際，他国とは異なり，本業で大きなプレゼンスを持つ楽天，LINE などが，コアビジネス顧客の囲い込みや個人情報獲得などを目的として，MVNO に本業サービスの割引やポイント付与を組み合わせたプランを用意してきた。しかし，楽天が MVNO 競争を飛び越して MNO として新規参入したことや，2019年に政府のモバイル料金の引き下げ要請を受けて大手 MNO が料金プランを見直したことから，当面，楽天を加えた 4 社の MNO による料金に特化した競争の激化も予想される。それは，MVNO の成長にとっては逆風となる可能性がある。MVNO の振興はそれ自体が目的ではなく，サービスの多様化，高度化，料金低廉化という目的追求のための手段である。MNO 同士の競争促進政策と MVNO 振興策は相互に関連しており，時に相反する。両方を同時に追求するためには，微妙で難しいかじ取りが必要となるだろう。

4　5G と IoT で加速するビッグデータの増大
——次世代 ICT 市場の見通しと課題

（1）5G と IoT は社会をどう変えるのか

　2019年 8 月現在，5G サービスの商用を開始しているのは韓国，アメリカ，イギリス，ドイツなど少数であるが，年度の後半から2020年にかけて，日本をはじめとする多くの国々がそれに続こうとしている。しかし，5G がどのように利活用されていくのか，ユーザーには想像が付かない部分がある。*Harvard Business Review* の論考（Abbosh & Downes 2019）は，Accenture が調査した10カ国，2,000名の企業幹部の調査結果を分析して，「産業界のリーダーの多くは，5G 技術のことを理解しておらず，その破壊的なポテンシャルを認識していないようだ」と指摘している。その上で同論考は，5G の速度，容量，消費

電力，レスポンス時間は 4G と比べて飛躍的に優れており，過去のモバイル通信における世代交代とは，比べ物にならないほどのインパクトを産業界に与えることを理解すべきだ，と警鐘を鳴らしている。

　ユーザーのみならず，通信事業者にとっても，5G の利用シーンはまだ不透明である。少なくとも，主に消費者向けに全国津々浦々に無線ネットワークを張り巡らしてユビキタスなサービスを展開してきた，第四世代（4G LTE）までの携帯電話の連続的な推移とは異なる展開を辿るという意見も多い。それは，5G を語る際に必ず言及される「スタンドアローン（SA），ノンスタンドアローン（NSA）」「ローカル 5G（L5G）」「キャンパス・ネットワーク（CNW）」というキーワードからも明らかである。4G 網とは別の独立した網を構築するのが SA であり，4G 網にオーバーレイしながら徐々にサービスの代替を進めるのが NSA の考えである。また，L5G と CNW は類似の概念であり，工場敷地，テーマパーク，スタジアムなどのエリアに閉じる形で 5G サービスを展開するものである。当面，事業者は一般公衆向けの 5G の需要を睨みながら，並行して，特定ニーズにカスタマイズした法人向け 5G サービスの展開を進めるだろう。

　IoT 時代には，固定回線とモバイル回線を組み合わせた柔軟なネットワーク構成がイノベーションを生み出すインフラである。その上で交換される大量のデータがビッグデータとして解析，応用され，ICT 以外の産業の効率化・高度化を実現する。Fin-Tech（金融と ICT），Agri-Tech（農業と ICT），Spor-Tech（スポーツと ICT）などの言葉で表現される「クロステック（X-Tech）」時代の本格到来である。『情報通信白書 平成30年版』では「ICT による新たなエコノミーの形成（市場）：広がる X-Tech による市場創造」というテーマを組み，「産業・業種を超えて ICT が導入されることで，新しい価値や仕組みが提供される『X-Tech』の動きが様々な分野で広がりつつある。そこでは ICT『プラットフォーム』によってデータのやりとりが容易化することで情報が『見える化』されることにより，企業間（BtoB），企業と消費者（BtoC），消費者間の関係（CtoC）が変化している」と説明した（総務省編 2018：89-90）。

　IoT の中心となる技術は FTTH と 5G である。英独仏を含む多くの主要国において光アクセス回線の整備が十分に進んでいない現状で，日本はエリアカ

バレッジが98％を越えるまでに整備された FTTH 網を活用し，同時に5G 展開に遅れることなく「社会的課題の解決×ICT」（X-Tech）を推進できれば，世界に対して ICT のイノベーションで模範を示し，グローバル規模の産業・社会構造改革に貢献することになるだろう。

（2）ビッグデータとネットワーク混雑──データ・トラヒック激増の課題

　データ・トラヒックが激増し，その円滑な伝送を担う通信ネットワーク増強の必要性が国内外の多くの当事者から提起されている。総務省は2019年5月，「トラヒックについては，コンテンツのリッチ化や多様な新サービスの登場等により今後も増加すると見込まれ，地域や時間帯によってはインターネットにつながりにくい現象がみられる等，2020年東京オリンピック・パラリンピック競技大会に向けて対応が急がれている。また，これに伴い，一部事業者の設備投資の負担が増大すると考えられる」と述べている（総務省 2019b：11）。

　トラヒックの伸びは2020年以降も世界的な規模で伸びていくと予想される。例えば，グローバル規模のトラヒック予想に関して，世界最大級の通信機器ベンダーである Cisco 社は，2017〜2022年の期間における全体トラヒックの年平均成長率（CAGR）を26％と見込み，そのわずか5年間でトラヒック量が3倍になると予想している。そして，2022年には全トラヒックの71％がワイヤレスデバイスやモバイルデバイスによって占められると指摘している（Cisco 2019）。

　膨張し続けるトラヒックがネットワークに負担を掛け，その混雑（輻輳）を喚起することは早くから想定され，様々な対策が取られてきた。日本は2008年に「帯域制御の運用基準に関するガイドライン」を導入したが，その策定においては，総務省が開示した具体的なトラヒック・データに基づいて官民が議論し，具体的な適用は日本インターネットプロバイダー協会など関係5団体に任せるという，共同規制の先駆的な取り組みが行われた。同ガイドラインの運用が機能していることから，上述の総務省の電気通信規制の包括的検証においては，今後の柔軟で適切なネットワーク制御方法の実現のための中心的な方策として，この帯域制御ガイドラインを改定する意向が示されている。

（3）通信とプラットフォームの競争と連携

　経済学は「プレイヤーはパイを作るときには協力し，それを分けるときには競争する」（Brandenburger & Nalebuff 1997）と教えている。それは，市場プレイヤーAとプレイヤーBは常に協力（cooperation）もしくは競争（competition）する固定的な関係にあるのではなく，状況に応じて双方を使い分けることを意味している。Brandenburger・Nalebuff は，そのような関係を「co-opetition」と呼んだが，情報通信の世界では味方（friend）でもあり敵（enemy）でもあるという意味で「frenemy」と呼ばれることがしばしばある。例えば，2012年に開催された全米ケーブルテレビ協会（NCTA）の大会では，「Netflix は敵か味方かと？」と問われた大手ケーブルテレビ会社 Cox Communications の CEOが「frenemy である」と答えている。情報通信のような多重レイヤー市場構造では，協力・競争関係を構築する場面が多様となり，さらに，サービスがデジタル化されているために，従来の関係を短期間に切り替えることが容易である。その意味で co-opetition（frenemy）理論が最も適合的な市場なのである。

　しかし，新規市場（パイ）を創出する時に全プレイヤーが無条件に一致団結するほど，事業者の経営戦略は単純ではない。追加的なパイの恩恵に預かれるという確証が得られない限り，プレイヤーは簡単には協力の手を差し伸べない。明示的な確証を得るために全プレイヤーが１つの場でオープンに交渉することは難しく，交渉可能な数に限定されたプレイヤーが，閉鎖的なコンソーシアムやジョイントベンチャーを形成する可能性が生じる。情報通信では，共存共栄を意味する言葉として，生物学の「エコシステム（生態系）」という用語がしばしば使われる。いわく，「インターネット・エコシステム」あるいは「モバイル・エコシステム」といった具合である。

　だが，前述の理由により，たとえある市場が大きく成長している時であっても，プレイヤー全員が協力するエルドラドとしての単一エコシステム空間は形成されない。図３-３の通り，増分パイの恩恵に預かろうとして手を組んだ者同士が形成する複数のサブエコシステムが競争を繰り広げるのである。その典型例は楽天であり，同社が提唱する「楽天経済圏」構想は，楽天エコシステムに参加することで，圏外者に対する競争優位を打ち立てることができるとアピールしている。

図3-3　ICT のサブエコシステム間競争

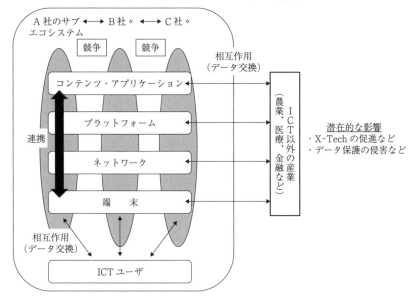

ICT のエコシステムにおいて，個人・非個人（官庁・企業など）に関する「データ」の果す役割がますます増大している。個々のサブエコシステムが独立して相互に競争する存在であれば，データはそのシステム内に専有される可能性が高い。しかし，レイヤー化とプラットフォーマーの伸張により，サブエコシステム主体の意向の有無に係らず，プラットフォーマーによって横断的にデータが交換される可能性が出てくる。

　例えば，サーチエンジンで見つけた格安チケット代理店のサイト経由で航空券を予約すると，まったく関係の無い新聞ニュースをオンラインで読んでいる際に，その渡航目的地の宿泊施設の広告が出るといった，多くの人が経験している事象である。このような横断的データ交換は X-Tech 推進への期待を高める一方で，データ保護に対する懸念を喚起する。

　以上の分析に基づくならば，協力はパイを生み出すとの思いから形成される複数のサブグループを創出し，それらが競争を繰り広げる環境を整備することが大切である。また，横断的なデータ交換に対する懸念を払拭し，X-Tech が円滑に促進される環境を整備することが必要である。EU で2016年に成立して

大きな話題となった「一般データ保護規則（GDPR：General Data Protection Rule)」は，まさにそのような懸念の払拭を目指している。

　協力を「共謀」の側面から捉えると，部外者に対して競争上の差別的取扱いを働かないかと心配になる。そうではなく，協力を「創造」，すなわち「共創」の観点から見るならば，イノベーション創出への期待が湧いてくる。もちろん，「差別的取扱い（負の効用）」と「イノベーション（正の効用）」はゼロイチで生起するわけではなく，あるイニシャティブは，それらを両端とするスペクトラムのどこかにポジショニングされる。そうであるからこそ，事前の一律の規制ではなく，ケースバイケースで正負の効用をできるだけ客観的，定量的に把握して，そのバランス分析を実施し，正が勝る場合には負に対して是正措置を課した上で，そのイニシャティブを認めることが必要となるだろう。

注
⑴　イギリスボーダフォンの日本法人の名称は「ボーダフォン株式会社」であったが，本章では便宜上，「日本ボーダフォン」と標記する。
⑵　MSO は複数地域のケーブルテレビ会社を統括する事業者。日本では1993年の規制緩和以降，MSO が相次いで登場することになった。
⑶　2000年代にアメリカで登場した規制の概念。公衆インターネットへのアクセスにおける差別的取り扱いの禁止，情報開示，言論の自由など広範な論点を含む。
⑷　LINE モバイルについては，2018年3月からソフトバンクが約51％の株式を保有している。

参考文献
神野新（2007）「統合フルサービス化による補完性の実現──通部門の M&A」宮島英昭編著『日本の M&A──企業統治・組織効率・企業価値へのインパクト』東洋経済新報社。
公正取引委員会（2016）「携帯電話市場における競争政策上の課題について」。
菅谷実（1997）『アメリカのメディア産業政策──通信と放送の融合』中央経済社。
総務省（2019a）「平成30年通信利用動向調査の結果」。
総務省（2019b）「電気通信事業分野における競争ルール等の包括的検証 中間答申（案）」。
総務省編（2005）『情報通信白書 平成17年版』。
総務省編（2012）『情報通信白書 平成24年版』。

総務省編（2015）『情報通信白書　平成27年版』。

総務省編（2018）『情報通信白書　平成30年版』。

総務省編（2019）『情報通信白書　令和元年版』。

テレコムインサイド（2015）「［第5回］第3次 MVNO ブームを根付かせるために，目的ではなく手段としての MVNO を」『MVNO ブームの舞台裏』日経 BP，2015年5月8日。

Abbosh, O. & Downes, L. (2019) "5G's Potential, and Why Businesses Should Start Preparing for It" *Harvard Business Review.*

Brandenburger, A. M. & Nalebuff, B. J. (1997) *Co-opetition 1st ed.*, Currency Doubleday（＝1997，嶋津祐一・東田啓作訳『コーペティション経営──ゲーム論がビジネスを変える』日本経済新聞社。）

Cisco（2019）『Cisco Visual Networking Index（VNI）：予測とトレンド，2017～2022年ホワイトペーパー』。

EC (2016) *Evaluation of the regulatory framework for electronic communications Accompanying the document, Proposal for a Directive of The European Parliament and of The Council establishing the European Electronic Communications Code (Recast).*

Eisenach, J. (2015) *The Economics of Zero Rating*, NERA Economic Consulting.

FCC (2015) *18th Mobile Wireless Competition Report.*

Gartner (2019) "Gartner says global device shipments will decline 3% in 2019" *Press Releases.*

GSMA (2013) *The Mobile Economy Europe 2013.*

OECD (2018) "Percentage of fibre connections in total fixed broadband, Dec. 2018, Mobile broadband subscriptions per 100 inhabitants, by technology, December 2018" *Broadband Portal.*

第4章	新聞産業

1　新聞産業の概況
——日本におけるその構造的特徴

（1）新聞大国の日本

　新聞を定義すると，内容においては「社会の出来事について事実や解説を広く伝え」，形態においては「定期的に刊行され，製本されていない」媒体と言えるだろう。一口に新聞といっても，日刊で発行されて時事問題一般を取り扱う「一般紙」，スポーツやレジャーを報じる「スポーツ紙」，地域のコミュニティー紙，あるいは，特定の業界にテーマと読者を絞った業界紙などもある。コンビニエンスストアなどでは特定の趣味や嗜好にターゲットを絞った新聞なども売られている。

　しかしながら，「メディア産業」として考えた場合，地域コミュニティー向けのコミュニティー紙や，特定の業界紙のようなものの役割は極めて限定的である。一般に「メディア産業」の一角として「新聞」を語ろうと思えば，それは，「朝日新聞」「読売新聞」「日本経済新聞」といったような，日刊の「一般紙」を中心に語らざるを得ないであろう。本節と次節ではもっぱら，日本の一般紙に焦点を当てて記述する。第3節以降では，海外の最新動向に焦点が当てられる。

　日本の新聞産業の特徴の一つは，発行部数の巨大さと普及率の高さにある。日本の新聞社の多くは，朝刊と夕刊をセットにして発行するという，世界的にも珍しい形態をとっている。このため，通常，日本では朝刊と夕刊をセットとして販売している場合は，両者を分けずに1部として数える。こうして数えると，2019年10月現在の日本の新聞発行部数は1日約3,780万部とされている（日本新聞協会HP）。

　日本の主要な一般紙を発行する新聞社を主な加盟社とする業界団体の「日本

新聞協会」のウェブサイトには，世界の主要国における日刊紙の発行部数や成人人口1,000人当たりの部数が掲載されている（元のデータは，世界新聞・ニュース発行者協会〔WAN-IFRA〕のもの。2017年現在）。これによると日本は，1,000人当たり381部であり，この数字は同協会の表に示されている限りでは世界トップである。かつては，ノルウェー，フィンランド，スウェーデン（169部）といった北欧諸国での普及率が高かったが，インターネットの普及により，これらの国でも急速に普及率が落ちているようだ。このほか，比較的新聞が読まれているといえそうなのは，イギリス（144部）やドイツ（202部）などである（日本新聞協会HP）。

　日本のように総発行部数も大きく，また，普及率においても高い数字を示している国はなく，この意味で，日本は世界最大の新聞大国といえる。

　なお，上記の世界新聞協会の資料に反映されている数字は，あくまで新聞協会加盟の新聞社が発行する新聞に関してのものである。日本新聞協会に加盟していない新聞も多く，例えば宗教団体や政治団体が発行するもの，あるいは夕刊紙の『日刊ゲンダイ』などは加盟していない。

（2）全国紙と地方紙

　一般紙は，日本全国で販売・購読される「全国紙」，各県で広く購読される「県紙」，各県の特定のエリアだけで購読される「地域紙」に大別される。また，県紙のうちでも販売エリアが複数の県にまたがるなど，特に広域で販売・購読されるものを「ブロック紙」という。全国紙とは一般に，「朝日新聞」「毎日新聞」「読売新聞」「日本経済新聞」「産経新聞」の5紙を指す。またブロック紙は，北海道全域で購読される「北海道新聞」，愛知県とその周辺地域の「中日新聞」，福岡県とその周辺地域の「西日本新聞」を指すことが多い。

　日本における総発行部数約3,780万部に対して，「読売新聞」は810万部（2019年上半期，日本ABC協会調べ。各新聞部数の出所は以下同じ）であるから，同紙だけで全体の約20％を占めることになる。「読売新聞」と「朝日新聞」で35％程度，全国紙5紙では50％強で，全体の半分以上を占める。発行部数から単純に考えると，新聞業界は全国紙による寡占状態にあるといえる。全国紙のうちでも特に「読売新聞」「朝日新聞」「毎日新聞」は，国内および海外に独自

の取材ネットワークを持ち，世論形成にも強い影響力を持つ。「日本経済新聞」は，経済に焦点を当てて報道する「経済紙」ともいえるが，政治や社会問題，スポーツ結果や文化系のトピックなども幅広く報道する「一般紙」としての性格も持っている。同紙は一般紙的な性格の経済紙という市場をつくり，そこで独占的な地位を確保し続けていることが他紙にない強みである。これらの全国紙は，日本の新聞界のリーダー的存在であると言って間違いなかろう（「産経新聞」は全国紙といっても，首都圏と近畿圏以外では，ほとんど販売されていない県も少なくない）。

　しかし，日本の新聞産業を強い全国紙と弱い地方紙，というイメージで捉えてはならない。むしろ，日本の新聞産業の特徴は，大きな発行部数と強い影響力を持った全国紙が存在すると同時に，東京や大阪などの一部の都府県を除く各道府県で「県紙」あるいは「ブロック紙」といわれる地方紙が非常に大きなシェアと発行部数を維持しているという，全国紙と県紙の「二重構造」にあるといえる。

　地方紙の中でも特に巨大なのは「中日新聞」で，発行部数は「産経新聞」（139万部）をはるかに超える223万部を誇る。さらに，同紙の発行本社である中日新聞社は，東京で「東京新聞」を発行し，また他県でも「北陸中日新聞」などの一般日刊紙を発行しており，これらを合計すると発行部数は280万部程度となる。

　中日新聞ほど大きくなくとも，各県におけるシェアを見てみると，全国紙をしのいで，各県でトップを維持している地方紙（県紙）が多い。中でも，「徳島新聞」や「高知新聞」は，部数はそれぞれ約21万部と16万部であるが，各県でのシェアは8割を超える。そのほかにも，5割以上のシェアを確保している地方紙は少なくない。

　なお日本の主要な新聞の多くは，新聞の発行部数を客観的に調査する「日本ABC協会」に加盟している。上記の各紙の部数はABC協会調べによるもので，ある程度，信頼のおけるものである（ABC協会の数字は，会員向けに公表されており，一般公開はされていない）。このABC部数の中にも，実際には売られていない数を一定数含んだ水増しされた部数であることが，全国紙の幹部を務めた者から指摘されている（河内 2007：62-71）。こうした「水増し」は「押

し紙」や「積み紙」と呼ばれている。それらが実際にどの程度であるのかは不明であるが，ABC協会が調査した部数であるため，例えば，「半分以上が『押し紙』や『積み紙』」というような極端な水増しがあるとは考えにくい。新聞の部数といった場合にABC協会による数字のほか，新聞や出版界では「自社公称部数」と呼ばれる数字がある。この数字は，客観的な証拠等に基づいた数字ではなく，ABC協会調べの部数に比べると信頼度は格段に落ちる。このため，自社公称部数を見る時には注意が必要である。後に述べる有料デジタル版の契約者数は「自社公称」である。

　このように，日本の新聞界の構図は，東京や大阪など一部を除けば，「一県一紙」という状態が基本である。そして各地で，それぞれの県紙・ブロック紙と，全国紙とが激しい部数争いを展開しているのである。日本の地方紙が，「一県一紙」という体制になっているのは，第2次世界大戦前から戦中にかけて，報道をコントロールしたい当時の政府が，日本全国にあった無数の地方紙を整理，統合したからである。日本の地方紙は戦後，このように人為的に競争が排除されたメリットを享受して発展してきたのである（桂1990：120-124）。

　なお現在，県紙クラスの地方紙が複数存在する県は，福島県（「福島民報」と「福島民友」）と沖縄県（「沖縄タイムス」と「琉球新報」）である。また，北海道・帯広市を主な販売エリアとする「十勝毎日新聞」や，青森県・八戸市を主な販売エリアとする「東北デーリー」など，地域紙とはいっても地元では高い普及率を誇っている新聞もある。

　日本の新聞産業において地方紙，特に県紙・ブロック紙と呼ばれている地方紙は非常に大きな勢力を持っている。しかも，これら有力地方紙は独立して存在しているのではなく，共同通信社という，会員組織の通信社を共有していることに留意しなければならない。共同通信に加盟する地方紙の発行部数の総計は，「読売新聞」の総発行部数をはるかに上回る。

　共同通信社は，有力地方紙発行社を中心とする56社を加盟社とする社団法人組織である。共同通信社には，日本経済新聞社と産経新聞社といった全国紙発行社，さらにNHKも加盟している。全国紙の中で特に経営が厳しい毎日新聞社は，長らく共同通信社に加盟していなかったが，2009年に再加盟を果たした。共同通信社は日本全国，および海外に支局網を持ち，各地方紙が独自には取材

できないような全国ニュースや海外ニュースを中心に記事を配信している。県紙・ブロック紙は，全国紙と競争するため，日本政府や海外のニュースなども詳しく報道する必要がある。このため，共同通信社の配信記事に頼る割合は高い。大きなニュースを報道する1面においては，ほとんどの記事が共同通信社からの配信記事で埋められることもある。しかし，共同通信社から配信された国内ニュースの記事は，通信社の配信記事であることを明示しないことになっているので，あたかも，すべて各紙の記者が執筆しているかのような体裁で紙面が作られている。

　共同通信社は，各社の「社説」の参考になるような記事も配信するなど，一般の通信社の役割を超えて，地方紙の紙面づくりにおいて大きな役割を果たしているのである。日本を代表する通信社には，共同通信社の他に時事通信社があり，多くの地方紙は，共同通信社だけでなく時事通信社とも契約をして記事の提供を受けている。

　ところで，通信社といえばかつては，世界各地のニュースを新聞社やテレビ局などのマスメディアに配信するビジネスと考えられていた。しかし近年では通信社の役割も大きく変わり，金融機関をはじめとした一般企業への速報サービスや，株式や為替の相場情報サービスの割合が大きくなっている。

　これに対して共同通信社の場合は，新聞社を中心とした会員組織であるため，基本的な事業はあくまで新聞および契約している放送局へのニュース提供である。なお地方紙と激しい競争関係にある朝日新聞社，毎日新聞社，読売新聞社は1952年，共同通信社から脱退している（毎日新聞社は前述の通り，2009年に再加盟した）。

　なお，日本の広告産業において圧倒的な地位を占める電通は，元々は通信社としてスタートした。1907年に設立され，新聞記事の配信と広告業を行っていたのだが，日中戦争から太平洋戦争へと進む日本政府は国策として1936年に日本の通信社を一つに統合することとし，電通はライバル通信社「聯合通信」と合併を余儀なくされ，「同盟通信社」が設立された。日本が太平洋戦争に敗北すると同盟通信社は解体され，通信社の業務は今日の共闘通信社と時事通信社に分解され，広告部門は電通が引き継いだのである（里見 2000；下山 1999）。

（3）新聞販売と広告

　日本新聞協会の調べによると，新聞産業全体の年間の売り上げは 1 兆6,619億円（2018年度）である（日本新聞協会 HP）。産業規模としては決して大きくない。新聞社の収入の柱は，新聞を販売することによって得ることができる販売収入と，新聞に広告を掲載することで得られる広告収入が二本柱といわれてきた。その他には，出版事業やイベント事業，あるいはインターネット事業から得られる収入，さらにサイドビジネスとして行っている不動産業などから得られる収入がある。これらの構成比の推移については第 2 節で述べるが，最も重要な要素となっているのが販売収入である。

　日本の新聞の高い普及率を支えているのが，各新聞社が張り巡らした新聞販売店網である。日本の新聞の総発行部数の 9 割以上が宅配されている。新聞販売店は，新聞社が直営の場合もあるが，一般には，新聞社から独立した企業体であり，それぞれの販売店が独自に新聞社と契約を結んでいる。新聞社と販売店の関係を支える制度が再販売価格維持制度（再販制度）である。独占禁止法では一般に，製造元が小売に対して，販売価格を指定することは「不公正な取引方法」として禁止されている（第19条）。しかしながら新聞や書籍の場合，この原則の例外として，製造元が小売に対して，販売価格を指定した契約を結ぶことができる（第24条）。しかも新聞の場合，公正取引委員会が独占禁止法にいう「不公正な取引方法」について定めた「特殊指定」として，新聞社や新聞販売店が，地域や相手によって異なる定価を定めたり，割引販売をしたりすることなどを禁止している。

　公正取引委員会は，一般原則からの例外である「再販制度」を見直したい意向をもっており，1990年代には同制度見直しに向けての議論が進められたが，新聞および出版業界からの反発は激しく，公正取引委員会は1998年 3 月，再販制度は当面存続させることを決めた。

　その後，公正取引委員会は，独占禁止法の条項はそのままにして，公正取引委員会が独自に定める規則としての「特殊指定」の撤廃を目指した。これは公正取引委員会が独自に定めるものであるため，改廃等にあたり国会で審議する必要はない。しかし，新聞社の政治家への影響力は強く，主要政党は与野党にかかわらず，ほぼ一致して，「特殊指定」の存続を目指す新聞界を支持する声

明を発表した。公正取引委員会は，結局，2006年6月に新聞特殊指定の撤廃を断念したことを公表した。

　再販制度が存在することによって，新聞発行本社に近い大都市と，住民の少ない過疎地でも，読者は同じ値段で新聞を買うことができる。このため，新聞を全国遍く行き渡らせるための制度として，再販制度は大きな役割を果たしてきたといえるだろう。しかしながら，値引きという，通常の競争政策がとれないために，強引で不健全な販売方法が行われているとの指摘もある。

　なお再販制度や特殊指定の維持をめぐる公正取引委員会との交渉において強い政治力を見せた新聞界であるが，2019年に消費税が10％に引き上げられた際には，飲食料品などと同様に，新聞を軽減税率の対象とすることに成功した。

（4）不明確な高級紙と大衆紙の区別

　日本の新聞界の特徴として「高級紙」と「大衆紙」の区別が明確でないことも挙げられる。欧米などでは，インテリ層が読む「高級紙」と，労働者などが読む「大衆紙」とで，明確に色分けされている場合が多い。しかしながら日本では，一般紙は学歴や職業の区別なく読まれることが想定されている。例えば，駅売りを中心にかつては数百万部の部数を誇っていたドイツの「ビルト」は，ゴシップ中心の大衆紙で，一面には女性のヌード写真が掲載される。その一方で，ドイツには「フラクフルター・アルゲマイネ紙」や「南ドイツ新聞」といった，国際的にも名の通った高級紙が存在するが，発行部数は数十万部で，読者は一部の人々に限られている。アメリカの高級紙として有名な「ニューヨークタイムズ」も，平日の発行部数は50万部に満たない（The New York Times Company 2019：2）。

　これに対して，日本の一般紙は，会社経営者や高級官僚も読者として想定しながら，「読売新聞」のように800万部以上もの発行部数を有しているケースがある。その一方で，日本の一般紙が固い話題だけを扱っているかといえばそうではなく，連載小説や料理に関する情報を掲載したり，芸能ニュースを報道したりしている。

　日本の新聞界も1870年代頃には，政治を論じる「大新聞」と，娯楽ニュースを報道する「小新聞」との区別があった。当時，小新聞は正面を切って政論を

掲載することはなかったが，西南戦争の報道が一般大衆から広く支持を受けたことなどによって自信を深め，報道機能を充実させていったのであるという。これに対して，政党と近い関係にあって，政治的な主張を展開していた「大新聞」は，西南戦争後，時事ニュースの報道よりも，主張の展開に一層力を入れることになり，それが，小新聞に読者を奪われる要因になった。政府から弾圧されたこともあり，「大新聞」はやがて淘汰され，報道機能を強化した「小新聞」が「中新聞」に成長し，今日の新聞産業の基礎が形成されていったのである。「読売新聞」や「朝日新聞」も，大衆向けの小新聞としてスタートしたのである（山本 1978：8-43）。

（5）新聞社の多角的側面——放送局との関係

　新聞は，若い世代にはなじみの薄いメディアになりつつあるかもしれないが，報道機関の中では特に高い地位を占めている。日本の新聞社にその特別な地位を与えている一つの要因は，放送局に対する関係であろう。

　戦後日本の民間放送は1951年，テレビ放送は1953年に始まっている。テレビ放送の開始にあたり，特に尽力したのは，元読売新聞社社主の正力松太郎氏であった。そして，新聞社は民放のラジオ，テレビ局の立ち上げにおいては資金面のほか，人材面でも様々な協力を行ってきた。現在でも，全国紙，地方紙とも，テレビ局に出資している社は多い。全国紙5紙の発行本社は，読売新聞社は日本テレビ，毎日新聞社は東京放送（TBS），産経新聞社はフジテレビ，朝日新聞社はテレビ朝日，日本経済新聞社はテレビ東京といった具合に，系列関係にある。

　2004年暮れには，多数の新聞社が，第三者の名義を語って実質的に放送局の株を保有し，一企業による複数の放送事業者の支配を禁じる「マスメディア集中排除原則」に違反していたことが発覚した。総務省は2005年1月に55の放送事業者に違反が見つかったと発表したが，そのうち38社は新聞社の株式保有にかかわるものであった。

　なお，日本の主要な新聞社は多くの場合，放送局に出資するだけでなく，雑誌や書籍を発行する部署を持ち，また，インターネット事業などを含めて様々な媒体を使って情報発信を行っている。この意味で，新聞社は「複合メディア

企業」であるといえよう。朝日新聞社の『週刊朝日』や毎日新聞社の『サンデー毎日』など，新聞社の発行する雑誌は発行部数においては退潮傾向にあるとはいえ，一定の存在感を保ってきた。読売新聞社は1999年に，老舗の出版社である中央公論を傘下に収め，中央公論新社としてスタートさせた。

2　日本の新聞産業のトレンド
——紙の衰退とデジタル化

（1）下落する発行部数と広告収入

　世界的に新聞が，インターネットやスマートフォンの急激な普及の中で，ビジネスとして大きな苦境に立たされていることは，直感的に理解できるに違いない。アメリカでは，有力な地方紙も次々と廃刊に追い込まれ，「ニューヨークタイムズ」と並ぶ有力誌の「ワシントンポスト」も経営危機に陥り，2013年にAmazon社のオーナーに買収された。日本では，本章を執筆している2019年8月現在では，有力な全国紙やブロック紙，県紙が廃刊とはなっていないが，全体として衰退基調にあることは否定できない。

　日本の新聞は戦後，右肩上がりで販売部数を伸ばしてきた。一般紙の部数のピークを迎えたのが2001年であった。インターネットが一般家庭に普及しはじめたのは1990年代の中ごろであるが，その後もなんとか一般紙は持ちこたえ，2001年以降に部数が減少したといっても，2006年ごろまでは「横ばい」といえるような状況であった。しかし，その後，部数は急速に下落し始めている。2018年の部数は，ピーク時の77.4%であるから，2001年からの約20年間で，約1/4の部数を失ったことになる（日本新聞協会HP）。インターネットが一般家庭に普及しはじめたのが1990年代半ばで，アップルのiPhoneが日本で発売されたのが2008年である。新聞部数の推移との関連で考えれば，インターネットにはなんとか持ちこたえた新聞が，スマートフォンによって大打撃を受けつつある図式が浮かび上がる（図4-1）。

　「スポーツ紙」にも言及しておこう。スポーツ紙は，全国紙あるいは有力地方紙の傘下で発行されている。プロ野球やサッカーなど，スポーツニュースを中心に芸能ニュース，そして一部ではあるが一般ニュースを掲載している。日本新聞協会に加盟しているスポーツ紙には，全国紙の系列会社で発行されてい

図4-1　一般紙の発行部数の推移

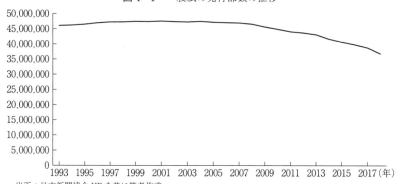

出所：日本新聞協会 HP を基に筆者作成。

るものに「日刊スポーツ」（朝日新聞社系列）「スポーツニッポン」（毎日新聞社系列）「報知新聞」（読売新聞社系列）がある。また，「サンケイスポーツ」は産経新聞社が発行している。地方紙では，神戸新聞社系列の「デイリー・スポーツ」，中日新聞社が発行する「中日スポーツ」などがある。東京スポーツ社は夕刊紙「東京スポーツ」（夕刊）を首都圏で発行するほか，大阪，名古屋，福岡でもスポーツ紙を発行している。

　スポーツ紙の現状は一般紙よりもはるかに悲惨だ。1996年に発行部数がピークを迎え，その後右肩下がりで部数が落ち続けている。2018年の数字では，ピークの半分以下にまで部数を落としている。1996年からの急降下であるから，インターネットの普及と同時に部数を落とし続けているといえる（図4-2）。

　スポーツ紙の発行部数以上に激しく落ち込んでいるのが広告収入だ。電通が毎年発表する「日本の広告費」によれば，新聞広告に支出された広告費は1990年にピークを迎えたのだが，その後急激に下落し，2018年はピーク時の約35％にまで落ち込んでいる（図4-3）。

　新聞社の収入構成にも変化が見られる。かつては広告収入が販売収入に比肩し得るほど大きかった。しかし近年では，新聞社の収入における広告収入の割合は落ち続けて，2017年度には，ついに広告収入は「その他収入」を下回るに至った（日本新聞協会 HP）。「その他収入」とは，新聞社が主にサイドビジネスとして営んでいる不動産業などである（図4-4）。

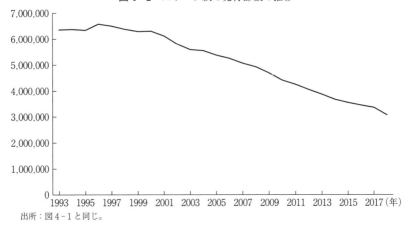

図4-2　スポーツ紙の発行部数の推移

出所：図4-1と同じ。

図4-3　テレビ，新聞，雑誌，ラジオ，折込広告，インターネット広告の広告費の推移

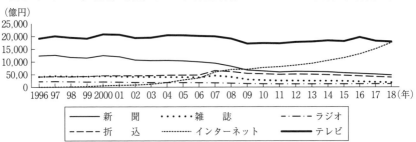

出所：電通HPを基に筆者作成。

図4-4　新聞社の収入構成の推移（1社平均）

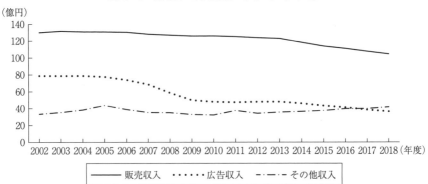

出所：図4-1と同じ。

（2）デジタル化への取り組み

　インターネットの普及が，新聞社の経営に大きな挑戦となることは誰でもが予想できたことであろう。日本の新聞社も，インターネットが普及しはじめた1990年代半ばから，デジタルのサービスを充実させてなんとか経営に役立てようと試みてきた。しかし全体的に見ればあまりうまくいっていないというのが現状であろう。

　アメリカでは，1993年に『サンノゼ・マーキュリーニューズ』がインターネットで情報提供を始めているが，日本の新聞社がインターネットでの「報道」を開始したのは1995年だ。朝日新聞社は1995年8月，アメリカのナイトリダー社と提携して「アサヒ・コム」のサービスを始めた。これが，日本の新聞社がインターネットでニュース提供をするさきがけとなった。同社の後を追って主要全国紙から地方紙へと，ニュースをインターネット上に無料で提供する動きが即座に広がった。

　新聞社は当初，インターネットにニュースを無料で流し，広告によって収益をあげるというビジネスモデルを考えた。そのため，動画コンテンツの開発など，新聞社としては新しい試みに取り組み，コンテンツを充実させてきた。しかし，アクセス数などがある程度増加しても，ほとんどの社で十分な収益を上げることはできていないようだ。2004年に企画された，新聞社のインターネット事業の10年間を振り返った全国紙5社の担当者座談会では，「かなり赤が出て，人件費を除いてとんとんぐらい」「人件費が大変な負担になって，当然赤字」「投資過多の十年」「人件費を含めると大きな赤字」などの発言が続いた（伊藤ほか　2004：10-22）。

　新聞社は有料デジタルコンテンツの開発にも力を入れてきた。例えば1996年には毎日新聞社が，電子メールを使ったニュース配信「毎日デイリーメール」を月額500円で開始，同年7月に月額970円の有料ホームページ「毎日デイリークリック」を立ち上げた。1996年3月には，ニフティ，シャープ，NTTと協力し，シャープの携帯端末「ザウルス」に記事を提供する「毎日ザウルス電子新聞」のサービスを始めた。産経新聞社はフジテレビや三菱商事，三菱電機などとともに新会社を設立し，1996年10月に携帯情報端末にテレビ電波の隙間を使って，『産経新聞』の朝刊記事データを配信するサービス「E—NEWS」を

月額1,350円で始めた。しかし，「三，四万台を見込んでいた購入の申し込みは数千台にとどま」り，1997年3月には，同社は15億円近い損失を出して解散したという（武内 1998）。

　新聞紙面を電子化したかたちでパソコン等に表示させるサービスも行われてきた。産経新聞社は2001年10月に新聞紙面のデータを契約者に配信し，パソコン上で紙面の形式を再現できる「ニュースビュウ」のサービスを開始した。同サービスは，紙面の一部を拡大して表示する機能や検索機能を付与して，紙の新聞よりも安い価格（月額1,900円）で提供したが，2005年3月でサービスが中止された。

　この他にも，全国紙も地方紙も，様々な形での有料サービスの開発に取り組んできたが，成功事例はあまり聞かれなかた。数少ない成功事例として注目されたのは，携帯電話を通じたニュース提供サービスだった。NTTドコモのiモードの開始に合わせて朝日新聞社，読売新聞社，日本経済新聞社などは1999年からニュース配信を始めた。朝日新聞社は2000年から同サービスを月額105円の有料サービスとした。同社はそのブランド力を利用して多くの契約者を獲得，2002年8月には100万人以上のユーザーを獲得したという（伊藤ほか2004：15）。日本経済新聞社も1999年8月から，月額315円のサービスを開始した。2000年11月には約10万件の契約者を獲得したという（「日経産業新聞」〔2000年11月6日〕）。

　しかしこれらのサービスも，携帯電話がスマートフォンにとって代わられるとともに衰退していくのは当然である。また，月額100円や300円といった額では，紙にとって代わって新聞社の経営を支えるようなことは，とても無理であった。

　日本新聞協会は2016年度から，会員社のデジタル関連事業収入の規模を把握するための調査を行っている。71社から回答を得た2018年度の同調査によれば，デジタル関連事業売上が総売上高に占める比率の平均はスポーツ紙を除いて1.439％だった。回答社のうち41社は1％未満だった。比較的発行規模の大きい約80万部以上クラスの回答9社だけで見ると，10％以上と回答したのが1社，1％以上5％未満と解答したのが4社，0.1％以上0.5％未満が2社，0.1％未満が2社である（『新聞研究』〔2019年11月号〕）。

　日本の新聞社がデジタル化の流れの中で戸惑っている中で，積極策を打ち出したのが日本経済新聞社である。日本経済新聞社は2010年3月，電子版サービスを開始した。購読料は本紙との併読でプラス1,000円（本紙は4,383円），電子版を単独契約すると月額4,000円という，紙の新聞の同程度の高額のサービスであった。日本経済新聞社の発表によれば，このような強気の価格設定にもかかわらず，有料購読者数は順調に増えている。2019年1月に発表された「デジタル購読者数」（日経電子版の有料会員数に，他の媒体の電子版の有料契約者数などを加えた数）は65万を超えた（「日本経済新聞」〔2019年1月17日付朝刊〕）。

　日本経済新聞社はさらに2015年7月，イギリスのフィナンシャルタイムズ（FT）・グループを，親会社の英ピアソンから買収することを発表して世界を驚かせた。同年11月に買収手続きを完了させ，「日経・FTグループ」を誕生させた。日経はこの買収によって，デジタル化とグローバル化を強力に推し進める姿勢を一層明確にした。「フィナンシャル・タイムズ」は2019年4月，有料購読者数が100万人に達し，そのうち3/4以上が電子版であると発表した（「日本経済新聞」〔2019年4月2日付朝刊〕）。

　日本経済新聞社が電子版を開始すると，多くの新聞社がこれに続いた。例えば朝日新聞社は2011年に電子版「朝日新聞デジタル」を，紙の新聞に近い額でスタートさせた。有料の契約者数は29万人になったと2019年6月に公表した有価証券報告書で述べているが，ただしこの数字は「自社公称」である。

　この一方で，読売新聞社のように，電子版は紙媒体の補完，あるいは，紙媒体を定期購読している読者に対する付加的サービスと位置づけて，有料化への取り組みには慎重な社も少なくない。

　「日本経済新聞」は，一般紙的な性格を持った経済紙として，日本国内では独占といえる地位を築いている。日本経済新聞社の電子化への取り組みはかなりうまくいっているようであるが，他の新聞社がこれに追随してよい結果が得られるかどうかは不透明である。

3　新聞事業のイノベーション
——海外における事例から

　メディアにおけるデジタル化の潮流に対し，海外の新聞がどのように取り組

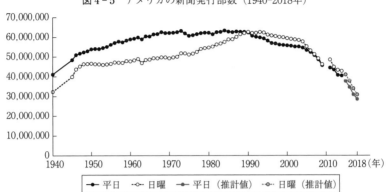

図4-5 アメリカの新聞発行部数 (1940-2018年)

出所: Pew Research Center (2019).

み，イノベーションに踏み出してきたか。アメリカの事例を中心に見ていく。

（1）デジタル配信の歴史

アメリカの新聞社によるデジタル配信の取り組みは，1980年代にさかのぼる。ピュー・リサーチ・センターのまとめによると，日刊紙の発行部数の伸びは1970年代に鈍化し，1984年の6,334万部をピークに，右肩下がりを続けている（図4-5）。

その中で，パーソナル・コンピューターの台頭とコンピューター・ネットワークの広がりを受けて，新聞社は紙に加えて，デジタルによる新たな収入の可能性を探るようになる。アメリカではオハイオ州の地元紙「コロンバス・ディスパッチ」が初めて，1980年7月に新聞記事のデジタル配信をパソコン通信の「コンピュサーブ」で実施している。これは，電話回線のダイヤルアップ接続を使い，家庭のパソコンに記事を配信する実証実験の一環。「AP通信」が音頭を取り，「ニューヨーク・タイムズ」「ワシントン・ポスト」「ロサンゼルス・タイムズ」といった大手紙も参加していた（Boczkowski 2004：23）。

デジタルへの取り組みが本格化するきっかけは，1990年代半ばに始まったインターネットとワールド・ワイド・ウェブ（WWW）の社会への普及だ。

（2）デジタルは補完

　アメリカ新聞協会（NAA，現・ニュースメディア連合［NMA］）の調べでは，1998年4月までに750を超す北米の新聞が，ウェブサイトを開設するなどのネット上のサービスを運営。グローバルでも2,800を超す新聞がネットサービスを立ち上げていた。だが，大半の新聞社ではその後も，紙をメインとした編集とビジネスの態勢が続き，デジタルはあくまで補完的な位置づけだった。この状況が急変したのは，2008年9月のアメリカの大手投資銀行，リーマン・ブラザーズの経営破綻による国際的な金融危機「リーマン・ショック」の影響が大きかった。

（3）広がる「ニュースの砂漠」

　リーマン・ショックは新聞業界に深刻な影響をもたらした。前述のピューのまとめによると，全米の日刊紙の平日の発行部数は，前年の2007年には5,074万部だったのに対し，リーマン・ショック後の2009年には4,565万部と，一気に500万部も減少している。新聞の廃刊や統合も相次いだ。2009年には創刊150周年を目前にしたコロラド州の地元紙「ロッキー・マウンテン・ニュース」が廃刊した。ノースカロライナ大学の調査では，2004年から2018年にかけて，同紙を含めて1,779の新聞が姿を消している。これにより，アメリカで約3,141ある郡のうち，地元紙が1紙も無い「ニュースの砂漠」と呼ばれる地域が225に上り，1紙しかない地域も1,528と半数近くを占めるようになった（2020年1月現在）（Abernathy 2019）。

　新聞業界の労働人口も減少を続ける。アメリカ労働省労働統計局のデータによると，2001年1月の41万1,800人に対し，2016年9月には17万3,709人と6割近く減少している（U.S. Bureau of Labor Statistics 2017）。

　名門紙が相次いで売却される事態も起きた。2013年8月にはウォーターゲート事件の調査報道などで知られる1877年創刊の名門「ワシントン・ポスト」がAmazonの最高経営責任者（CEO），ジェフ・ベゾス氏に2億5,000万ドルで売却されることが発表された。2018年2月には，西海岸の主要紙，1881年創刊の「ロサンゼルス・タイムズ」などを，医師で実業家のパトリック・スンシオン氏が5億ドルで買収する，と発表されている。

生き残りをかけた新聞社同士の合従連衡も起きている。2019年8月には，発行部数で全米2位の新聞チェーン，ゲートハウスの親会社，ニュー・メディア・インベストメント・グループが，全国紙「USA トゥデイ」などを擁する全米最大の新聞チェーン，ガネットを13億8,000万ドルで買収すると発表。買収後の名称はガネットで，総発行部数870万部の巨大チェーンとなった。

（4）「デジタル・ファースト」の潮流

　紙を中心とした従来のビジネスモデルの深刻な低迷の中で，新聞社はデジタルに活路を求め，その取り組みを本格化させる。合言葉となったのは，紙からデジタルへの転換をアピールする「デジタル・ファースト」だ。

　ピュー・リサーチ・センターの2011年の報告では，ニュースを主に見る場所として，アメリカ人の半数近く（46％）がインターネットを挙げていた。ニュースの読者の大半は，すでにネット上に移行していたが，新聞はその変化に後れを取っていた。先陣を切った新聞の一つが，1821年創刊のイギリスの「ガーディアン」だ。同紙と姉妹紙の「オブザーバー」を運営するガーディアン・メディア・グループは2011年6月，デジタル収入の倍増を目指す「デジタル・ファースト」戦略を掲げる。紙からデジタル重視への移行宣言だ。

　アメリカでも同年9月，全米2位だった新聞チェーン，メディアニュース・グループとジャーナル・レジスターを傘下に置く大型チェーン，デジタル・ファースト・メディア（DFM）が立ち上がる。DFM は，報道局の組織改革や新たなコンテンツへの取り組みを含む，矢継ぎ早のデジタル移行プロジェクトを進めた。だが，目立った成果が上がらぬまま，3年後の2014年4月にプロジェクトは頓挫する。同社の大口投資家であるヘッジファンドが，デジタル移行に見切りをつけ，コスト削減による利益の絞り出し策へと方針転換したことが原因とされた。新聞社のデジタル移行の難しさを印象づける動きだった。

（5）デジタル課金に舵を切る

　インターネットにおけるメディアのビジネスは，その黎明期から閲覧は無料の広告収入モデルが主流だった。これは新聞の場合も同様で，デジタル版への課金を継続的に行ってきたのは，1996年の立ち上げ当初から行っている「ウォ

ールストリート・ジャーナル」や，2002年から導入した「フィナンシャル・タイムズ」といった経済紙などに限られていた。

　流れを変えたのは，1851年創刊の名門，「ニューヨーク・タイムズ」だった。同紙は2011年3月末，デジタル版の本格的な課金（ペイウォール）を開始する（Peters 2011）。デジタル版の購読料は4週間で15ドル。月20本まで（後に月5本まで）の閲読は無料で，それ以上の記事を読む場合には有料となる「メーター制」を取り入れた。これはすでに「フィナンシャル・タイムズ」が実施していた仕組みで，無料閲読を一部残すことによって，幅広い読者と広告収入を確保しながら，デジタル版の購読収入も積み増していく戦略だ。ただし，「フィナンシャル・タイムズ」自体は2015年に「メーター制」を終了。1ポンドの低料金で1カ月間試読ができる「トライアル制」に移行している。

（6）「ニューヨーク・タイムズ」の「イノベーション」

　「ニューヨーク・タイムズ」は，デジタル戦略をさらに加速させる。そのきっかけとなったのが，同紙の発行人，アーサー・サルツバーガー氏の長男，A・G・サルツバーガー氏（2018年1月に発行人に就任）を中心とする社内の若手記者チームが2014年3月にまとめた改革報告書「イノベーション」だった（Sulzberger et al. 2014）。報告書は，新聞業界をデジタルの破壊的なイノベーションが襲っていると指摘。「デジタル・ファースト」の潮流に1章を割き，ネット専業メディアを競争相手と見定めた上で，「ニューヨーク・タイムズ」の抜本的なデジタル移行が急務だとした。

　報告書を受けて，「ニューヨーク・タイムズ」は矢継ぎ早の対応策を打ち出す。その一つが「読者開発（Audience Development)」だ。ソーシャルメディアなどを通じて，デジタルのユーザーとコミュニケーションをとり，エンゲージメント（つながり）を深め，新たな読者になってもらう。同年8月には，読者開発の専門チームを立ち上げてエンゲージメントに注力。翌2015年2月には，編集幹部がその日の紙面の内容を議論する新聞制作の要「1面会議」を，デジタルコンテンツを中心に協議する場として改組する。そして同年7月末には，デジタル版の有料購読者が100万人を突破した。

（7）デジタルの売上高が倍増

　「ニューヨーク・タイムズ」は，デジタル移行のギアを上げる。2019年2月には，2025年までに有料購読者数1,000万人超えを目指すと宣言した。それ以前の目標として2015年に掲げたのが，2020年末までにデジタル売り上げを8億ドルに倍増する，というスローガンだった。だが2020年1月には，その目標を1年前倒しで2019年に達成したことを公表した。

　2019年のデジタル版有料購読者の新規契約は100万人を超し，紙（約90万人）を合わせた有料購読者数が500万人を超えて過去最高を記録した。デジタルの有料購読者は，ニュースサイトの340万人に加えて，レシピサービスの「クッキング」（30万人），さらに「クロスワード」（60万人）が含まれている。

（8）会員制が支える

　新聞のビジネスを支えるモデルは，デジタル移行にともなって多様化している。「デジタル・ファースト」に加えて「オープン・ジャーナリズム」を掲げて無料モデルにこだわるのが「ガーディアン」だ。

　広告収入に加えて「ガーディアン」の収入の柱になっているのが，2014年から導入したメンバー（会員）制だ。報道を支持する読者に，それを支えるメンバーとして会費を払ってもらう制度だ。メンバーは，サポーター（年49ポンド），パートナー（同149ポンド），パトロン（同1,200〜5,000ポンド）の3種類。グレードによって，イベント参加や書籍プレゼントなどの特典は異なる。

　メンバー獲得には，「ガーディアン」も参加した2016年の国際調査報道「パナマ文書」など，ジャーナリズムの"価値"そのものをアピールする。その結果，申し込みは急増。紙の読者などを合わせた数は2018年には100万人を突破し，2022年までに200万人獲得を目標にかかげる（Waterson 2019）。

（9）広告と編集の融合

　ビジネスモデルの多様化の一つとして，新聞の編集機能と広告との融合の動きも広がっている。新聞社には，一般の記事と同様の体裁で編集した広告「記事体広告」が存在した。これに近い考え方で，記事と同様の体裁でネット上に掲出する「ネイティブ広告」，さらにその一つとしてのコンテンツ型広告「ブ

ランドコンテンツ」（または「スポンサードコンテンツ」）が定着しつつある。

「ニューヨーク・タイムズ」は2014年に専門部署「Tブランドスタジオ」を開設し，新聞社の取材力や編集機能を使って「ブランドコンテンツ」への取り組みを強化した。「ワシントン・ポスト」は「WPブランドスタジオ」，ガーディアンも「ガーディアンラボ」を拠点に，取り組みを強めている。

（10）GoogleとFacebookの影響力

新聞社が有料化や会員制などの収入の道を探る背景には，ネットにおけるGoogleやFacebookなどのIT企業の影響力の大きさがある。米調査会社「イーマーケター」のデータで2019年の世界のネット広告市場を見ると，総額3,332億5,000万ドルの売上高のうち，Google（31.1％）とFacebook（20.2％）の2社だけで51.3％のシェアとなっている（Enberg 2019）。

広告モデルに依存する限り，GoogleとFacebookの複占状態の中で，限られたパイを奪い合うことになる。持続可能な新聞ビジネスを探る上で，収入の多角化，特にデジタル版の課金などの取り組みは，欠かすことのできない施策といえる。一方でGoogle，Facebookは，サイトにとっては，読者の大口の流入元（リファラル）でもある。米調査会社「パセリ」のデータによると，メディアサイトへの読者の流入元としては，Google検索が約50％で，Googleニュースなどを含めると全体の約55％を占める。これにFacebook（約30％）を加えると，その数は8割近くに及ぶ（2020年1月現在）（Parse.ly 2020）。

その一方で，Googleニュースなどでのニュースコンテンツ利用に対して，新聞業界では「ただ乗り」との批判も根強くあり，「フレネミー（友であり敵)」ともいわれる緊張関係が続く。

（11）最後の新聞読者

ノースカロライナ大学チェペルヒル校のフィリップ・メイヤー名誉教授は2004年，自著の中で，新聞を毎日読む人の割合が毎年0.95ポイントほどの割合で低下しているとし，このままいけば2043年第1四半期の終わりには消滅してしまう，との見立てを示した（Meyer 2004：15-16）。

メディア空間におけるIT企業の台頭の中で，紙の新聞は消滅するのか――

これは，特に2000年代以降，新聞業界に突き付けられてきた問いだ。

2004年にアメリカのポインター研究所の2人のスタッフがこのテーマをめぐって，「EPIC2014」と題した9分弱のネット動画を公表した（Sloan & Thompson 2004）。Google や Amazon の台頭がメディアに与える影響を，架空のメディア史として描く作品だ。Google と Amazon が合併した巨大IT企業「グーグルゾン」が，個人の属性や嗜好にあったニュースを自動生成するシステム「EPIC」を開発。メディア空間を席捲する，というストーリーだ。この中では，「ニューヨーク・タイムズ」はネット展開を中止し，高齢者やエリートのための紙のメディアに回帰することになっている。

だが現実の新聞業界では，ネット展開を中止するどころか，「グーグルゾン」の動きを取り込んだような，新たなジャーナリズムの取り組みが着実に進んでいる。メディア企業としての生き残りをかけたデジタル戦略は，組織のデジタル移行や新たなビジネスモデルの展開だけでなく，ジャーナリズムそのものも変えている。次節では，そんな進化するジャーナリズムの姿を見ていく。

4　ビッグデータ・AI・VR による調査報道とフェイクニュース
—先端技術が競争力に

ビッグデータや AI（人工知能），VR（仮想現実）等のテクノロジーの新たな広がりは，ジャーナリズムそのものも進化させ，その競争力を後押ししている。

（1）データジャーナリズムの台頭

テクノロジーの進化によって，大きな変化を遂げたのが，データの扱いだ。ネットの普及やコンピューターの高性能化により，「ビッグデータ」と呼ばれる膨大なデジタルデータが利用可能になってきた。これらのデータを分析したり，ビジュアル化したりすることで，これまで人間の目には見えなかったニュースを掘り起こす取り組みが広がってきた。「データジャーナリズム」と呼ばれる。

そんなデータジャーナリズムの到来を印象づけたのが，2013年のピュリツァー賞受賞作「スノーフォール」だった（Branch 2012）。これはニューヨーク・タイムズが制作したマルチメディア特集だ。2012年2月，アメリカのワシント

ン州で死者3人を出した雪崩事故を検証する1万7,000語の長文記事に加え，ビデオインタビュー，事故当時の現場の動画，インフォグラフなど多彩な素材が特集を構成する。

　ひときわ目を引くのは，様々なコンピューターグラフィックス（CG）のアニメーションだ。周囲の山肌を俯瞰し，事故現場へと近づいていく40秒の動画は，航空撮影による実写と見まがうが，様々なデータを組み合わせた3D（立体）CGだ。元になっているのは，ワシントン州キング郡が公開している現場付近のレーダーによる測量データ，アメリカ地質調査所（USGS）が公開している地形の高度データ，そして衛星写真の画像など。雪崩が被害者を襲い，山肌を覆っていく様子を実時間と同じスピードで再現した57秒のCGは，スイス連邦雪・雪崩研究所のシミュレーションデータを元にしている。これら膨大なデータの分析とビジュアル化が，新たなジャーナリズムの表現手法を示した。

　「スノーフォール」は，6日間で350万を超すページビューを集め，寄せられたコメントも1,000件以上に上った。多角的なマルチメディアの構成は，まるで事故現場に立ち会っているような臨場感を与えることから，「イマーシブ（没入型）・ジャーナリズム」とも呼ばれる。

（2）コンピューターとジャーナリズム

　データジャーナリズムの源流といわれるのは，1950年代から始まった「コンピューター支援報道（CAR）」だ。コンピューターを使ったデータ分析を，調査報道に活かしてくという手法だ。この潮流はその後も引き継がれ，コンピューターの小型化と高性能化，データの膨張と相まって，データジャーナリズムの台頭につながる。

　その牽引役の一つが「ガーディアン」だ。内部告発サイト「ウィキリークス」は2010年10月に，イラク戦争に関するアメリカの機密文書39万件を公開する。「ガーディアン」はこの膨大なデータから，死者数やその内訳などを分析し，合わせて約10万人の死者を出した6万件にのぼる戦闘などの全記録について，その位置情報を使って，Googleの地図サービス「Googleマップ」上にプロット表示した。これにより無機的なデータは，戦闘と死者の広がりが一目でわかるマルチメディアのコンテンツとなった（Rogers 2013：78-83）。

（3）VR を活用する

　米メディアでは，2015年頃から「バーチャルリアリティ（VR，仮想現実）」を使った360度 3D の動画が相次いで公開されている。「ウォールストリート・ジャーナル」「ニューヨーク・タイムズ」「AP 通信」からネットメディアの「バズフィード」まで，それぞれ力の入ったコンテンツを投入し，「ニュースを体感する」という，新しい表現方法を取り入れている。

　VR のコンテンツ視聴に使うのは，スマートフォンや専用のゴーグル型端末だ。360度の撮影が可能な専用カメラで動画や静止画を撮影することで，足元から頭上にいたるまで，ユーザーが視線を向ける先の光景が映し出される。2016年のリオ五輪や2018年の平昌五輪の際には，現地紹介や競技紹介などに，VR を取り入れたコンテンツが展開された。

（4）ロボットが記事を書く

　新聞業界を覆うリストラの嵐と対照的に広がっているのが，AI を使った「ロボット記者」だ。企業の決算や野球の試合結果などのデータを読み込むと，自動的に記事の形にして出力する。そのような AI プログラムが2010年頃からメディアに導入されはじめた。瞬時に記事を作成し，記者の人件費に比べて極めて安価，そして労働時間の制限がなく，文句も言わない。まさに「ロボット記者」としての AI プログラムによる記事の自動生成を，「ロボット・ジャーナリズム」などと呼ぶ。

　その代表例が，「ロサンゼルス・タイムズ」が2011年の東日本大震災をきっかけに開発した「クエイクボット（地震ロボット）」だ。USGS からの地震発生メールを受け，記事体裁の地震速報を自動生成し，同紙のサイトに投稿する，という仕組みだ。

　「AP 通信」は2014年，AI ベンチャーの「オートメイテッド・インサイツ」と提携。AI による決算短信の自動生成を開始した。2 年後の2016年には，プロ野球マイナーリーグの記事にも自動生成の範囲を拡大している。「AP」は記事自動生成の導入によって，四半期ごとの決算記事の配信本数を300本から4,400本へと拡大した。一方で記者の作業時間を 2 割短縮した。その分を，取材の深掘りなどに使う，という（Automated Insights 2019）。「ワシントン・ポ

スト」も，自社開発の AI「ヘリオグラフ」を，2016年のリオ五輪の競技結果
速報などで活用している。

　AI は人間の記者の代替に使われているだけではない。「AP」や「ワシント
ン・ポスト」，「ブルームバーグ」などは，選挙の開票経過が予想外の傾向を示
すといったデータの動きから，AI がニュースの兆候を感知し，通知する，ア
ラート機能としても使っている。チェスのトーナメントで，人間のプレイヤー
と AI がタッグを組む「ケンタウロス（半神半馬）」と呼ばれるスタイルがある。
ジャーナリズムの世界でも，このような「ケンタウロス」スタイルの実例が出
はじめている。

（5）調査報道と AI

　アメリカのジョージア州の地元紙「アトランタ・ジャーナル・コンスティテ
ューション（AJC）」が2016年から2018年にかけて展開したキャンペーン「医
師と性的虐待」は，AI を活用した調査報道の一つで，ピュリツァー賞候補に
もなった（Ernsthausen et al. 2016-2018）。

　同紙のチームは，地元ジョージア州での医師による性的虐待事件を取材する
うち，以前にも処分を受けながら同様の行為を繰り返していた医師の事例を把
握する。そこで，医師に対する処分が公表されている各州の医療懲罰委員会な
どのサイトから10万件を超す資料を入手。AI によって，この中から患者への
性的不正行為で処分された2,400人の医師を特定していった。

　アメリカの「バズフィード」は2017年，連邦捜査局（FBI）などの捜査機関
が飛行させている「覆面スパイ機」の割り出しに，AI を活用した。「覆面スパ
イ機」は捜査機関などが監視対象の動向を探るため，ペーパーカンパニーなど
を介して秘密裏に運用されていたが，その実態は未解明だった。そこでバズフ
ィードは，ネット上で公開されている航空機の便名，機種，飛行ルート，高度
などのデータを AI に学習させ，スパイ機をその特徴的な飛行パターンから割
り出していくという手法を採用した（Aldhous 2017）。

　これらに共通するのは，人間による分析では見えてこなかったデータの特徴
から，新たな事実を掘り起こしている点だ。AI は，記事の自動作成などで作
業の省力化に寄与するだけではなく，ジャーナリズムの視野を広げることも後

押しする。

（6）フェイクニュースへの取り組み

　AI やビッグデータなどの広がりは，先端テクノロジーの悪用への道も開いた。2016年のアメリカの大統領選挙では，候補者をめぐる虚偽の情報，いわゆる「フェイクニュース」がソーシャルメディアを舞台に氾濫し，選挙の混乱を招いたといわれる。フェイクニュースの問題はその後もくすぶり続け，2017年からは「ディープフェイクス」と呼ばれる AI を使った高度な改ざん動画も登場する。

　これに対して，新聞社側もノウハウを蓄積し，フェイクニュースの拡散を阻止する取り組みをはじめている。その一つが事実関係を検証することによってフェイクニュースを排除する試みで，「ファクトチェック」と呼ばれる。このファクトチェックにもまた，AI が導入されている。テクノロジーの進化とともに，悪用の手口はさらに高度化する。それらを取材し，報道する側もまた，テクノロジーと社会の変化のスピードに，しっかり向き合い続ける必要がある。

参考文献
・第1・2節
伊藤祐造・渡辺良行・弘中喜通・長田公平・小林静雄（座談会）（2004）『新聞研究』636，10-22頁。
桂敬一（1990）『現代の新聞』岩波書店。
河内孝（2007）『新聞社——破綻したビジネスモデル』新潮社。
里見脩（2000）『ニュース・エージェンシー——同盟通信社の興亡』中央公論新社。
下山進（1999）『勝負の分かれ目——メディアの生き残りに賭けた男たちの物語』講談社。
武内雄平（1998）「明日の新聞——ネット上でニュースの提供競う」（「朝日新聞」2月21日付朝刊）。
山本武利（1978）『新聞と民衆』紀伊國屋書店。
日本新聞協会 HP（2019.11.15閲覧）。
電通 HP（「2018　日本の広告費」等）（2019.11.15閲覧）。
The New York Times Company（2019）*2018 Annual Report*（2019.11.18閲覧）.

・第 3・4 節

Abernathy, P. M. "The Expanding News Desert," *University of North Carolina*, 2020 (2020.1.13閲覧).

Aldhous, P. "We Trained A Computer To Search For Hidden Spy Planes. This Is What It Found," *BuzzFeed News*, August 7, 2017 (2020.1.13閲覧).

Automated Insights "The Associated Press uses NLG to transform raw earnings data into thousands of publishable stories, covering hundreds more quarterly earnings stories than previous manual efforts." *Automated Insights*, 2019 (2020.1.13閲覧).

Branch, J. "Snow Fall-The Avalanche at Tunnel Creek," *The New York Times*, December 20, 2012 (2020.1.13閲覧).

Boczkowski, P. J. (2004) *Digitizing the News: Innovation in Online Newspapers*, The MIT Press, p. 23.

Enberg, J. "Global Digital Ad Spending 2019-Digital Accounts for Half of Total Media Ad Spending Worldwide," *eMarketer*, March 28, 2019 (2020.1.13閲覧).

Ernsthausen, J. et al. "Doctors & Sex Abuse," *The Atlanta Journal-Constitution*, 2016-2018 (2020.1.13閲覧).

Meyer, P. (2004) *The Vanishing Newspaper: Saving Journalism in the Information Age*, University of Missouri Press, p. 15-16.

Parse.ly "Parse.ly's Network Referrer Dashboard-Current top 10 external referrers," *Parse.ly*, 2019 (2020.1.13閲覧).

Peters, J. W. "The Times Announces Digital Subscription Plan," *The New York Times*, March 17, 2011 (2020.1.13閲覧).

Pew Research Center "Newspapers Fact Sheet," *Pew Research Center*, July 9, 2019 (2020.1.13閲覧).

Rogers, S. (2013) *Facts are Sacred*, Faber & Faber, p. 78-83.

Sloan, R. & Thompson, M. "EPIC 2014" YouTube, 2004 (2020.1.13閲覧).

Sulzberger, A. G. et al. "Innovation," *The New York Times*, 2014 (2020.1.13閲覧).

U.S. Bureau of Labor Statistics "Newspaper publishers lose over half their employment from January 2001 to September 2016," *TED: The Economics Daily*, April 03, 2017 (2020.1.13閲覧).

Waterson, J. "Guardian sets goal of 2m supporters in next stage of ambitious strategy," *The Guardian*, April 3, 2019 (2020.1.13閲覧).

<table>
<tr><td>第5章</td><td>出版産業</td></tr>
</table>

1 出版産業の概況
——日本型出版産業の成立と変化

（1）出版メディアと日本型出版産業

1）出版メディアと産業

　出版メディアは，映画，ラジオ，テレビなど技術によって生み出されたメディアの中でも，はるかに長い歴史を持ち，今日に至るまで社会と文化に多大な影響を与えてきた。

　出版メディアが広く普及し，社会に対して影響力を与える契機となったのが，15世紀半ばのグーテンベルクによる活版印刷技術の発明である。ラテン語で書かれた写本に対して俗語の扱いを受けていたドイツ語，フランス語，英語などが印刷技術によって表舞台に躍り出て，それぞれの言語の市場を形成し，やがてナショナリズムの誕生を促した。また，マルティン・ルターの宗教改革も印刷技術を抜きには語れない。あるいは正確な複製を可能にした印刷技術は，本から書写生による誤記を一掃し，観察結果を正確に記録し広く流布することができた。これが科学技術の発展を強力に推し進めることになった。その後，交通網の整備によって印刷物の流通速度は増していき，情報や事実を伝える近代ジャーナリズムが発展する。近代の誕生から現代に至る長い期間，出版メディアは言語を中核としたメディアの中心に位置してきたのである。

2）日本型出版産業構築の背景

　産業としての出版は，文字と図画を中心的に扱うことから言語に依存し，市場も同一言語空間に留まりがちである。中でも，日本の出版産業で活動する組織は日本法人であり，そこに従事する人々は日本語を母語とする民族，多くは日本人である。当たり前に思えるかもしれないが，EU圏や英米を引き合いに出せば，日本の特殊性がわかるだろう。単語や文法が親戚関係の欧州言語にと

って翻訳は容易であり，多言語習得も積極的に行われている。翻訳書を含む出版物の交易は盛んで，国境を越えた多国籍ビジネスを行っている出版社も多い。

　一方，日本の出版産業は，日本語という強力な「天然の擁壁」に守られて，長い間，欧米の出版社の日本市場参入を阻んできた。この結果，国内の出版産業では，欧米諸国とは異なる商習慣や制度が確立し，独自な発展を果たすことになった。これは出版に限らず言語依存のメディア産業に共通した点で，国内に留まってガラパゴス産業として発展してきたのである。

　日本から海外への情報発信が少なく，また，海外で活躍する日本人クリエーターも少ない結果，著作権の輸出入は，圧倒的に輸入超過である。ただし，海外の著作物は，ごくわずかな例外を除いて，日本人の手により翻訳され，日本の出版社より刊行されている。海外の著作物は日本の出版産業の育成に貢献したという見方もできる。欧米の出版社が多国籍化したメディア・コングロマリットにより運営される中で，日本の出版物流通だけが，その枠外で取引されてきたのである。

　日本は出版大国と称されているが，事実，出版生産量，流通総点数，販売金額等のどれを見ても大きな市場を形成している。しかし，英米あるいはドイツ，フランスと比べると出版産業の構造，流通システム，取引契約，商習慣など，いずれを取っても大きく異なる「日本型」となっている。

3）出版の大衆化とインフラ整備

　出版社・取次・書店という現代の出版流通システムの礎ができるのは，明治後半から対象にかけてである。現在でも活動する多くの出版社が設立され，書店数も大正末期には9,000店に及んだ。大正デモクラシーの波を受けて，言論活動としての出版活動は勢いを増していく。

　昭和初期には出版のマス化・大衆化現象が起こる。1926年，改造社が『現代日本文学全集』の発行を開始，1冊1年という廉価で予約募集をとり，35万余といわれる予約を獲得した。これを機に各社が相次いで参入し，約160社から370点以上におよぶ空前の全集ブームがまたたく間に引き起こされた。いわゆる「円本ブーム」の出現である。ところが世界恐慌の余波を受けた不況で，円本ブームは，わずか数年間で終焉を迎えた。皮肉なことに大量の全集がさらに廉価となって古本市場に流出したことで，読書欲に燃えた青年労働者にも手が

届くようになり，読書の大衆化を促進したといわれている。

　雑誌では，講談社（当時は大日本雄弁会講談社）が発行した大衆娯楽雑誌『キング』が，創刊2年目の1927年11月号で，発行部数100万部を突破した。さらに読書の大衆化を推し進めたのが文庫ブームである。今日につながる廉価なペーパーバックとしての文庫は，円本ブームに乗り遅れた岩波書店が手がけた「岩波文庫」である。1927年に創刊され，古今東西の古典名著を次々と刊行した。続いて岩波書店は，1938年に現代的教養をうたった「岩波新書」を刊行した。

　戦時下の出版言論統制と制作流通の再編，雑誌の統合を経て，戦後，出版復興の道を歩み始める。きっかけを作るのはまたも文庫ブームと全集ブームである。さらに雑誌においては，1956年創刊の出版社系週刊誌『週刊新潮』の成功を端緒として，週刊誌ブームが引き起こされる。

　1959年3月には，週刊漫画雑誌として小学館『週刊少年サンデー』と講談社『週刊少年マガジン』が創刊され，両誌が競争することで，漫画が青少年の娯楽として定着していった。両誌に10年遅れて集英社『少年ジャンプ』が刊行され，新人路線で成功を収める。同誌は1990年代に入って600万部を突破。漫画週刊誌が全国紙の発行部数を抜いたとして，当時，話題になっている。書籍の販売と異なり，毎週・毎月，大部数の販売が見込める雑誌発行は，出版界に定期的・安定的な販売と広告による収入をもたらすことになった。

　1960年代になると，高額商品の百科事典が刊行を開始，書店も競争で予約を獲得した。文庫，全集，雑誌，漫画誌，百科事典を中心としたマスセールが出版界に高度成長をもたらした。中でも文庫と雑誌は個人経営の書店の7割近い売上げを占め，地方都市の商店街に書店を定着させる原動力となったのである。

（2）日本型出版産業の構造と特徴

1）出版産業の構造

　出版産業は，多くの産業の例に違わず，「生産」「流通」「販売」のサプライチェーンを形成し，生産部門が著述業と出版業，流通部門が取次業，販売部門は小売業としての書店から構成されている（図5-1）。

　出版社は製造業の一面を持っているが，製造部門を持つことはほとんどなく，

図5-1　出版業界の産業構造

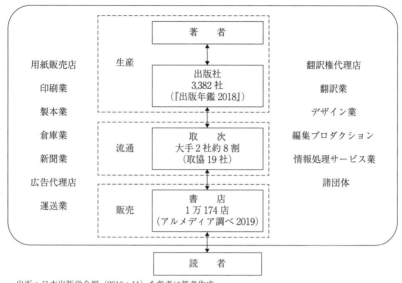

出所：日本出版学会編（2010：11）を参考に筆者作成。

印刷業や製本業などの外部企業に委託している。印刷業や製本業は，出版産業を支える重要な役割を担っているが，請負契約ないしは製作物供給契約の関係であり，通常，出版産業のサプライチェーンとして捉えることはない。ただし，新刊書籍や雑誌は，製紙問屋から直接印刷会社へ用紙が納入され，出来上がった出版物は出版社に納められるのではなく，直接，取次の流通センターに届けられるのが通例である。

　このように出版業は，出版物を生産することから，以前は印刷業や新聞業とともに「製造業」に分類されていた。2002年に日本標準産業分類が改定され，印刷業と分かれ，新聞業とともに「情報通信業」に移行して，新設された「映像・音声・文字情報制作業」に分類されている。「ものづくり」から「コンテンツ産業」とみなされるようになったのである。

　出版業も小売業（書店，コンビニエンスストア）も，その事業者数は，この20年間で激減している。出版年鑑編集部編（2018）によると出版社の数は，1998年から2017年にかけて4,454社から3,382社に減少した。また，文化通信社（2019）によると書店数は「20年間でほぼ半数に」なったとあり，1999年から

2019年にかけて2万2,296店が1万174店となっている。一方，取次業は元々少ないものの，中小零細取次の廃業・破産が続いている。日本取次協会加盟社数で19社（2019年9月時点）であるが，日本出版学会編（2010：31）によると，実態は日販とトーハンの大手2社による高度寡占状態で，両社の市場占有率は76.5％とあるが，現在では8割以上と推定される。出版業も小売業も大手企業が存在するものの全体としては零細過多で上位集中度は取次業ほど高くはない。事業者数を見る限りでは，全体的に減少しているものの，相変わらず出版業と小売業に比べ取次業が極端に少ないため，「砂時計型」などにたとえられている。

2）出版産業の統計と特徴

一般に「出版産業の市場規模」と理解されている日本の出版統計については，国際比較の際に気を付けておくべき点がある。一つは，取次が扱った出版物を調査対象にして，読者の購入価格の総計を「出版物販売額」とした点である。出版物は再販制度の適用商品のため，小売価格が明確である。このため販売総額が把握できる希な商品である。また，出版物流通量の大半を担う大手取次会社のデータから，かなり正確に小売市場が把握できている。

一方で，取次が扱わない出版物の売り上げは含まれていない。具体的には書店と直接取引している出版社の売上や読者への直販，雑誌の定期購読などがある。これら取次外経路は書籍で3割というのが通説である。同じ理由で，年間1,841億円（2018年）の雑誌広告費も含んでいない。さらに，電子出版物の販売額を出版物と合算して捉えることも，これまでしてこなかった。[1]日本の出版統計は，諸外国と比較して精度が高いといわれているが，それは取扱シェアの高い取次扱い量に限ってきたからである。

前述したように，日本の大手出版社は書籍と雑誌を発行し，取次各社は混載流通し，書店で併売している。一方，海外の一般書店は，原則的に書籍のみを扱っている。雑誌は新聞に近いメディアとしてニューススタンドや雑貨店で発売するか，郵送による予約定期購読（サブスクリプション）が一般的である。

このため海外における出版市場に関する統計データは，書籍のみを扱うのが通例である。また，日本のように販売額総計を捉えることは，アメリカをはじめとする再販制度のない国では困難である。このような国では，通常，出版社へのアンケート調査を基にして出版社の売上げ（卸価格）を推定している。こ

のようなことから他国との出版産業規模を比較する場合，統計調査方法に注意を払う必要がある。

2　流通システムと取引ルール

（1）市場動向

　日本国内における出版物の販売額調査は，全国出版協会・出版科学研究所によって毎年行われている。図5-2に出版市場（書籍と雑誌）の推移を示した。

　2019年の紙のみの出版物販売額は前年比4.3％減の1兆2,360億円となった。15年連続のマイナス成長である。この結果，出版界全体の売り上げのピークだった1996年の2兆6,564億円と比べ，紙だけであれば半分以下となり，電子を足しても1兆5,432億円で，6割弱にしかすぎない規模となっている。内訳は，書籍が6,723億円（3.8％減），雑誌が5,637億円（4.9％減）である。2016年に書籍と雑誌の販売額が逆転して書籍を下回った雑誌は，さらに減少となった。その大きな要因がコミックス（漫画単行本）の減少である。なお，漫画雑誌の販売額だけでなく，コミックス売り上げの大半を占める大手出版社のコミックス販売額は，統計上，雑誌に含まれている。

（2）流通における取次の役割

1）出版社・取次・書店の互恵的関係——出版流通の特徴

　日本の出版産業は，「著作者—出版社—取次—小売店（書店）—読者」という強力な垂直統合を形成している。中でも出版社，取次，書店の三者は，長らく三位一体にたとえられる互恵的関係を作り上げてきた。日本の出版流通の主な特徴は，次の4点である。

　　①　生産から消費まで，書籍と雑誌を一体的に扱って，流通ルートに載せて販売している。具体的には，大手出版社は書籍と雑誌の両方を手がけ，取次各社は混載流通させて，書店が併売している。

　　②　取次が出版流通の中心を担い，書籍で約7割，雑誌で約8割のシェアを持っている。

　　③　再販制度によって定価販売が一般的である。

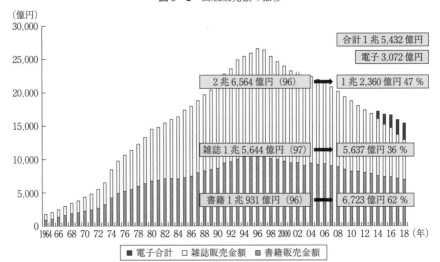

図5-2　出版販売額の推移

（億円）

| 合計1兆5,432億円 |
| 電子3,072億円 |

2兆6,564億円（96）→ 1兆2,360億円 47%

雑誌1兆5,644億円（97）→ 5,637億円 36%

書籍1兆931億円（96）→ 6,723億円 62%

■ 電子合計　□ 雑誌販売金額　■ 書籍販売金額

出所：全国出版協会・出版科学研究所編（2019：3-16）を基に筆者作成。

④　委託販売によって新刊書籍が流通している。

2）書店と出版流通経路

　書店の経営は，紀伊國屋書店，丸善ジュンク堂書店，三省堂書店などのような大手ナショナルチェーン，地方都市で戦前から営む有力中堅書店，個人経営の小規模書店の3タイプに大別される。地方では学校や駅前・商店街など繁華街に出店されることが多かった。1980年代における出版市場の拡大期には，書店の大型化とともに，繁華街から離れた郊外に書店を開業する例が多くなった。バイパス道路沿いに，量販店と並んだ出店や，大型ショッピングセンターのテナントになる例が相次ぎ，郊外書店として注目された。

　1990年代後半からは，インターネットを利用したオンライン書店が登場し，紀伊國屋書店や丸善（当時）などの大手書店に加え，図書館流通センターが中心となって設立したbk1，ベルテルスマンやAmazonなどの海外企業の参入が相次いだ。Amazonは，2000年代に入ってから市場を拡大し，今日では一強体制を築きつつある。販売量が増えるにしたがって出版社に対する発言力が高まり，当初，リアル書店と同様に取次を通して仕入れてきたが，次第に直接取引をする量を増やしている。出版物の主な流通経路を図5-3に示す。

図5-3　主な出版流通経路

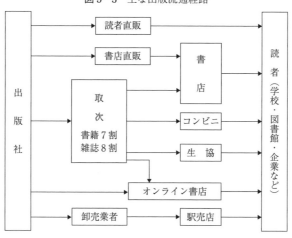

3）取次の役割

　出版産業における取次は，取次会社とも呼ばれ，一般に「問屋」と呼ぶ卸売
業者のことである。取次業の団体である日本取次協会は，自らのことを「取次
会社とは出版社と小売書店の中間にあって，書籍・雑誌などの出版物を出版社
から仕入れ，小売書店に卸売りする販売会社のことで，一口で言うと本の問屋
のことです」と定義している。しかし，単なる卸売業ではなく，多岐にわたっ
て出版流通の中核を担っている。取次の仕事は，具体的に次の4点である。

　　①　書籍の仕入れ：仕入れ窓口では，出版社が持ち込んだ新刊書籍を何部
　　　　と配本　　　　仕入れ，全国の各書店に何部配布するか決定する。
　　②　運　　　送：出版社倉庫から書籍の集荷を行い，全国の書店へ配送する。
　　③　代金の回収と：毎月，各書店に販売した商品の代金を請求し，入金さ
　　　　支払い　　　　れた代金を出版社に支払う。その際，書店からの入金
　　　　　　　　　　　が仮に遅れたとしても出版社に支払うといった金融業
　　　　　　　　　　　としての役割を担っている。
　　④　情報提供：書籍の書名，著者名，判型，頁数，定価などの書誌データ
　　　　　　　　　ベースを構築し，在庫情報などとともに，出版社，書店双
　　　　　　　　　方に提供する。

（3）出版物の取引ルール

1）委託制度

「委託制」とは，「条件付き返品自由制」のことで，書店は売れ残った出版物を契約期間内であれば，いつでも出版社に返品できる制度である。一般の商取引では，小売業が商品を買い切って販売する「買切制」が主流である。一方，出版業界の取引ルールは，新刊を中心に委託制が大半で，買切制は一部の出版社か，特例的な取引で行われているだけである。

通常の委託制では，商品の所有権は小売店ではなくメーカーにあり，小売店はメーカーから販売委任され，売れた分だけ販売手数料を引いて支払うことになる。一方，出版界の「新刊委託」はこれと異なり，書店は入荷した出版物について，代金をいったん支払うので所有権は移転していることになる。出版社にとっては，書店店頭に展示できることから販売機会が増え，書店としては売れなくても不良在庫とならない商品を扱える利点がある。

一方で弊害もあり，書店には陳列義務はないものの，どのような書籍が何部送られてくるかは，取次の裁量次第であり，商品が到着するまでわからない。配本に対して中小書店の不満は大きく，売れ行きの期待される書籍の配本がなかったり，注文した部数が減数配本されたりといった問題が指摘されてきた。

2）流通改善

書店とミスマッチを起こした無駄な配本は，返品率の上昇につながるだけである。対策としては，書店 POS システムの導入と書籍の単品管理を進めることで，販売データに基づく効率的な配本も試みられてきた。出版不況と言われる中で，返品は，書店だけでなく取次の経営を圧迫している。

また，出版社による近刊情報の提供が始まり，事前注文に応じた印刷部数や配本部数の決定も広まりつつある。この環境整備のために出版業界団体は，2009年に日本出版インフラセンター（JPO）を設立した。JPO は，書籍の近刊情報提供に取り組み，2014年に「出版情報登録センター（JPRO）」を構築し，書籍タイトル・ISBN コード・価格・著者・内容紹介・書影・販売促進情報などの情報を，出版社から発売前に収集し，事前注文などのために取次や書店に提供・配信している。また，国立国会図書館と連携して，国内出版物の標準的な書誌情報である全国書誌データで，近刊書誌情報の利用が可能となり，図書

館システム等での活用が始まっている。

戦後，市場の成長を長く支えた出版流通システムは，返品を前提として構築されてきた。市場の縮小期において返品しないエコシステムに急に変更することは困難であるが，それでも返品率の低下は，業界を挙げての取り組みとなっている。

3）再販制度

「再販売価格維持制度（再販制度）」とは，メーカーが取引先業者（問屋，小売店）に対して，販売価格を拘束することであり，不公正な取引として独占禁止法で禁止されている。しかし，独占禁止法が1953年に大改正されたときから，「著作物」である書籍，雑誌，新聞，レコード盤の4品目は，例外的に適応を除外されている。なお，再販は契約に基づいて，「することができる」のであって，再販契約が義務づけられているわけではない。

この制度については，1980年前後に始まる規制緩和の流れを受けて，公正取引委員会を中心に撤廃の検討が長く続いた。新聞界・出版界を中心に維持すべきという運動が続いた結果，最終的に2001年に，公正取引委員会は再販制度を「当面存置」するとした。一方で，出版業界に対して，再販制度の弾力的な運用を求めている。

なお，公正取引委員会は，電子書籍について，「『物』ではなく，情報として流通」していることから，「著作物再販適用除外制度の対象とはなりません」という見解を示している。

3　出版社のビジネスと出版物

（1）出版活動と出版社

出版活動は，日本国憲法第21条によって保障された表現の自由の下にあり，戦前にあった出版法のような規制法や業法はない。このため出版社は，放送事業のような「免許」や電気通信事業のような「登録」を必要とせず，さらに「許可」も「届出」も必要としない事業者のため，誰でもが始めることができる。

出版社は，発行出版物の区分からは，書籍と雑誌の双方を出版する大手企業

の多い「総合出版社」，書籍のみを中小の「書籍出版社」，雑誌を主とした「雑誌社」，小・中・高等学校の検定教科書を中心とした「教科書出版社」などに大別できる。

　総合出版社は，月刊誌，週刊誌，漫画誌などの雑誌，文芸書などの単行本，文庫，新書，コミックス（漫画単行本），電子出版などおよそ出版に関わるすべてのジャンルに加え，漫画原作を元にしたキャラクタービジネスや映画化など幅広く手がけている。欧米では，このような雑誌も書籍も扱う総合出版社は存在しない。日本型出版産業を背景とした，極めて日本的な出版組織といえよう。

　書籍出版社は，書籍のみか，比較的発行部数の少ない専門雑誌を編集発行する。経営基盤はあくまで書籍にあるため総合出版社より経営規模が小さく，中小企業から数名の社員による零細企業が多い。分野も人文書，社会科学書，自然科学書，児童書といった専門書の出版社が多い。

　雑誌社は，雑誌の発行を出版活動の中心に置き，経営基盤も雑誌販売と広告収入によっている。雑誌のみを発行する欧米型の雑誌社は，日本にはない。

　教科書出版社は，小・中・高等学校の検定教科書を編集発行し，販売は自ら学校訪問による営業活動によって受注し，教科書供給所を通して納品している。付随的に学習参考書を発行し，書店流通させている出版社もある。

　出版界の代表的グループは，講談社の「音羽グループ」，小学館の「一橋グループ」の二大グループに加え，M&Aと多角化により規模を拡大した「角川（KADOKAWA）グループ」がある。

　「音羽グループ」の名称は，中核となる講談社の所在地である東京都文京区音羽に由来する。人気ファッション雑誌のラインナップを持つ光文社，『日刊ゲンダイ』を発行する日刊現代，キングレコード，第一通信社，豊国印刷などを擁する。一方，「一橋グループ」の名称は，中核となる小学館，集英社の所在地である東京都千代田区一ツ橋に由来する。戦前，学習雑誌の発行を主体とした小学館が，娯楽雑誌部門として集英社を設立した。その後，小学館も漫画誌などの娯楽雑誌を刊行したことで，両者は競い合う形で規模を拡大した。ただし，物流部門の昭和図書，キャラクターライセンスや番組制作部門の小学館集英社プロダクションなどを通じて協力関係にある。そのほか，祥伝社，白泉社などを擁する。

　なお，講談社と小学館は，大手取次のトーハン，日本出版販売のそれぞれ筆頭株主，第2位の株主である。

（2）書籍と雑誌

　出版物は，書籍と雑誌に大別される。書籍は，図書館で言うところの「図書」と同義で，国際標準（ISO 9707）では，「図書（book）とは，表紙を除き，49頁以上の不定期刊行物」と定義している。これは世界の文化指標として，各国の出版統計の標準化を図る目的で定めたものである。刊行形態から「1冊だけ単独に刊行された本」の意味の単行本と，同じ装丁で巻数を決めずにシリーズ刊行される叢書に分けられる。文庫や新書も叢書であるが，書籍の中で，大きな売上げシェアを占めている。

　また読者対象や用途により，一般書，教養書，実用書，専門書，学術書，学習参考書，児童書，女性書といった分け方も，業界ではよく使われている。

　文庫は，A6判サイズでいわゆるペーパーバックと呼ばれる紙表紙の廉価なシリーズである。判型を小さく，文字も小さくしてページ数を抑え，装丁を統一して初版部数を多くすることで安い価格を実現している。もともとは，古今東西の名著を安く手軽に読めるように提供されたものであるが，現在では，娯楽小説，ライトノベル，映画やテレビドラマとのタイアップ作品など文芸を中心に多岐にわたっている。

　文庫に類する廉価なペーパーバックシリーズとして，書き下ろし教養書が中心なのが新書である。新書はB6判変形で，文庫同様に各社が手がけており，時にベストセラーが生まれている。

　書籍に対して雑誌は，「完結を予定せず，定期的に刊行される冊子形態の出版物のこと」と定義される（植村 2019a：211）。逐次刊行物の一種であるがニュースを中心に扱う新聞は含まない。雑誌の定期刊行形態は，月刊，週刊が代表的であるが，これに月2回刊，隔週刊，季刊など多岐にわたっている「日刊ゲンダイ」は日刊雑誌であり，情報誌などに隔日刊，週2回刊などもある。雑誌の多くは商業誌であるが，学術団体が発行する学会誌や学術雑誌，学校法人・政党・宗教団体が発行する機関誌，行政が発行する広報誌，さらに同人誌などの非商業誌もある。また，商業誌の大半が有料誌なことに対して，広告を

目的としたフリーペーパー・フリーマガジンなどの無料誌もある。

　雑誌の役割は，ファッションや旅などのライフスタイル情報，料理や住まいなどの実用情報，音楽やホビーなどの趣味情報，スポーツや車などの専門情報の提供とともに，雑誌ならではのジャーナリズム機能がある。雑誌ジャーナリズムの特徴は，新聞，テレビなどの広告スポンサーに気兼ねすることなく，体制批判や少数意見の提示にある。

　また対象読者や内容によって，児童誌，女性誌，大衆誌（男性誌），総合誌，文芸誌，芸能誌，スポーツ誌，生活情報誌といった分け方もある。このうち，女性向け雑誌は明治時代から存在し，1885年に創刊された『女学雑誌』が女性雑誌の先駆である。以後，『女学世界』『婦人世界』『主婦之友』『婦人倶楽部』などの女性誌が登場し，一大ジャンルが形成された。現在の女性誌は，ヤングファッション，OLファッション，30代・40代ファッション，キャリアウーマン系など，細かく「セグメント化」されている。このようなセグメント化が雑誌の特徴である。最近では，市場の縮小を背景に読者対象を狭く絞る傾向が強まっている。

　2010年に付録付き雑誌が話題となり，女性誌を中心に競って大型付録を付けるようになった。人気ブランドと提携してポーチやエコバッグ，ヘアアクセサリー，手帳，ミラーなど単体で買っても結構な値段がする商品を，海外で安価に生産し，通常の雑誌価格に数百円上乗せした価格で販売した。「お買い得感」が強く打ち出されたことで，雑誌購読の副次的な役割ではなく，主たる目的とすらなった感がある。

　雑誌の一形態として，「分冊百科」がある。これは百科事典を分冊にして売りやすく，買いやすくすることで始まったとされ，一つのテーマで完結が予定されている定期刊行物である。出版社や取次によってパートワーク，週刊百科などとも呼ばれている。

4　電子出版とメディア・イノベーション

（1）印刷出版物と電子書籍

　電子書籍の概念は幅広く，時代とともに変化してきている。「電子書籍」以

外に，デジタル書籍，デジタルブック，eブック，電子ブックなどと呼ばれることもあるが，現在では電子書籍という呼称が定着している。一般的に電子書籍は，次のように定義される。

　　　「既存の書籍や雑誌に代わる有償あるいは無償の電子的著作物で，電子端末上で専用のビューワーにより閲覧されるフォーマット化されたデータ。」

　技術的にはビューワーソフト（アプリ）で読む，なんらかのファイルフォーマット・データである。つまり，電子書籍は，文字通り「電子化された書籍データ」であり，電子機器のディスプレイで閲覧する出版物である。書籍としてのコンテンツ以外に，端末と閲覧用のビューアが必要となる。

　電子出版の市場動向は，有料コンテンツを取り上げることになる。新聞，書籍，雑誌などの印刷データから変換されたものは一般的に有料販売である。なお，本来有料販売であるが，販売キャンペーンとしてコミックスのシリーズのうち第1巻を期間限定で無料公開する戦略的な無料設定もある。

　当初より電子書籍市場において，大きな売り上げを占めてきたのはフィーチャー・フォン（いわゆるガラケー）に配信された電子コミックである。前述したように，印刷出版物では，漫画雑誌だけでなく，大手出版社のコミックスの売り上げも雑誌に含まれるのが通例である。つまり漫画は印刷出版の統計であれば「雑誌」に分類され，電子出版であれば「書籍」に分類されてきたのである。必ずしも電子化コンテンツの区分は印刷出版物と一致していない。そこで従来の流通の違いによる出版分類をもとに，最近では書籍系を「電子書籍」，雑誌系を「電子雑誌」，漫画を「電子コミック」の三類型で分析し，これらを総称して電子出版と捉えるようになった。

　いずれにしても，電子書籍，電子雑誌のそれぞれを印刷出版物の延長上で捉えることが一般的である。このような，「印刷出版物の電子化」が電子書籍の第一世代（電子書籍1.0）である。

　これに対して，始めからデジタルデータとして作成される場合がある。現在，電子出版で注目されているのは，小説投稿サイトやコミックアプリにおける縦スクロールコミックなど，印刷出版物を経由しない作品である。これらをデジタルファースト，あるいはボーンデジタルと呼び，第二世代の電子書籍（電子

図5-4　印刷出版物と電子書籍

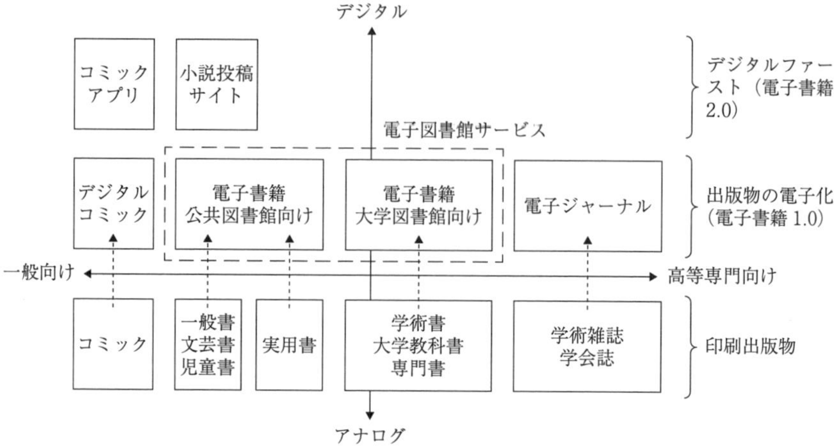

出所：植村（2019b：2）。

書籍2.0）といえよう。さらにはデジタルの特性を生かし，テキスト情報以外に動画や音声，画像データ等を内包したマルチメディア（リッチコンテンツ）型の電子書籍も存在する。図5-4に印刷出版物と電子書籍の関係を示す。

（2）電子図書館

　最近では電子書籍の普及に伴い，図書館と契約して利用者に電子書籍の閲覧を提供する電子書籍貸出サービスを「電子図書館」と呼んでいる。

　本来，電子図書館は，情報通信技術を活用し，ネットワークによって電子資料や情報を提供するサービスやシステムのことをいう。電子図書館と称したシステムやサービスプロジェクトは多いが，実現しようとしている機能に差があり，開発経緯やサービス主体によって，いくつかの類型に分けることができる。インターネットの黎明期においては，日本の「青空文庫」やアメリカの「プロジェクト・グーテンベルク」のような，著作権の消滅した作品をデジタル化し，ウェブサイトで提供するサービスのことを称していた。また，図書館独自の所蔵資料や郷土資料などをデジタル化し，デジタルアーカイブズとしてウェブで提供することや，電子書籍の全文データベースなどを指すことも多い。

（3）電子出版の概要と市場動向

　すでに述べたように，出版物の販売額調査は，全国出版協会・出版科学研究所が毎年行っている。2014年まで書籍と雑誌の販売データを扱ってきたが，これに加えて2015年から電子出版も調査対象とした。書籍・雑誌の対前年度マイナスが続く中で，電子出版については続伸傾向にあり，2019年の市場規模は3,072億円，前年比23.9％増となった。電子コミックは，出版産業に大きなダメージを与えた海賊版サイトが，2018年4月に閉鎖されたことで2,593億円（29.5％増）と大きく伸びた。文字系電子書籍な349億円（8.7％増），電子雑誌は2018年度に続き減少し130億円（16.7％減）である。なお，2019年より電子コミック誌を電子雑誌から電子コミック分野へ移動して集計している。表5-1に，紙と電子の出版物推定販売金額（2019まで）を示す。

　日本の電子書籍市場調査としては，以前から『電子書籍ビジネス調査報告書』が毎年発行されている。こちらは4月から3月までの年度で集計されている。『同調査2019』によると2023年度には2018年度の約1.5倍の4,330億円程度になるとし，電子雑誌と合わせた電子出版市場は4,610億円程度と予測している。安形ほか（2018：112-113）は，国会図書館所蔵資料を対象に，各年5,000点の無作為抽出による電子書籍化率の調査を行っている。それによると，2017年の電子書籍化率は平均36.8％で，中でも大手出版社である講談社が75.4％，小学館が67.4％，KADOKAWAが84.6％と高い水準を示している。このように印刷書籍の電子化は進み，電子書籍として読むことが好まれる文芸作品は，かなり電子化されている。電子書籍は十分に供給されているといっても過言ではない。

　昨今の特徴として，電子コミックの伸びが印刷コミックの減少分を補完したことが挙げられる。背景には電子コミックを楽しめるスマートフォン対応アプリの普及がある。電子コミックの無料連載や縦スクロールで読む電子コミックなど，若い世代への訴求力が強い商品が生まれたことに期待ができる。

　もう一つの特徴として，電子雑誌の成長がある。月額定額制雑誌読み放題サービスが寄与し，短期間で読者を獲得した。すでに紙版の販売部数よりも電子版のユニークユーザー数が上回っている雑誌も現れている。そのこともあって，電子雑誌が定着することで，印刷雑誌の購読の減少に拍車がかかることを懸念

表5-1　紙と電子の出版物推定販売金額（2019まで）

（単位：億円）

年		2015	2016	2017	2018	2019	占有率（%）
紙	書　籍	7,419	7,370	7,152	6,691	6,723 −3.8%	43.6
	雑　誌	7,801	7,339	6,548	5,930	5,637 −4.9%	36.5
	紙合計	15,220	14,709	13,701	12,921	12,360 −4.3%	80.1
電　子	電子コミック	1,149	1,460	1,711	1,965	2,593 +29.5%	16.8
	電子書籍	228	258	290	321	349 +8.7%	2.3
	電子雑誌	125	191	214	193	130 −16.7%	0.8
	電子合計	1,502	1,909	2,215	2,479	3,072 +23.9%	19.9
紙＋電子	合　計	16,722	16,618	15,916	15,400	15,432 +0.2%	100.0

出所：全国出版協会・出版科学研究所編（2019：16）・『出版月報』2020年1月号から筆者作成。

する声もある。ただし，紙と電子では収益構造が異なるため，単純に紙版の販売部数と電子版のユニークユーザー数を同列で扱うわけにはいかない。

　このように電子雑誌が伸びた背景として，大画面で高精細なスマートフォンやタブレットが普及したことや，月額課金モデルのサービスが利用者に受け入れられたことがある。

（4）読書バリアフリー法と電子書籍のアクセシビリティ

　2019年6月21日の衆議院本会議で，「読書バリアフリー法」が全会一致で可決，成立した。正式な法律名は「視覚障害者等の読書環境の整備の推進に関する法律」で，その名の通り，視覚障害やディスレクシア（識字障害），さらに肢体不自由など，多様な障害により書籍を読むことが困難な人を対象に，読書しやすい環境を整備することを目的としている。このため従来の点字や拡大文字の図書，オーディオブックに加え，音声読み上げに対応した電子書籍を普及させ，読書の質の向上を進めていくことを国の責務としている。

　また，長年にわたって同法の制定を求めてきた日本盲人会連合(4)，DPI日本会議，全国盲ろう者協会，弱視者問題研究会の4団体は，法の理念を推進するためにも，関係府省庁，出版社，図書館などの連携協力を求めている。

　制定の背景には，日本の批准が遅れていた「マラケシュ条約」（視覚障害者が著作物を利用する機会を促進するための国際条約）に関して，著作権法改正などの国内法整備が整い，発効に至った経緯がある。さらに，当事者団体の強い働きかけにより，障害者の読める本を「買う自由」と「借りる権利」の確立を目指して，超党派の国会議員による「障害児者の情報コミュニケーション推進に関する議員連盟」が設立された。

　法律の条文のうち，出版社に関わる基本的な施策の一つに，「特定書籍・特定電子書籍等の製作の支援」（第11条）がある。この特定書籍とは，著作権法第37条（視覚障害者等のための複製等）により認められている点字図書などで，これまで，主にボランティアベースで制作されてきている。さらに，「アクセシブルな電子書籍等の販売等の促進等」（第12条）では，技術の進歩を適切に反映した規格等の普及の促進や，著作権者と出版者との契約に関する情報提供の施策を講ずるとしている。

　このためには，テキストデータ（文字コードだけで構成された文字列や文書のデータ）の利用が不可欠である。第11条では出版者から製作者に対して，第12条では出版者から書籍購入者に対して，テキストデータの提供促進のための環境整備や支援を講ずるものとしている。

　さらにアクセシブルな電子書籍や端末機器に係る情報の入手（第14条）や技術開発の推進（第16条）が掲げられている。現在，スマートフォンやタブレットには，メールの読み上げや，様々な操作を音声で案内する機能が標準搭載されている。だが，電子書店アプリによっては，購入や選択をする際，必ずしも音声ガイドに対応しているわけではない。さらにDRM（デジタル著作権管理技術）があるため，電子書籍を読み上げないアプリもある。それゆえ，すべての電子書籍アプリで著作権保護を堅持しながら，読み上げられる技術の開発や標準化が求められている。

　またアクセシブルな電子書籍が販売されていたとしても，どこで購入できるのか，数ある電子書籍のうち，どれがアクセシブルなのか現状ではわかりにく

い面がある。障害者が操作し，読みたい電子書籍を見つけて，自立的に購入できる仕組みがなければならない。読書環境の整備には，出版社の積極的な関与が求められている。

（5）プラットフォームの登場と文字情報流通の変化

　1990年代後半に世界中に張り巡らされたインターネットは，国境の無いコンテンツ流通網を短期間で築いた。Google, Amazon, Facebook, Apple, Microsoft の新たなビックファイブは，旧来のメディアコングロマリットが超えられなかった言語の壁をやすやすと越え，日本語の文字情報流通を担うプラットフォームを国内に築いている。日本語検索は Google が独占し，オンライン書店は Amazon の独走状態にある。

　e コマースにおいても，インターネット端末がパソコンであれば，楽天など日本企業が参入し，フィーチャー・フォン（ガラケー）であれば，NTT ドコモなどの通信キャリアがプラットフォームビジネスを担ってきた。ところが，スマートフォンの OS は，iOS と Android の独占状態にあり，日本語コンテンツを支えるアプリビジネスをしようとすれば，Apple か Google に頼らざるを得ない。電子出版ビジネスのプラットフォームは，アメリカ IT 企業による寡占化が進んでいる。

　では，出版産業は，デジタル革命とグローバル化に対し，どのように立ち向かったらよいであろうか。出版産業を文字情報流通産業と拡大発展的に捉え直せば，そのメインストリームは，印刷業が担っているのではなくプラットフォームが支えているのである。これまで印刷複製と流通が出版産業を拡大化させてきたのであれば，デジタル複製とインターネット流通によって，誰でもが情報発信を行える時代に出版産業が変革をしないわけがない。

　もともと出版産業は，新聞，放送などと比べ，個人・組織が思想や感情を表現し，言論表現を行うメディアとして，比較的に容易に小規模で取り組めるメディア産業であった。今日において SNS などユーザー生成コンテンツは文字情報流通の新たな担い手となっている。出版産業が，さらに個人的でワールドワイドのメディアに発展したともいえよう。

注

(1) 2015年から，電子出版も調査対象とした。133頁参照。

(2) 「私的独占の禁止及び公正取引の確保に関する法律」1947年制定。

(3) 公正取引委員会HP「よくある質問コーナー（独占禁止法関係）」（2019.10.30閲覧）。

(4) 2019年10月1日より「日本視覚障害者団体連合」に組織名変更。

参考文献

安形輝・上田修一（2018）「日本における電子書籍化の現状——国会図書館所蔵資料を対象とした電子書籍化率の調査」『2018年度図書館情報学会春季研究集会発表論文集』日本図書館情報学会，111-114頁。

植村八潮（2019a）「雑誌」『メディア用語基本事典 第2版』世界思想社，211頁。

植村八潮（2019b）「電子書籍と電子図書館」植村八潮ほか編『電子図書館・電子書籍貸出サービス調査報告2019』印刷学会出版部。

川井良介編（2012）『出版メディア入門 第2版』日本評論社。

出版年鑑編集部編(2018)『出版年鑑2018』出版ニュース社。

全国出版協会・出版科学研究所編(2019)『出版指標年報2019年版』全国出版協会・出版科学研究所。

日本出版学会編(2010)『白書出版産業2010——データとチャートで読む出版の現在』文化通信社。

文化通信社(2019)「アルメディア調査」『文化通信』5月27日号。

第6章 広告産業

1 広告産業の概況
—— デジタルトランスフォーメーションと 5 つの領域「BASIC」

（1）広告費のデジタルシフト

「日本の広告費2018」を見ると，2010年新聞広告費を抜いたネット広告費が 1 兆7,589億円となり，地上波テレビ広告費（1 兆7,848億円）に肉薄し，2019 年にはそれを上回る可能性が高くなった（図 6 - 1 参照）。世界の広告費で見れ ば，すでに2018年のデジタル広告費はテレビ広告費を抜き，2019年 6 月発表さ れた DAN の予測では，引き続きデジタルが広告市場全体の成長を牽引し，広 告費シェアは2019年には 4 割を超え，2020年には45％に迫る見通しを立てている。

このような広告費のデジタルシフトは，モバイルメディアでいつでもつなが り，SNS で情報を拡散しシェアしている，そのような消費者に対しては，従 来のメディアを介した，企業からの一方的な広告コミュニケーションだけでは 通用しない時代を反映している。つまり，一方向のマスメディアモデルから SNS を通じて顧客同士がつながり，情報発信される顧客ネットワークモデル にパラダイムシフトしたわけである。

デジタルシフトはメディアや生活者に限らず，産業もデジタル化され，デジ タル・テクノロジーによって産業の境界線は曖昧となり，今まで異なる産業が 融合し，新規事業者の参入といった新たな競合が生まれようとしている。その ため，既存事業者にとっては「デジタルトランスフォーメーション（デジタル 大変革）」が喫緊の経営課題となってきた。デジタルトランスフォーメーショ ンとは，「既存事業者の IT 企業の事業参入の脅威に対抗するためのデジタル・ テクノロジーをベースとした事業変革，次世代企業の構築」と定義する。

こうした中で，多くのクライアントをもつ広告会社自らもビジネス環境のデ ジタル化の中で，デジタル変革が強く求められている。そこで，日本よりデジ

図6-1　媒体別広告費の推移（1992〜2018年）

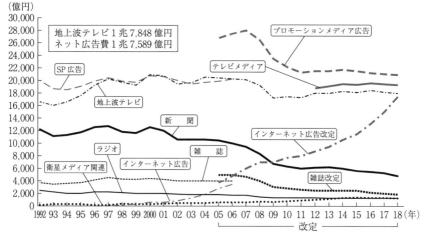

出所：電通「日本の広告費2018」。

タルシフトが進展している，アメリカを中心としたアド・エージェンシーを取り巻くビジネス環境の変化（クライアントニーズ，新たな競合，課題等）に触れ，デジタルトランスフォーメーションへの5つの領域「BASIC」について言及する。

（2）アメリカのアド・エージェンシーを取り巻くデジタルシフト

1）コンサル系デジタルエージェンシーの台頭

　広告業界誌『Ad Age』の「エージェンシーリポート2019」によると，2018年のデジタル広告費は全体の53.6％のシェアを占めるに至り，これは，2009年（25.8％）の2倍強となった（図6-2参照）。

　一方，2018年の世界の広告グループ会社ランキングを見ると，WPPを筆頭に5大メガ・エージェンシーグループが上位5位を占めているが，6位から10位までは Accenture Interactive（アクセンチュア インタラクティブ），PwC デジタルサービス，IBM iX，Deloitte Digital（デロイト デジタル），Cognizant Interactive（コグニザント インタラクティブ）といったコンサル系5社がランキングを独占し，5社計で289億ドル（前年25％増）となった。2014年に IBM がコンサルティング会社として初めて10位にランクインして以来，2015年は

図6-2 アメリカのデジタル広告費シェアの推移（2009～2018年）

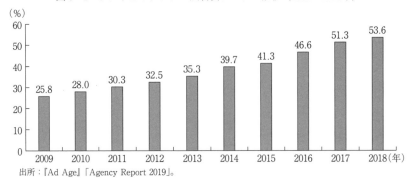

出所：『Ad Age』「Agency Report 2019」。

表6-1 世界の広告会社グループ上位10社

	世界の広告会社グループ	売上げ総利益（10億ドル）	前年比（％）
1	WPP	20.8B	1.9
2	Omnicom（オムニコム）	15.3B	0.1
3	Publicis Groupe（ピュブリシス）	11.7B	1.7
4	Interpublic（インターパブリック）	9.7B	7.4
5	DENTSU INC.（電通）	9.2B	9.0
6	Accenture Interactive（アクセンチュア）	8.5B	30.5
7	PwC Digital Services（PwC）	5.4B	7.5
8	Deloitte Digital（デロイト）	5.3B	31.5
9	IBM iX（IBM Corp'）	5.0B	8.0
10	Cognizant Interactive（コグニザント）	4.8B	23.7

注：網かけはコンサル系エージェンシー。6～10位の（　）内は親会社。
出所：図6-2と同じ。

Accenture Interactive と IBM iX2 社が入って，2018年 Cognizant Interactive
とますますコンサル系エージェンシーの存在感が増してきている（表6-1参
照）。

　広告主の抱えている大きなビジネス上の課題に対して，コンサルティング会
社は，戦略とデータ分析のソリューションの提供を武器にマーケティングサー
ビス分野で着実に足掛かりをつかんできた。このように広告収入がデジタルシ
フトしていく中で，そのパイを獲得しているのが，伝統的なアド・エージェン
シーよりもコンサル系デジタルエージェンシーといえよう。

2）アド・エージェンシーの課題

Farmer（2019：209-210）は，アド・エージェンシーが直面している重要な課題として以下の10項目を挙げている。

① 全般に亘って業務，人材，投資等デジタルに十分対応できていない。
② クライアントに請求できないプレゼン費。
③ 低コストに抑えるクライアントの調達部門。⁽²⁾
④ 業界の中に報酬料に対する価格設定の考え方がない。
⑤ クライアントとの契約交渉がほぼ皆無。
⑥ クリエイティビティは評価できないほど活気がない。
⑦ プロジェクト運営・マネジメント能力の欠如。
⑧ ブランドを改善する成果に結びつける分析力を開発することが必要。
⑨ 広告業界はミレニアル世代にとって魅力がない。
⑩ 新しいことに再投資していない。

特に①，⑦，⑧，⑩がデジタルトランスフォーメーションに関連した課題となってくる。③，④は現行フィー制度の問題点，⑨は優秀な人材の枯渇につながる業界全体の問題点となっている。前述の10項目以外に付け加えるものとしては，⑪消費者のリアルタイムの会話にどう対応すべきか，現代のブランド・マーケティングに必要なスピードやアジリティ（敏捷さ）に欠けている点，⑫IoTのような新分野の提案力が弱い，⑬ビジネス・インテリジェンスに欠けている点等が挙げられる。

現行フィー制度について補足説明をすると，従来の労働集約型のフィー方式の見直しから，成果報酬型フィー方式の採用も増加傾向にある。⁽³⁾今後ますます費用対効果，アカウンタビリティが強く求められてゆくことは間違いない。そのため，将来広告会社の報酬制度を変えていくことも予測される。

（3）デジタルトランスフォーメーションと5つの領域「BASIC」

筆者は，今後の広告会社のデジタルトランスフォーメーションの経営戦略策定を検討するにあたり，図6-3の通り，中核に広告会社のコア・コンピタンスであるクリエイティビティを据え，周りに5つの領域（BASIC〔BIG DATA & AI・AUTOMATION・SOCIAL SOLUTION・IINNOVATION・CO-CREATION〕）

図6-3　デジタルトランスフォーメーション——5つの領域（BASIC）

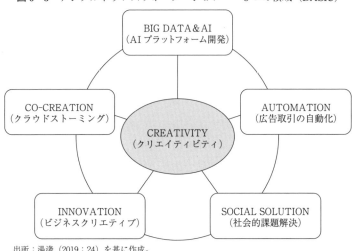

出所：湯淺（2019：24）を基に作成。

を配置した概念図を作成した（図6-3参照）。

1）BIG DATA & AI——主戦場はAIプラットフォーム開発

　デジタルマーケティングとは，デジタル・テクノロジーを活用してマーケティング目的を達成することであるが，当初インターネットによるダイレクト・マーケティングに限定されていたのが，デジタル化の拡張によって，インターネット，デジタルメディアに限定されたものではなくなってきた。将来オフラインのデータもIoTのようにモノとヒトのつながりによるセンサーデータ等のあらゆるマーケティングデータがデジタルプラットフォームに統合される。AIを利用した解析，分析を経て最適化される一連のPDCAサイクル全体がデジタルマーケティングの領域となる。

　そして，デジタルマーケティングは，メディア・バイイングのデータプラットフォーム開発に向かっていく。H&S（ハート＆サイエンス）が開発したANALECT（以下，アナレクト）では，クライアントのビッグデータを解析し，独自にターゲットのセグメントを行い，メディア・バイイングのデータに加工するシステムを作り上げた。[4]

　また，ビッグデータ & AIをベースとしたプラットフォーム開発には，社内の人員の連携強化を目的としたピュブリシス・グループの「Marcel（マルセ

ル）」が挙げられる。2018年5月に同グループは，持株会社から8万人規模の
従業員をプラットフォーム「Marcel（マルセル）」に移行することを発表した。
マルセルは，知識，つながり，機会，生産性の4つを基盤に構築されたAIプ
ラットフォームで，マイクロソフトAIのテクノロジーを使ってモバイルアプ
リケーションとして開発されたものである。

　欧米のメガ・エージェンシーは，グローバル化，フルサービス化を実現する
ために，M&Aによるグループ化が，個々の連携が機能せず，シナジー効果も
乏しいといったサイロ化がネックとなっている。大規模に膨れ上がったメガ・
エージェンシーが組織，従業員をAIプラットフォームによって束ねて，個々
のクライアント業務に最適な人員を配置する体制（インフォストラクチャー）に
着手しだした。

2）Automation──広告取引のプログラミング化・自動化

　今日ではウェブサイトの増大に伴う広告取引の激増によって毎日数百億単位
のインプレッションが生成されている。かつてないメディアフラグメンテーシ
ョン（メディアの細分化）の環境下にある広告配信，広告取引は，マンツーマ
ン（直接交渉・取引）では，もはや効率的な運用は限界に達したため，アドテ
クノロジーによる自動化，プログラマティック化を促していった。

　こうしたアドテクノロジーの進展によって，従来のメディアデータを基にし
たメディア・バイイングから，オーディエンスデータによるオーディエンスバ
イイングへ劇的に変化していった。

　もう一つの革新は，広告枠のインプレッションが発生するたびにオークショ
ンが行われ，落札した購入者の広告が表示される瞬時（0.1秒程度）の広告取引，
RTB（リアルタイムビッティング）[5]が可能となった点である。プログラマティ
ック広告1.0は，リ・ターゲティングの段階で，自社のウェブサイトでコンバ
ージョンの無かった来訪者に対して，再度広告を配信して購入を促すもので，
CPA（コストパーアクション）が高いと目されている。しかし，リ・ターゲティ
ングでは，ウェブサイト来訪者という商品に関心を持っている潜在顧客に再
訪問を促す点には大変効率性はあるが，自社サイト来訪者の数から見れば，リ
ーチはごく限られている。そこで，プログラマティック広告2.0では，オーディ
エンスバイイングの段階で，マーケティングファネル上位に位置している，

まだ広告主との接点がない層に認知拡大のためにリーチするのに適用されるものである。

　そして，プログラマティック広告3.0では，広告主は，コンシューマー・セントリックな段階に移行する。全体的なユーザープロフィールを把握するために，できる限り多くのデータを結び付けていく，つまり，CRM や販売データ，それに外部のセカンドパーティ・データ，サードパーティ・データを加えて，ウェブサイト訪問者のセグメントを洗練させ，オーディエンスデータを拡張させることである。

3）Social Solution——経営戦略・企業ブランディングに直結

　企業のマーケティング活動は，市場，消費者に対する利潤追求だけでなく，社会的課題や環境問題などとの関わりの中で，社会的価値の追求をいかに企業価値に結び付けていくのか，マクロな視点で企業と社会の関わりを考慮するソーシャル・マーケティングがますます重要となってきた。そのような時代の風潮を反映して，近年カンヌライオンズの受賞作品を見ると，社会的課題へのソリューションとなる作品が数多く見受けられ，Social Good がキーワードとなり，大きなトレンドとなっている。

　今日の成熟市場は，製品面，機能面ではブランドの優位性を謳う，差別化が困難となってきている。そこで，近年，USP（ユニーク・セリング・プロポジション）から脱却するために，地球環境との共生，サスティナビリティ（持続的可能性），地域振興，社会貢献活動等社会的課題に対する企業の取り組む姿勢や活動などを企業価値に結び付け，差別化を図ろうとしている。いずれにしろ，ソーシャルソリューション（社会的課題解決）の取り組みは企業ブランドやレピュテーションを高めるためには，欠かせず，質的にも変化してきている。

　2015 年国際連合において，持続的な開発目標（SDGs：Sustainable Development Goals）が2030年までに達成すべき社会的課題解決の目標として採択された。それ以降，SDG を経営目標に掲げる企業も増え，ソーシャルソリューションが経営の根幹にかかわる課題になってきている。

　国連の SDGs に先立って，2011年マイケル・E・ポーターは，従来の本業に付随して義務的に行われる CSR やフィランソロピー（社会貢献活動）に否定的な見解を示し，自社の本業の中で，経済価値と社会価値を同時に追求して実現

する，共通価値の創造 CSV（Creating Shared Value）という新たな概念を提唱した。

　今後，ソーシャルソリューションについても，単なる企業スローガンの段階ではなく，地球環境破壊を削減するための成果目標をコミットメントしたり，改善状況，パフォーマンスの情報開示を行ったりなど，具体的な数値目標を提示することによって企業ブランドやレピュテーションの向上を図る段階に向かっていこう。そして，広告会社のクリエイティブにおいても，従来のイメージ広告から脱皮し，社会性のある広告メッセージの裏づけ（根拠）となるEvidence based な広告表現に結び付く企業広告スタイルの開発が求められている（湯淺 2014：30）。

4）Innovation──ビジネスクリエイティブ・創造的事業開発

　クリエイティビティは，今や広告表現上のコピー，アート，ストーリーテリングに留まらず，コミュニケーションデザイン（コミュニケーション設計），社会的課題解決，さらに製品開発へと拡張されてきている。製品自体，IoT，人とモノがインターネットによってつながれば，消費者にユーティリティーをもたせるためのユーザー体験（UX）の価値デザインが，製品開発には欠かせないものとなってくる。

　今後の企業変革にとっては，新事業領域，新たなビジネスモデルの開発には，漸進的，連続型イノベーションよりは，むしろ画期的，非連続的イノベーション（創造的破壊）は欠かせない。そして，このようなイノベーションを促す，新しい着想，活性化にこそ広告会社のコア・コンピタンスであるクリエイティビティ（Creativity）を活用すべきであり，それが新たなビジネスチャンスとなる。

　クライアントである企業も，自社だけで事業開発に取り組むのではなく，外部の知恵を有効に活用するオープンイノベーションの時代となってきた。P&G は社内の研究開発だけでは革新的な製品開発には結びつかず，一時停滞したことから，それを打開するため「コネクテッド＆デベロップメント」という，外部に人材，アイディア，資産を活用するオープンイノベーションを断行した。その結果，当初 2 年間だけで外部からのアイディアや技術を1,000以上採用し，そのうち100以上が新商品として発売されるという成果につながっ

た。

　こうしたオープンイノベーションの機運の中で，広告会社も未来の産業と生活トレンドを把握した事業開発インサイト（洞察）と新事業創出のためのクリエイティビティを発揮し，クライアントの新事業創出を支援する事業開発パートナーとなるべきである。そのためには，イノベーションを生み出す創造的事業開発として，ビジネスクリエイティブ（ビジネス×クリエイティブ）が必要だ。企業のビジネスモデル，流通プロセス，データプラットフォーム，コンテンツ等あらゆる分野領域がビジネスクリエイティブ（ビジネスデザイン）の対象となってくる。

　それを手掛けてゆくためには，新事業開発のパートナーになるためのビジネスクリエイティブのモデル開発，ケイパビリティーが備わらなければならない。

5）Co-Creation──クラウドストーミングの活用

　今日，消費者に新たなブランド体験を提供するためには，クリエイティブ，データ分析，テクノロジーの活用，コンテンツマーケティング，ソーシャルメディア，モバイル，CRM，ユーザーエクスペリエンス（UX）などあらゆる専門性とそれらを統合するものが求められる。フルサービスエージェンシーでもすべてを賄うのは困難であるため，個々のスペシャリストによる分業，協業によって，全員がアイディアを出せる，アイディアの民主化，オープン化が求められる。

　インターネット上で参加を募り，不特定多数の「群衆」（crowd）を自社の製品開発に取り込むことを一般にクラウドソーシングと言っているが，特にクァーキーのように組織外のクリエーターらを巻き込んだ，スケールの大きなブレインストーミングを「クラウドストーミング」と呼んでいる（Abrahamson et al. 2013＝2014：5-8）。

　クァーキーは，アイディアマン，デザイナー，コピーライター，マーケター，エンジニアといったように一芸に秀でた様々な職種，職業の人たちが，プラットフォームを介して，協働制作を行っている。また，GE は，自社の事業開発にクラウドストーミングを積極的に取り組んでいる企業として挙げられる。2010年同社は，「エコマジネーション・チャレンジ」と名打って，次世代送電網の技術開発に向けて，世界中から広くアイディアを募った。優れたアイディ

アの提供者に対して，賞金（10億ドル）とは別にアイディアの商品化支援のため，起業家に対しても2億ドルの資金を提供した。

特に一企業ではなく，車と通信とエネルギーを融合したデータプラットフォーム開発では，複数の企業を束ねた事業開発には広告会社のオーガナイズ，コーディネーション機能が必要になってくる。

以上説明した5つの領域をコネクトするのがクリエイティビティで，広告会社のコア・コンピタンス（中核能力）であるが，硬直的にではなく，ダイナミック・ケイパビリティ，つまり「変化対応的な自己変革能力」と捉えるべきである。ティースによれば，「ダイナミック・ケイパビリティとは，急速に変化する環境に対処するために，内外のコンピタンスを統合，構築，再構成する企業の能力」と定義する。

これからのクリエイティビティは，デジタル環境の中で5つの領域が有機的に組み合わさり，融合することによって，変容していくものである。まさに広告会社は，デジタルトランスフォーション，将来の機会を予測（センシング）し，それをビジネス化に持ち込み（シージング），変革・再構成（トランスフォーミング）していく時期に差し掛かっている。

2　メガエージェンシーの動向からみた世界の広告業界

（1）メガエージェンシーとは何か

広告業界誌『Ad Age』は1945年から「Ad Age Agency Report」と題した世界規模での広告会社の売上ランキングを毎年発表している。

近年のランキングでは，WPP，オムニコムグループ（Omnicom Group），ピュブリシスグループ（Publicis Groupe），インターパブリックグループ（Interpublic Group of Companies），電通の5つの広告会社グループが上位を占めている（表6-2）。これらのグループは，傘下に複数の会社を擁しており，巨大化した企業という意味合いで「メガエージェンシー」と呼ばれる。表6-3で各メガエージェンシーの主要企業（グループ）を示す。各グループとも，クリエイティブ，メディア，デジタル，ヘルスケア，ブランディングなどの分野で数十以上の会社を有している。

表6-2　広告会社（グループ）の収益高ランキング

（億ドル）

2013年		2018年	
1　WPP	172	1　WPP	209
2　オムニコムグループ 　　（Ominicom Group）	146	2　オムニコムグループ 　　（Ominicom Group）	153
3　ピュブリシスグループ 　　（Publicis Groupe）	92	3　ピュブリシスグループ 　　（Publicis Groupe）	117
4　インターパブリックグループ 　　（Interpublic Group of Cos.）	71	4　インターパブリックグループ 　　（Interpublic Group of Cos.）	97
5　電　　通	58	5　電　　通	92
6　ハヴァス（Havas）	24	6　アクセンチュアインタラクティブ 　　（Accenture Interactive）	85
7　エプシロン（Epsilon）	20	7　PwC デジタルサービス 　　（PwC Digital Services）	54
8　博報堂 DY ホールディングス	18	8　デロイトデジタル（Deloitte Digital）	53
9　デロイトデジタル（Deloitte Digital）	13	9　IBM IX	50
10　IBM インタラクティブエクスペリエ 　　ンス（IBM Interactive Experience）	12	10　コグニザントインタラクティブ 　　（Cognizant Interactive）	49

出所：*Ad Age* "Agency Report"（2019）を基に筆者作成。

　本項では，上位5グループの起源や成長の軌跡を辿り，世界の広告業界の仕組みと変化を解説する。また，メガエージェンシーの日本での展開についても触れ，日本の広告業界の独自性や今後の可能性についての考察を行う。

　2013年7月，ピュブリシスとオムニコムとの合併が『Ad Age』（2013年7月27日）で大きく報じられた。当時ランキングの2位と3位にあった両者が合併すると1位のWPPを大きく凌駕するものとなるために大いに注目された。ところが，それから1年もたたない2014年5月にはその「メガ合併」が撤廃された（『Ad Age』2014年5月8日）。両者の文化的違いの大きさがその理由とされている。しかしながら，このようなメガエージェンシー間の合従連衡の動きは今後も起こる可能性はある。

　なお表6-2からわかるように，2018年のランキングでは，IT，コンサルティング会社の広告部門がメガエージェンシー5社に続くようになっている。これらの会社は，マスメディアを使った広告を中心としてきた従来の広告業界の領域ではなく，デジタルを基盤としたマーケティングやコミュニケーション・サービスを強みとして成長している。メガエージェンシーにとっては，こうし

た動きへの対応も大きな課題となっている。

（2）インターパブリックグループの誕生

　まず，なぜ広告会社がグループ化していったのかを，インターパブリックグループ（以下，インターパブリック）の遍歴から見ていくことにしよう。

　広告会社は世界的に見ても，新聞などの特定のメディアの広告スペースの専属販売代理店として設立されたものと，企業の宣伝担当者などが独立して設立されたものが多い。

　インターパブリックの源流にあるマッキャンエリクソン（McCann Erickson）は，その後者にあたる。1902年にニューヨークの百貨店の広告宣伝部長であったアルフレッド・エリクソンが創業したザ・エリクソンカンパニー（The Erickson Company）と，1912年にスタンダード石油の広告宣伝部門から独立したハリソン・K・マッキャンが作ったザ・HK マッキャンカンパニー（The HK McCann Company）が1930年に合併してマッキャンエリクソンになった。ネスレ（Nestlé），コカ・コーラ（Coca-Cola）などをクライアントとし，各社の世界的展開とともに担当広告会社として各国に拠点を拡大していった。クライアントの国際化を好機として成長を遂げたのである。

　日本には，1960年に博報堂との合弁によるマッキャンエリクソン博報堂を設立した。マッキャンエリクソンは電通とも合弁の話を進めていたが，マッキャンエリクソンが自社の扱うクライアントの競合を扱わない「1業種1社制」を求めたことを電通が断ったという記録が残っている（日経広告研究所編 2001：177）。なお，当時の日本の媒体社は外資の広告会社との取引を行わず，博報堂を通しての媒体購入が行われた。後にマッキャンエリクソン博報堂は1994年にマッキャンエリクソンの100％出資となり，日本法人の社名はマッキャンエリクソンとなっている。

　インターパブリックは，マッキャンエリクソンの社長であったマリオン・ハーパーが1961年に創設した。欧米では，広告会社は1業種1社制がルールとなっている。広告会社はクライアントにとってのパートナーであり，発売前の商品や戦略などを含む機密情報を扱うこともあるためである。ハーパーは，自社をさらに発展させるためには，既存のクライアントと競合する企業も扱えるよ

表 6-3　メガエージェンシーの主要企業（グループ）

順　位	メガエージェンシー
	主要企業（グループ）
1	WPP
	グループ M（Group M） ワンダーマン・トンプソン（Wunderman Thompson） オグルヴィ（Oglivy） VMLY&R グレイ（Grey） AKQA ランドー（Landor）
2	オムニコムグループ
	OMD BBDO DDB インターブランド（Interbrand） TBWA ラップ（Rapp）
3	ピュブリシスグループ
	ピュブリシス（Publicis） スターコム（Starcom） ゼニス（Zenith） サーチ＆サーチ（Saatchi & Saatchi） ファロン（Fallon）
4	インターパブリックグループ
	マッキャン・ワールドグループ（McCann Worldgroup） FCB マレンロウ（MullenLowe） ドイチェ（Deutsch） R/GA
5	電　通
	電　通 カラ（Carat） マークル（Merkle） アイソバー（Isobar） マクギャリー・ボウエン（McGarry Bowen）

出所：表 6-2 と同じ。

うに別会社を設立することが必要だと考えた。さらに，国際的業務を専門とする会社，イベントや店頭コミュニケーションなどを担当する会社を設立し，それらの持ち株会社としてインターパブリックを設置した。これが，複数の広告会社を傘下に持つメガエージェンシーの原型である。

インターパブリックはその後，ロウ（Lowe），リンタス（Lintas），FCBといった広告会社を買収していった。さらに，マッキャンエリクソン自身も傘下にメディア，イベントやプロモーション，PRなどの専門会社を要するマッキャン・ワールドグループ（McCann Worldgroup）を設立し，機能の分化と多様化を進めている。

近年では，アクセレレーターというプログラムを通し，有望なスタートアップ企業の株式取得や投資による支援，人材や技術を提供するなどして事業開発から参画するといった新しいビジネスモデルを開拓してきたことで知られるR/GAもグループの一員に取り込んでいる。

（3）オムニコムグループ

オムニコムグループ（以下，オムニコム）は，1986年にDDB，BBDO，ニーダムハーパー（Needham Harper）というアメリカの名門広告会社の持ち株会社として設立された。大手広告会社の合従連衡によるエージェンシーの「メガ化」は，「ビッグバン（The Big Bang）」と呼ばれ，広告業界を大きく揺るがした（Tungate 2013：152）。

というのも，各社はすぐれた広告制作で長く名声を得ており，特にDDBは，コピーライターとアートディレクターがチームを組んで共にアイデア開発を行うという制度を導入したビル・バーンバックが，ネッド・ドイル，マックスウェル・デーンとともに1949年に設立し，フォルクスワーゲンの広告に代表される質の高い表現で広告の魅力を飛躍的に高めた1950～1960年代の「クリエイティブ革命」の立役者であった。しかしながら，1980年代には経営近代化の面でインターパブリックや他の新興勢力に後れをとっていた。

ちなみに，DDBは上記の3名，BBDOも同様に創業した4名の頭文字が社名になっている。創業者の志を大切にし，独立心が強い企業として成長してきたものの，時代や環境の変化の下，他社とのグループ化という形をとらないと

生き残ることができないという判断がなされたのであった。

　オムニコムは1993年にはアップル（マッキントッシュ）の広告で知られる TBWA を買収している。TBWA は，アメリカ人，フランス人，スイス人，イタリア人という異なる背景を持つ4名の創業者の名前の頭文字を社名として1970年にパリで設立された。日本では，1998年にオムニコムが日産系列の広告会社であった日放を買収して TBWA 日放とし，その後 TBWA ジャパンと改称，さらに，2006年からは博報堂との合弁で TBWA＼博報堂として活動している。オムニコムは日本では他に DDB ジャパン，I&S BBDO などを展開している。

（4）WPP

　名門広告会社の経営統合によって広告会社ランキングのトップに立ったオムニコムを凌駕し，近年最大の広告会社グループの地位に君臨し続けているのが，2019年までマーティン・ソレル卿が率いたイギリス発祥の WPP である。[7]

　ソレルの広告業界との関わりは，1975年にサーチ＆サーチ（Saatchi & Saatchi）に入社したことから始まる。イギリス人のチャールズとモーリスのサーチ兄弟によって設立されたサーチ＆サーチはサッチャー首相の保守党の選挙キャンペーンの成功などにより発展し，さらに国際的な展開のために盛んな企業買収を行うなど，1970年代〜1990年代にかけて世界の広告業界に旋風を巻き起こしていた。ソレルは，そこにおいて財務責任者として大いに手腕を発揮していた。

　その後，ソレルは1985年には自らワイヤー製買い物籠メーカーのワイヤー＆プラスチック・プロダクツ（Wire & Plastic Products）の経営権を取得，翌年に最高責任者に就任し，社名を WPP とした。その後，マーケティングコミュニケーション関連会社を相次いで買収して発展させていった。その勢いはすさまじく，1986年の前半，ソレルは平均して月に1社を超すペースで買収を行っていた（Millman 1988＝1989：249）。

　WPP を巨大化させた最大の契機は，1987年に広告業界初の敵対的買収として仕掛けたJ・ウォルター・トンプソン（JWT：J. Walter Thompson）の買収である。1864年創業の JWT は1945年の最初の「Ad Age Agency Report」のラ

ンキングトップであった名門広告会社であり，世界規模での成功を収めていた。日本にも，最初の外資系広告会社として1956年に進出している。当初，JWT側は WPP による買収に強く反対していた。下記は，当時のジョンストン会長の1987年の年次総会での演説の一部である。

> 「JWT グループは売りものではありません。グループ傘下の会社はもとより，そのほんの一部であろうと，売るつもりはありません。」

> 「私たちは，大型合併によって成長を図るよりも，プロ意識に徹し，独自の社風を持つ『広告業界の一流ブランド』というトンプソンの位置付けを守っていきたいと思います。」（Millman 1988＝1989：259-261）

しかしながら，1980年代半ば以降の JWT は財政的に脆弱であり，最終的にはソレルの提案を受け入れ WPP の傘下に入ることになる。なお，JWT は2018年にはダイレクトマーケティング会社のワンダーマン（Wunderman）と統合され，ワンダーマン・トンプソン（Wunderman Thompson）となった。

次いで WPP は，1989年にイギリス出身のデイヴィッド・オグルヴィがアメリカで設立し世界的に事業を拡大していたオグルヴィ・アンド・メイザー（Ogilvy & Mather：O&M）の買収を行った。この時もまさに敵対的な買収であり，抵抗するオグルヴィはソレルのことを「金の亡者」で「いい広告をつくることにはなんの関心もない」（Roman 2009＝2012：358）などと公然と罵っているほどであった。WPP による買収工作の過程において，O&M に対してインターパブリックが買収のオファーを行ったこともあったが，結果的に，WPP は O&M の入手に成功し，1989年にはオムニコムを抜いて世界最大のメガエージェンシーの座に登りつめた。

WPP は，1998年に日本の旭通信社と資本・業務提携を行った。旭通信社は，稲垣正夫が出版社勤務などを経て1956年に雑誌広告取扱い会社として創業，発展させた。1984年には BBDO と提携（後に解消），1987年には日本の広告会社として初めて株式の上場を行っている。その後，第一企画と1999年に合併してアサツーディ・ケイ（ADK）となり，以来，電通，博報堂に次いで日本の広告業界で3位の地位を占めている。旭通信社時代より「ドラえもん」や「クレヨンしんちゃん」といったアニメの番組企画・制作などに携わり「アニメのアサツー」と呼ばれることもあり，コンテンツビジネスが強みとなっている。

ADKとWWPとの提携当初は「ジョイントベンチャーの設立，媒体取引の協力，広告主の共同開拓等をはじめとする取組み」（平成29年10月2日付，ADKリリース）を進めたものの，その後の約20年間では「両社の利益に資する協業の具体策を見出すことはできず，本資本・業務提携において企図された，協業による相互利益の拡大という事業上のシナジーを特段実現するには至りませんでした」（同上）との理由で，提携解消と投資会社のベインキャピタルによる株式の公開買い付けが発表された。当初はWPPがこれに反発を示したものの，最終的には2017年12月に業務・資本提携は解消され，ADKは上場を廃止し，2019年1月よりADKホールディングスを純粋持ち株会社とする新しい体制となった。百戦錬磨のWPPにとっても，日本の広告業界は容易に与することのできない面があった結果だといえるだろう。

　なお，マーティン・ソレルは2018年4月にWPPの最高責任経営者を辞し，30年以上に渡り君臨したWPPから離れた。その直接的理由は公表されていないが，それ以前に「会社の資産を私的利用した疑惑があり，WPPの取締役会が調査を進めていた」（「日本経済新聞」2018年4月15日付朝刊）などと報じられている。デジタル化の進展により広告業界を取り巻く環境が大きく変わってきている中，業界トップのWPPも大きな変革の時期にある。

（5）ピュブリシスグループ

　世界最大の広告市場はアメリカであり，アメリカが業界の中心であることは間違いないが（表6-4），先に見たWPPはイギリス発祥であり，同じく5大メガエージェンシーの一つであるピュブリシスグループ（以下，ピュブリシス）はフランスの企業である。自国の市場は必ずしも大きくないが，アメリカの老舗の広告会社を傘下に収めることで世界的な発展を遂げた点が共通している。

　ピュブリシスは1926年にマルセル・ブルースタイン・ブランシェがパリで創業した。社名はフランス語で広告を表す"Publicité（ピュブリシテ）"と創業の1926年の「6」の"Six（シス）"からの造語である。1958年にはアメリカ・ニューヨークに進出。その後欧米での企業買収を進め，2000年にはサーチ＆サーチを買収することによりメガエージェンシーの一角を占めるようになった。

　さらに，2002年にはアメリカの名門広告会社であるレオ・バーネット（Leo

表6-4　国別に見た広告費

（百万ドル。）

2017年（実績）		2020年（予測）	
1　アメリカ	197,474	1　アメリカ	217,175
2　中　　国	80,440	2　中　　国	97,355
3　日　　本	42,972	3　日　　本	45,691
4　イギリス	24,442	4　イギリス	27,259
5　ドイツ	22,077	5　ドイツ	23,498
6　ブラジル	13,243	6　ブラジル	15,185
7　韓　　国	11,812	7　韓　　国	13,351
8　フランス	11,669	8　オーストラリア	12,909
9　オーストラリア	11,646	9　フランス	12,648
10　カナダ	9,653	10　インドネシア	11,776

出所：Zenith（Advertising Expenditure Forecasts March 2018）.

Burnett）とマクマナスグループ（McManus Group）に電通が出資してできたビーコンスリー（Bcom3）と合併して勢力を拡大した。レオ・バーネットは，マールボロのブランディングキャンペーンによって名声を得たコピーライターのレオ・バーネットがシカゴを本拠地として世界的に展開した会社であり，「商品の中に内在するドラマを引き出し，それを一般の人が理解できる平易な言葉とビジュアルで見せることをモットーとしていた」（楓 2010：11）"シカゴ派"広告の代表として知られる。日本でも1976年に協同広告との合弁会社レオ・バーネット協同を設立していた。後に協同広告との合弁は解消され，2001年にはビーコンコミュニケーションズ（Beacon Communications）が日本に設立され，現在に至っている。また，ピュブリシスは日本法人としてピュブリシス・ジャパン（Publicis Japan）を設立するも業績が思わしくなく，2007年には会社を清算した。欧米で担当しているブランドを取扱ったものの，市場やブランドの環境の違いにより，日本にそのまま当てはめることが首尾よくいかなかったのであった。

　ピュブリシスは，前述の通り2013年にオムニコムとの合併を画策したが挫折した。しかし，2019年にアメリカのアライアンス・データ・システムズ（Alliance Data Systems）のマーケティング部門であるエプシロン（Epsilon）の買収を発表した。これにより，ピュブリシスのデジタル部門の売上規模は既存の2倍程度になり先行するコンサルティング系の会社のデジタル部門に対抗す

る規模となると目されている。

（6）電　　通

　最後に，5大メガエージェンシーに唯一，欧米発祥以外の企業として入っている日本の電通について見てみよう。

　電通は，1901年に光永星郎が設立した日本広告株式会社およびそれに併設された電報通信社がその母体である。電報通信社はその名の通り，ニュースを新聞社等に配信する通信社であった。1936年には通信部門を委譲し，広告専業となり発展したが，その社名には通信社の痕跡が色濃く残っている[(9)]。また，通信社としてニュースを配信していたことは，日本のメディアに対する電通の影響力を強めることとなり，広告会社としての電通にとって有利に働いた。さらに，日本の広告業界の近代化と発展を成し遂げ，「広告の鬼」として知られる4代目社長の吉田秀雄は，民間ラジオやテレビの開業にも力を注ぎ，それが現在に至るメディア各社と電通との強固な関係性の礎となっている。

　電通は，特定のテレビ番組の広告枠を「買い切り」により扱いを独占するなど，日本のマスメディアに対する支配力を持っている。また，欧米系の広告会社とは異なりクライアントの1業種1社の縛りがなく，広告費の多い大企業から地場の企業や団体などまで幅広い取扱いを行っている。さらに，IOC（国際オリンピック委員会）やFIFA（国際サッカー連盟）をはじめとした国内外の各種スポーツ団体との関係性から，スポーツイベント自体の取扱いやスポンサー企業の広告活動などを手掛けていることも大きな強みである。東京2020オリンピック・パラリンピックもマーケティング専任代理店として取り仕切っている。

　電通は，2013年にイギリスの広告会社イージスグループ（Aegis Group）を買収し，海外事業を統括する電通イージス・ネットワーク（本社はロンドン）を設立した。電通は，古くから海外支社を設置したり，アメリカのヤング＆ルビカム（Young & Rubicam）と提携（1961年から2018年まで）したりするなどしていたものの，イージス買収以前の2012年時点での海外売上比率は15％に過ぎず，国際面での遅れは電通の弱みであった。近年，イージス以外にも海外の広告会社やデジタルマーケティング会社の買収などを加速度的に進めており，2014年

図6-4　電通の地域別売上総利益の推移

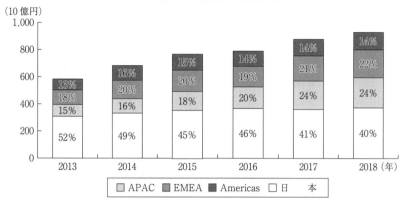

注：(1)　2013年，2014年は財務報告（国内4-3月＋海外1-12月）ベース。2015年以降は国内外とも暦
　　　　年（1-12月）ベースです。2013年はJGAAP，2014年以降はIFRSベース。
　　(2)　EMEAは欧州・中東・アフリカ，Americasは米州，APACは日本を除くアジア太平洋です。
出所：電通HP「一目でわかる電通」（2019.11.15閲覧）。

以降，日本国内の売上よりも海外の売上が多くなっている（図6-4）。2020年
1月には純粋持ち株会社の電通グループを設立し，その傘下に国内事業を担う
電通と海外事業の電通イージス・ネットワークを置く体制となった。今後も，
日本以上に諸外国の広告市場の拡大が予測されるため，電通の成長も国際化の
成功に拠る所が大きいであろう。

（7）メガエージェンシー時代のこれから

　1961年のインターパブリックの誕生以来半世紀以上が過ぎた。その間，国境
を越えた合併や買収が盛んに行われ，メガエージェンシーが世界の広告業界を
牛耳ってきたといえる。

　そうした中，日本の広告業界では国内で支配的な地位を占めてきた電通を中
心に築き上げられたメディアやクライアントとの関係性，また新聞社や電鉄・
通信会社，大手メーカーなどが系列の広告会社を持つなどといった独特の業界
構造により，欧米系のメガエージェンシーの勢力は限られている。しかしなが
ら，経済のグローバル化とデジタル環境の進展による世界規模でのメディアや
広告のあり方の革新はとどまることがない。これまで時代の変化を乗り越え，
戦略性をもった仕組みを作り上げてきたメガエージェンシーによる新たな業界

変革の大きなうねりが日本を巻き込んで起こる可能性も十分あるだろう。

3　世界の広告クリエイティブの新しい潮流
——カンヌライオンズ受賞作品のトレンド

（1）世界の潮流を反映するカンヌライオンズ

　世界に国際広告賞は数多く存在するが，カンヌライオンズの影響力やプレステージは群を抜いている。例えばアドミュージアム東京のウェブサイトにも，「その規模，審査レベルの高さから世界で最も権威ある広告賞といわれ，世界中のクリエイターの憧れといっても過言ではありません」と記されている。[10]

　そして，その受賞作品に見られるトレンドは，世界の広告クリエイティブの潮流を如実に反映している。そのことは，広告ビジネスに身を置く人々の間では衆目の一致するところだ。本節では，このカンヌライオンズの受賞作品を紹介しながら，世界の広告クリエイティブの新しい潮流について述べていきたい。

1）顧客接点マネジメントと POE メディア

　カンヌライオンズの正式名称は，カンヌライオンズ国際クリエイティビティ・フェスティバル。1954年に創設されたこの国際広告賞は，長い間"カンヌ国際広告祭"として親しまれてきたが，2011年にその名称から"広告（Advertising）"という言葉を取り去り，"クリエイティビティ（Creativity）"を掲げることとした。

　その背景には，企業のマーケティング・メッセージの乗り物として，広告"以外"のものが注目されてきたことがある。広告"以外"の，例えばウエブサイトや記事での紹介にも注目した「顧客接点マネジメント」（嶋村監修2006：145）という考え方が広がり，2009年には，フロッグデザインという有名デザインカンパニー CMO（当時）のティム・レベレヒトにより，CNET というウエブマガジン上の文章で，POE メディアが提唱される（Leberecht 2009）。日本では"トリプルメディア"という名称で紹介され（横山 2010），またたく間に業界のスタンダードな用語となった。ちなみに英語では一般に Tripple Media という呼び方はしない。

　この POE メディアは，マーケティング・メッセージの送り手としての企業の視点に立って，メディアを3つに分類したものである。P は Paid　Media

（支払われたメディア）であり，メディアスペースに対して代価を支払うもの（いわゆる広告）を指す。新聞広告もテレビCMもバナーもこのPに当たる。OはOwned Media（自社で保有されたメディア）であり，主に自社ウエブサイトを指すが，カタログなどもこのOに分類される。EはEarned Media（稼がれたメディア）であり，番組や記事で取り上げられることとオンラインを含めたクチコミを指す。自社保有でも代価を支払ったわけでもないのにマーケティング・メッセージを運んでくれるという意味で，送り手である企業側からすれば，まさに“稼がれた”メディアと捉えることができるわけだ。

　カンヌライオンズには部門が複数あるが，部門数は増え続け，2019年時点では27部門にものぼる。当初は，フィルム部門（主にテレビCMが対象），プレス部門（主に新聞広告や雑誌広告が対象），アウトドア部門（主に屋外広告が対象）など，いわゆる「広告」を対象にしたものだけだったが，その後1998年〜のサイバー部門（主にデジタル施策を対象としたもの。自社ウエブサイトも含む）や，2009年〜PR部門（主に広報・PRを対象にしたもの）などが加わり（佐藤 2010：99-111），POEメディアで言う所のOやEも対象とするようになった。

　そうしたことから，限られたマーケティング施策を対象とした「広告（Advertising）」という言葉は実態を適切に表さなくなり，より一般的な「クリエイティビティ（Creativity）」が採用されることとなった。

2）1本の広告で勝負するのではない時代へ

　では，なぜ，POEメディアが注目され，カンヌライオンズにも広告“以外”の部門が設けられるようになったのだろうか。それには，いわゆる「広告」の“燃費低下”ともいえるものが考えられる。そしてその燃費低下をもたらしたものは，デジタルメディアとソーシャルメディアの隆盛である。

　デジタルメディアとソーシャルメディアが台頭する以前の20世紀，マーケティング・メッセージの乗り物となるという意味での“メディア”は，ほぼマス広告しか存在しなかった。人々はウエブサイトで検索もしなかったし，ソーシャルメディアで情報を拡散することもなかった。いや，検索もできなかったし，情報の拡散もできなかったのだ。そしてだからこそ，1本の面白いテレビCM，1本の心に残る駅貼りポスター，1本の説得性の高い新聞広告は，それなりに効果が高かったと想像できる。この時代には，1本の“作品”のクリエイティ

ビティがマーケティング施策の成否に大きな影響を及ぼしたのだ。

しかし21世紀に入って，デジタルメディアとソーシャルメディアが台頭すると状況は一変する。マスメディアの視聴や閲覧が減り，生活者が受け取る情報量は飛躍的に増大し，広告は以前よりもスルーされやすくなった。この頃，「広告が効かなくなった」と盛んに問題視もされた。

どんなにクリエイティビティの高いテレビCMや新聞広告を作っても，莫大な予算がない限り，見てもらうことさえままならなくなったのだ。送り手の目的は，"クリエイティビティの高い広告を作る"ことには，ない。目的は，マーケティング・メッセージを効率的に届けることである。当然，1本1本の広告クリエイティビティだけでは勝負できなくなり，自社ウエブサイトやPR施策に活路を見出すことになる。

2011年にカンヌライオンズの正式名称から「広告（Advertising）」という言葉が取り去られたのも，こうした時代の流れを反映したものであった。

3）仕掛けが中心の統合型ソリューションへ

1本の広告のクリエイティビティで勝負できないとしたら，何で勝負するのか？　カンヌライオンズ受賞作でも2011年前後から多く見られるようになったのが，POEメディア全般を視野に入れ「仕掛けのクリエイティビティ」にフォーカスしたものである。

その先駆けとなったのは，2009年にサイバー部門など複数の部門でグランプリを受賞したオーストラリアの観光局による「ベストジョブインザワールド」だ。グレートバリアリーフ地域への観光客誘致施策であるこの「ベストジョブインザワールド」の主な広告は，表現としては何の変哲もない小さな求人広告である。また，自社ウエブサイトのクリエイティビティが大変に優れているかといえば，そうでもない。悪くはないが，グランプリを受賞するほど優れているわけでもない。

それでは，何がそんなに評価されたのか。それは，当該地域のある島に住み込んで，魚の餌やりなどの簡単な業務をこなすだけで，半年間で約1,000万円がもらえるという「ベストジョブインザワールド（世界一の仕事）」を設定し，広範な国・地域の人から自己PR動画で応募してもらう，というその"仕掛けのクリエイティビティ"に関してであった。

　この施策は，佐藤（2015：132-133）によれば，「1万4000人応募の目標に対して，3万5000人の応募を獲得。その絞り込みの過程も興味を呼び，多くのテレビニュースが取り上げ」た。また「結果的に，1億2000万円ほどの予算で，120億円相当のメディア露出があり，グレートバリアリーフの島々への興味喚起に大きく貢献した」という。

　こういった"全体の仕掛け"を強く意識したマーケティング・ソリューション施策は，現代日本では「統合型ソリューション」「統合型マーケティング・コミュニケーション」などと呼ばれることが多い。ここで言う"統合"は，初期 IMC（インテグレーテッド・マーケティング・コミュニケーション）が主張した「ワンルック・ワンボイス」とは，大きくその内容を異にする。ワンルック・ワンボイスは，広告（Paid メディア）の枠組みの中で"見た目"を統一することと理解されたが，現代における「統合型ソリューション」は，POE メディア全般を意識し，メッセージの送り方についてはメディアごとに相応しいやり方を採用し，"全体の仕掛け"で効果を狙っていく。

　IMC 理論そのものは，その後も大きな進化を遂げたはずだが，少なくとも広告実務の世界ではワンルック・ワンボイスの印象が強く，IMC の Integrated をわざわざ漢字にして"統合"と呼ぶのは，興味深い現象である。

（2）ソーシャル・グッド＝世の中ごと化

1）ソーシャル・グッドでブランド価値 UP

　数年前からカンヌライオンズでは，「ソーシャル・グッド」というキーワードが盛んに述べられるようになった。

　2012年にフィルム部門グランプリ等を受賞した，アメリカのメキシカン・ファーストフード店"チポトレ（Chipotle）"の「バック・トウ・ザ・スタート」は，自国のあまりにも人工的な食糧生産を社会問題として取り上げ，自然な食材を使うべきだ（廉価なファーストフード店であっても，私たちは使うことにした）と強烈に訴えた。

　また，2013年には，IBM の Smart City というプロジェクトの屋外看板が，アウトドア部門のグランプリを受賞。「都市をスマートにするスマートなアイディアを募集する」というメッセージの屋外看板だが，その屋外看板自体が，

ベンチになっていて腰掛けることができたり，ちょっとした屋根を付け加えて雨宿りできるようになっていて，社会に対して良いこと（ソーシャル・グッド）を訴えかけた。

　この頃からカンヌライオンズでは，ソーシャル・グッドが流行り言葉のような様相を呈する。それに伴って，NPO 法人などのコミュニケーション施策がゴールド等高位の賞を総なめにする。

　最初は"受賞しやすい"という形で語られたソーシャル・グッドだったが，しだいに「ソーシャル・グッドに言及した方が，ブランドの価値も高まる，だから受賞もするのだ」という視点で語られることが増えてきた。例えばハイブリッド車が売れる理由の一つは燃費の良さによる燃料代の安さだが，もう一つは，ガソリン車よりも地球環境に優しい，といういわばソーシャル・グッドなものだと考えられるわけだ。

　この動きに呼応する形で，日本人のプランナーやクリエイターの中では，しだいに"世の中ごと化"という言葉も使われるようになってきている。商品やブランドの持つ特徴やメッセージは，社会課題と関連づけて"世の中ごと化"した方が，コミュニケーション効果につながりやすい。そういった認識は，もはや珍しいものではなくなっている。

2）ブランド・パーパスの隆盛へ

　さらに，ここ3〜4年，ブランド・パーパスという言葉が，審査をめぐっての論評や現地で300以上行われるセミナー等でも，頻繁に耳にされるようになってきた。2019年話題のセミナーとしては，世界最大の広告主の一つであるユニリーバの CEO が45分間丸々ブランド・パーパスをテーマに自社の方針を語りつくした。アメリカのオンライン・ビジネス誌「FAST COMPANY」によれば，21あるグランプリ受賞作（複数部門でグランプリを受賞した事例もあるので21）のうち16は，何らかの形でブランド・パーパスの側面を持つ受賞作だったという（Cone 2019）。そうした傾向に伴って，言葉自体としては，ソーシャル・グッドという言い方はあまり聞かれなくなった。

　ブランド・パーパスとは何か。簡単な定義はまだ固まっていないようだが，ここではいったん「ブランドの存在意義」としておきたい。

　2つの事例を紹介しておこう。まず，2013年の超話題作，DOVE のリアル

ビューティ・スケッチが挙げられる。DOVE は石鹸やスキンケアのブランド
で，商品性からも“アンチメイク”のブランドだ。そうした商品特徴から，
DOVE はもう10年以上にわたって，REAL BEAUTY（リアルビューティ）とい
うキーワードの下，広告コミュニケーションを繰り広げている。REAL
BEAUTY（リアルビューティ）とは，あらゆる女性はその女性固有の美しさを
持っている（だからメイクではなく良い石鹸やスキンケアで自らの美しさに磨きを
かけよう）という主張。その一環としてリアルビューティ・スケッチでは，以
下のような動画が作られた。

　雇われたのは，元 FBI で証人の証言に基づいて似顔絵を描いていた絵描き
である。そして10人ほどの一般人が集められた。似顔絵描きと参加者は，顔を
合わせることはない。似顔絵描きは，まず本人に対して，額はどんな風か，鼻
はどうかと尋ね，その証言を基に似顔絵を描く。その後本人には一度控室に戻
ってもらい，次に，本人以外の何人かの証言を元に，再度似顔絵を描いていく。

　そして最終的には，その2枚の似顔絵を並べて展示する。本人が見ると，す
べて他人の証言に基づいた似顔絵の方が，美しくチャーミングである。そこに
キメのフレーズがあらわれる。You are more beautiful than you think（あなた
が思っている以上に，あなたは美しい）。2枚のうち他人の証言に基づいて書か
れた似顔絵の方が美しいのを目にして，本人たちが涙するシーンが描かれる。

　この有名な動画は，ブランド・パーパスにフォーカスした先駆的な名作だと
いえる。DOVE のブランド・パーパスとは，「“あらゆる女性はその女性固有
の美しさを持っている”ということをすべての女性に知ってもらい，そのサポ
ートをすること」と考えることができる。

　ソーシャル・グッドからブランド・パーパスへの流れは，ちょうど，CSR
から CSV への流れと呼応している。CSV とはマイケルポーターによって提唱
された Creating Shared Value のことで，CSR よりもより本業に近い形での
“世の中ごと化”が重要だとされている。日本企業でも例えばキリングループ
などは，CSV 経営を掲げている。[11]ソーシャル・グッドという“なんとなく世
の中に良いこと”から，時代は“そのブランド固有の，そのブランドの価値に
根差した，世の中に良いこと”，すなわちブランド・パーパスに移行しつつあ
るようだ。

3）エグゼキューションからアクションへ

さて，ブランド・パーパスにフォーカスするようになってくると，もう一つの現象が現れてくる。それは，エグゼキューション（表現する）からアクション（ブランドが行動する）へ，という形で見ることができる。

典型的な事例は，2016年チタニウム部門（最も革新的な施策に与えられる）グランプリ他の受賞作である「オプトアウトサイド」だ。実施したのは，アウトドア用品店のREI。アメリカには，年末のプレゼントシーズン開幕を告げるブラックフライデーがある。多くの人が買い物を始めるので，商店が黒字（ブラック）になる金曜日という意味だ。

この1年間で最も儲けが見込まれる日に，REIはなんと，全米143店を閉店とし1万2,000人の従業員たちを休業とした。全143店をすべてクローズにし，人々に「買い物なんかしてないでアウトドアに出かけよう」とネット経由で呼びかけたのだ。自分たちのブランド・パーパスが「人々をアウトドアへと誘うこと」であることからのアクションであった。

REIが行い，話題となり，カンヌライオンズでも大きく評価されたのは，けっして表現（エグゼキューション）ではない。テレビCMでも屋外看板でもウエブ動画でもない。その施策の根幹は，年に1度の高利益が見込める日（ブラックフライデー）に，全米143店を閉店にしてまで人々をアウトドアに誘ったという，そのアクションにあったのだ。

（3）起点創造型クリエイティブという考え方
1）"伝える"から"つなげる"へ

もう10年以上にわたって，多くのカンヌライオンズ受賞作には，"伝える"から"つなげる"へ，という流れが見てとれる。

その先駆的な受賞作は，イギリスの携帯キャリアであるT-mobileのDANCEという2009年のフィルム部門ゴールド受賞作だ。このウエブ動画（テレビでもCMとして一度流された）は，ロンドンのターミナル駅で突然数人が躍り出すところから始まる。しだいに増えるダンサーの数，最終的には200人以上にのぼる。その様子を携帯電話のカメラで撮影してSNSに投稿したりメールで知人に送る人達。周囲のダンサーが躍る姿に触発されて自らも踊り出す通

りすがりの一般人の人たちも現れた。

　この動画は当時で言えば，その“作り方”が特異であった。駅には事前に申請がなされており，前日深夜に入念なリハーサルも行われているものの，一般人参加などを含めて詳細な演出を施さず，この動画は“イベントの記録”という色合いが強い。その動画（広告コミュニケーション）では，企業から生活者に直接伝えることから，生活者同士をつなげることに主眼が置かれている。

　デジタルメディア，中でもソーシャルメディアの台頭を背景に，広告コミュニケーションは，“伝える”から“つなげる”へ，という様相を呈しはじめるのだ（佐藤 2012：6-7）。

2）「共創型」のコミュニケーションへ

　この傾向は，時代とともに，さらに生活者との「共創型」のコミュニケーションへと進化を遂げていく。生活者に参加してもらうことを意図し，生活者が参加することで初めて成立するような広告コミュニケーションの出現だ。ここでは，2017年PR部門ゴールド他受賞の「チートス・ミュージアム」を取り上げよう。

　チートスはアメリカで大変にポピュラーなスナック菓子だが，製法の関係で，一つも同じ形のものがないという。ひと袋の商品に入っているチートスは，どれもが独自の形をしているのだ。そこに目を付けた送り手側は，一つひとつのチートスが“何か”に似ているのではないか，という発想を持つ。そして，例えばあるチートスがリンカーンに似ている，とか，自由の女神に似ている，とする一般の方を登場させた動画を公開する。その上でウエブ上に「チートス・ミュージアム」を開設し，生活者からの投稿を募集する。その“似具合”を毎週審査して，面白いものには賞金をプレゼントする，というもの。さらには，ニューヨークのグランドセントラル駅にリアルなミュージアムも設置するなど，盛り上げ施策を実施した。

　この動きは，多くの生活者との“共創”を引き起こす。ギターに似ているチートスとか，ナイキのマーク（スゥオッシュ）に似ているチートスなどが応募される。さらにEbay（メルカリや楽天オークションのようなサイト）ではこうしたチートスが売り買いされるようになり，例えば，“空を飛んでいるスーパーマン”に似たチートスが約50万円で売りに出された。この一連のコミュニケー

ション施策は売上にもきちんと良い影響を及ぼし，事例ビデオによれば，チートスは，過去最高の週間売り上げを記録した。

このように，マーケティング・メッセージを単に"伝える"だけではなく，そして"つなげる"ことをも越えて，生活者を巻き込み，生活者との共創を目指した広告コミュニケーションも見られるようになってきた。

3）「人をメディア化」するクリエイティブ

これらの傾向はさらにいえば，「人のメディア化」と捉えることも可能だ。20世紀のマーケティング・メッセージのほぼ唯一の乗り物だったマスメディアを主要な運搬手段とせず，拡散してくれる人々を"メディア"と考える新しい施策の登場である。

人をメディア化するには，人々がSNS等に投稿してくれるような，何らかの"起点"が必要だ。送り手がメインで行うことは，その起点を作ることとなる（もちろん，例えばニュースリリースを配信してマスメディアの番組等で紹介してもらおうとする施策などを行いはするが）。そういった意味で，筆者はこのタイプのコミュニケーション施策を，"起点創造型クリエイティブ"と呼んでいる。

その典型ともいえる受賞作が，2017年にチタニウム部門グランプリ，PR部門グランプリなど4つのグランプリをはじめ多くの賞を受賞した「フィアレスガール」だ。これは，世界3位の運用規模を誇るState Street Global Advisors（以下，SSGA）というアメリカの投資ファンド会社が発売した，"SHE"という新しい株式ファンドのコミュニケーション施策である。SHEは，役員に占める女性割合が高いなど女性が活躍する会社の株式ばかりを集めたファンドだ。その商品特性から，メッセージは，もっと"女性のパワーを知ろう"といったものになる。

そこで，SSGAは何をやったか？金融街ウォール・ストリートそばの，ニューヨーク市が管理する小さな公園に，少女の像を設営した。基本的には，"ただ，それだけ"だ。足元には，「リーダーシップにおける女性のパワーを知ろう！」と書かれたプレートが置かれ，「"SHE"は違いを作り出す。SSGS」と掲げられた。ニューヨーク市が所有するこのスペースには，すでに観光スポットとして著名になっていた雄牛の像"チャージングブル"が存在していた。チャージングブルは，株式市況の活力を表現していると言われているが，ブル

（雄牛）であることからも，"男性性"の象徴とも理解されていた。

　そのチャージングブル像に恐れることなく対峙する形で，2017年3月の国際女性デーに合わせて，フィアレスガールは設置された。この少女像は瞬く間に観光名所化し，多くの少女や女性がこの像とともに写真に写り，あるいは同じポーズを取りつつ写真に納まった。撮られた写真は，当然のようにSNSに大量に投稿され，そのことがまた番組等でも取り上げられ，大きな話題になった。

　この「恐れを知らぬ少女像」は，現実社会で闘いながらも日々男性社会の厚い壁を感じ続けているアメリカの女性たちの大きな共感を得ることになった。ファンド"SHE"の売り上げも3倍増を記録したという。商品の売り上げアップに貢献もしつつ，この広告コミュニケーションは一種の社会現象ともなり，当初1週間予定の設置が1年間に延ばされ，場所は移されたものの，2019年現在も保存されている。

　この事例で送り手が行ったことは，従来の広告コミュニケーションの発想とはまったく異なっている。従来は，自分たちのメッセージを具現化する広告をまずつくり，それをどうやって，どのメディアを使って生活者に届けようか？と考えていた。しかし，この施策では，"人"以外にメッセージを届けてくれるメディアは存在しない。番組や記事での紹介はあるものの，それも限界がある。そうすると，ここでメインに想定されている"メディア"は，SNSでの拡散を通した"人"なのである。

注

(1)　DAN（電通イージスネットワーク）は，Carat（カラ）が行ってきた「世界の広告費成長予測」を2017年からDANとして引き継ぎ，毎年6月と1月に発表される。

(2)　フィーベースの報酬管理業務については，エージェンシーへの契約交渉について，マーケティングあるいは広告宣伝担当マネージャーよりはむしろ調達部門（Procurement Department）が担当に当たるようになった。エージェンシー側からすれば，そもそも調達部門の担当者は，広告ビジネスやブランド業務に精通してはおらず，代理店報酬である，コストベースフィーを適切に配分することができるか甚だ疑問に感じている。また，投資というより出費との見方から，コスト削減を講じることから，代理店の利益を下げる傾向になる。

(3)　2017年に発表されたAssociation of National Advertiser（ANA）の調査では，

2013年と2016年を比較すると，フィー方式が68%（13ポイント減），コミッション方式が12%（7ポイント増），その他方式（成果報酬型フィー方式含む）が20%（6ポイント増）となった。

(4)　ADWEEK How an Unknown Agency Came From Nowhere to Score American's 2 Biggest Media Accounts November 13, 2016 によると「誰も知らない，実績もない，事務所もない，フルタイムの社員もいないメディア・エージェンシー，オムニコム・グループのハート＆サイエンス（以下，H&S）が，アメリカで1番目と2番目に広告費を使うP&GとAT&Tのメディア・バイイングを勝ち取った。その金額50億ドル（5,000億円）／年間」。

(5)　RTBというDSPとSSPというプラットフォームを介した広告取引は，広告のインプレッション単位でのオークション取引を成立させた。

(6)　正式にはインターパブリックグループ・オブ・カンパニーズ（The Interpublic Group of Companies）だが，本章ではインターパブリックグループとの表記を用いる。

(7)　マーティン・ソレルはイギリス王室より2000年にKnighthood（ナイト爵，勲爵士）を叙勲され，Sir（卿）の尊称をもって呼ばれている。

(8)　J・ウォルター・トンプソンは日本進出時はリサーチ業務を主に手掛けており，広告会社としての機能を持つようになるのは後になってからであった（日経広告研究所編 2001：177）。

(9)　社名が株式会社電通となったのは1955年からである。

(10)　アドミュージアム東京HP「海外の広告賞を調べる」（2019.8.30閲覧）。

(11)　キリングループHP「CSV活動」（2019.9.1閲覧）。

参考文献

・第1節

朝日新聞社（2017）「デザイン思考が変える」『The GLOBE』190，3頁。

総務省（2019）『情報通信白書 令和元年版』日経印刷。

名和高司（2015）『CSV経営戦略——本業での高収益と，社会の課題を同時に解決する』東洋経済新報社。

水尾順一（2007）『マーケティング倫理——人間・社会・環境との共生』中央経済社。

モニターデロイト編（2018）『SDG'sが問いかける経営の未来』日本経済新聞出版社。

湯淺正敏（2014）「データクリエイティブ——ジャーナリズムと広告の融合」『日経広告研究所報』277，30-37頁。

湯淺正敏（2015）「広告会社の事業ドメインの拡張とイノベーション」『日経広告研究所報』282，32-38頁。

湯淺正敏（2018）「広告会社の新事業領域実現のための提言——総合商社との戦略的提携」『日経広告研究所報』301，28-35頁。

湯淺正敏（2019）「デジタル大変革時代の広告会社の経営戦略——5つの領域『BASIC』から考える」『日経広告研究所報』307，20-27頁。

Abrahason, S., Ryder, P. & Unterberg, B.（2013）*Crowdstorm: The Future of Innovation, Idea and Problem Solving*, John Wiley & Sons International Rights.（= 2014，須川綾子訳『クラウドストーミング——組織外の力をフル活用したアイディアのつくり方』阪急コミュニケーションズ。）

Farmer, M.（2019）*Madison Avenue Manslaughter 2019 third edition: An Inside View of Fee-Cutting Clients, Profit Hungry and Declining Ad Agencies*, LID Publishing.

Dapscott, D. & Williams, A. D.（2010）*Macrowikinomics Rebooting Business and The World*, Portfolio.（= 2013，夏目大訳『マクロウィキノミクス——フラット化・オープン化・ネットワーク化する社会をいかに生きるか』ディスカヴァー・トゥエンティワン。）

Gassumann, O., Frankenberger, K., & Csik, M.（2014）*The Business Model Navigator*, Pearson Education.

Lecy, P. & Rutqvist, J.（2015）*Waste to Wealth*, Palgrave Macmillan.（= 2016，牧岡宏・石川雅崇監訳，アクセンチュア・ストラテジー訳『サーキュラー・エコノミー——デジタル時代の成長戦略』日本経済新聞出版社。）

Lord, B. & Velez, R.（2013）*Converge Transforming Business at The Intersection of Marketing and Technology*, John Wiley & Sons.（= 2014，山田美明訳『超先進企業が駆使するデジタル戦略——データ分析，SNS，クラウドで本当に強くなるための5大原則』日経BP社。）

Maex, D. & Brown, P.（2012）*Sexy Little Numbers: How to Grow Your Business Using the Data You Already Have*, Ogilvy & Mather.（= 2013，馬渕邦美監修，小林啓倫訳『データ・サイエンティストに学ぶ「分析力」』日経BP社。）

Tungate, M.（2013）*Adland: A Global History of Advertising 2nd edition*, Kogan Page.

Teese, D. J.（2009）*Dynamic Capabilities & Strategic Management*, Oxford University Press.（= 2013，谷口和弘・蜂巣旭・川西章弘・ステラ・S・チェン訳『ダイナミック・ケイパビリティ戦略——イノベーションを創発し，成長を加速する力』ダイヤモンド社。）

Vollmer, C. & Precourt, G.（2008）*Always On Advertising Marketing, and Media in an Era of Consumer Control*, McGraw-Hill.（= 2011，ブーズ・アンド・カンパニー訳『マーケティング戦略の未来』日本経済新聞出版社。）

ADWEEK How an Unknown Agency Came From Nowhere to Score American's 2

Biggest Media Accounts November 13, 2016.

・第2節

伊東裕貴編著（2012）『最新《業界の常識》よくわかる広告業界』日本実業出版社。

楓セビル（2010）「マディソン・アベニューをつくったアドマンとアドウーマンたち」
　　吉田秀雄記念事業財団編『AD STUDIES』33，4-14頁。

『週刊金曜日』取材班（2018）『電通の正体　新装版』金曜日。

日経広告研究所編（2001）『証言で綴る広告史』日経広告研究所。

舟越健之輔（2004）『われ広告の鬼とならん——電通を世界企業にした男・吉田秀雄
　　の生涯』ポプラ社。

湯淺正敏（2011）「広告会社とそのビジネス」湯淺正敏編著『広告をキャリアにする
　　人の超入門——広告・広報の基礎から発想法，ネット広告まで』三和書籍，
　　23-44頁。

Ad Age（2019）*Ad Age Agency Report 2019*, Crain Communications.

Millman, N.（1988）*Emperors of Adland*, Warner Bros.（＝1989，仙名紀訳『スーパー
　　アドマン——国際広告界の帝王たち』ダイヤモンド社。）

Roman, K.（2009）*The King of Madison Avenue*, Griffin.（＝2012，山内あゆ子訳『デ
　　イヴィッド・オグルヴィ——広告を変えた男』海と月社。）

Tungate, M.（2013）*Adland: A Global History of Advertising 2nd Edition*, Kogan
　　Page.

・第3節

佐藤達郎（2010）『教えて！カンヌ国際広告祭——広告というカタチを辞めた広告た
　　ち』アスキー新書。

佐藤達郎（2012）「"広告表現におけるクリエイティビティ"の現在——ソーシャル・
　　クリエイティビティ，そして一回性と真正性」『広告科学』57，1-16頁。

佐藤達郎（2015）『「これからの広告」の教科書——成功事例に学ぶ8つの「効く」メ
　　ソッド』かんき出版。

嶋村和恵監修（2006）『新しい広告』電通。

横山隆治（2010）『トリプルメディアマーケティング——ソーシャルメディア，自社
　　メディア，広告の連携戦略』インプレス。

Cone, C.（2019）*How purpose took over the 2019 cannes lions festival*, FAST
　　COMPANY（2019.9.1閲覧）.

Leberecht, T.（2009）*Multimedia 2.0: From paid media to earned media to owned
　　media and back*, CNET（2019.9.1閲覧）.

<table>
<tr><td>

第7章
</td><td>

映画産業
</td></tr>
</table>

1 映画産業の概況
——映像産業の中での位置づけ

　映画は19世紀末，アメリカ（エジソンによるキネトスコープの発明，1891年）もしくはフランス（リュミエール兄弟によるパリのグラン・カフェでの上映会，1895年）に起源を持つとされる，最も古い映像メディアであり，視覚と聴覚同時に訴えかけるマルチメディアである。映画以降，20世紀を経て現在に至るまで，多くの新しい映像メディアが生まれた。映画の産業規模は，特にテレビの出現時に小さくなってしまったが，映画は，依然，存在感を示し続けている。

（1）産業規模
　日本の映画はよく2,000億円産業といわれる。それは国内の映画館入場料の年間売上総額（興行収入）を表すものである。2011年の東日本大震災時の落ち込み以降，上昇傾向にあり，直近は2,225億円（2018年）である。これは国際的には北米，中国に続き，フランスやイギリスとともに世界第3位グループの市場規模である。もっとも他の映像産業との比較では，決して大きいという水準ではない。放送が4兆円産業，DVD等のビデオパッケージが3,000〜4,000億円規模，急伸中のネット映像配信市場が映画興行市場と同規模まで拡大との推計も出されている（GEM Partners 2018）。
　超長期の変化では，映画館入場者数は比較しやすい指標になるが，日本の映画の一つのピークは1958年で11億2,745万人，ボトムは1996年で1億1,957万人と1/10程度に縮小した（図7-1）。以後は上昇傾向である。昭和30年代通してのテレビ放送の登場と普及が，大変わかりやすく映画産業に負の影を落としていることは容易に想像できる。これは日本に限らず，世界各国で観察される事象である。最近の年間延べ入場者数は1億7,000万人前後で推移しているが，

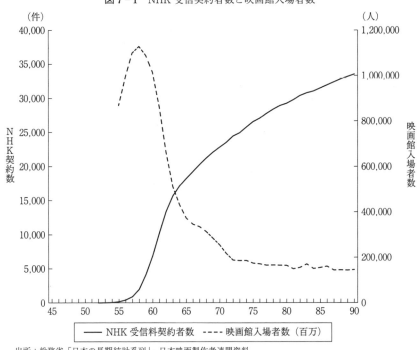

図7-1　NHK 受信契約者数と映画館入場者数

出所：総務省「日本の長期統計系列」・日本映画製作者連盟資料。

これを国民1人当たりの映画館入場回数に直すと，1.3～1.4回程度である。この指標では，例えば北米やヨーロッパの主要国では2～3回台の数字になり，日本はそれらよりも明確に低い数字になっている。結果的に日本での映画館入場料は海外との比較では高めになっており，平均入場料は，1,300円前後で推移している。北米やヨーロッパ主要国のそれは，8～9ドル（北米），7ユーロ前後（EU28カ国平均）で，それらよりも高い。

（2）質的存在感

　前述の量的な縮小局面を見れば，映画はその存在感を失いがちに思われるが，実際はその側面ばかりともいえず，質的な意味では確実に存在感を示し続けている。テレビ，CM，ネット動画など広く映像産業に関わる者たち，サプライサイドでは，「いつかは映画化」といった感覚を大なり小なりに有している。

図7-2　邦画・洋画のシェアの推移（配収・興収ベース）

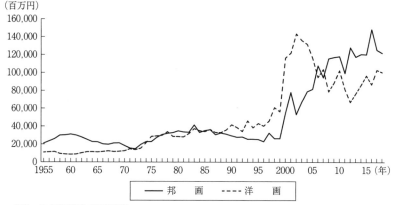

出所：日本映画製作者連盟資料。

　なぜならば制作にかける時間や手間，共に作る仲間たちの才能，そして投下される資金を考えると，映画は依然，最上位クラスの映像で，最も贅沢な創作ができる。国際的な映像コミュニケーションにおいても，本質的に地域・国向けの製作と放送が行われる性格を持つテレビ番組やCM映像に比べて，相対的に国際流通や国際共同製作が行われやすい素地があり，自国製と輸入物が拮抗する傾向がわが国にはある（図7-2）。

　新しい媒体が生まれ旧媒体との媒体間，あるいは市場間の競争が高まる時，質的に上位にある映画に対して期待が高まることが，歴史の中では多々あった。今のインターネット台頭の時代においても，作り手目線での映画への関心が高まっている。その結果として，映画館で公開されている作品数が増えてきている。2011年まではおおよそ日本映画400本程度，輸入映画400本程度で推移していたが，現在はそれぞれ600本前後の規模になっている（邦画610本・洋画539本，2018年）。自国映画の400〜600本という数字は，アメリカの700〜800本，イギリスの300〜370本，フランスの300本前後と比較しても引けを取らない数字である。ただし本数ベースにおいては，世界ではインドが突出して多い国である。

（3）政治・政策との関連

　歴史の中で，映画は政治や政策との関係性も強くもっていた。20世紀前半に

見られたプロパガンダ利用という面もある。日本においてその印象は乏しいが，政治利用に並んで，映像の国際貿易問題であったり，各国の文化産業戦略の一環としての映画という側面は，今もなお，世界各国で取り組まれている課題である。

　約130年の映画の歴史の中で，テレビのない時代は，あらゆるジャンルの映像が，映画として作られてきた。その過程で，現在の映像表現の文法も培われてきた。また映像製作における（経営学でいう）専門化と分業の基礎的な体系を築いてきたのも，戦間期のハリウッドである。戦後は新しい媒体との関係性の構築においても多々の経験を通して，映像におけるメディア特性というものを考える材料を提示してきた。映像にまつわる様々な技術とも付き合い，それらの中で残してきたもの，一過性で終わったものなど，多くの事例を残してきた。映画には映像にまつわる多くの歴史的経験知があり，今後の映像媒体間の競争や進化への示唆が多い産業である。

2　映画の職能と人材育成

　映画の"製作"は，大きく，開発，"制作（撮影や編集）"，配給，興行，マルチユースやライセンシング・ビジネスという価値連鎖，あるいはワークフローのもとで進められる。映画が強い時代は，これらの職能は一つの会社の中の個別部門として成立（スタジオ・システム，垂直統合された状態）していたが，歴史のなかで，徐々に垂直的分離が進み（スタジオ・システムの崩壊），現在の映画会社は配給業務を中核とした業態となっている。

（1）プロデューサーこそ製作の中心人物

　製作業務全体を統括する責任者がプロデューサーである。以下に述べるような企画段階での資金調達からライセンシング・ビジネスに至るまで，いわば作品のゆりかごから墓場までマネジメントする役割である。

　よく映画の代表者として扱われがちな監督は，制作領域を統括する役割とおける。監督は director という英語表記になるが，ヨーロッパや芸術映画などでは映像作家（Videographer, cinematographer），演出家とよばれることもある。

創作や表現についての最高責任者である。実際のプロデューサーと監督の関係性は作品ごとに多岐にわたるが，それは創作の価値も，それを現実に形にしていくために背景でなされる裏方の様々な業務も，どちらも作品の完成には不可欠であるという事実を表している。しかしビジネスの側面においては，原則的にはプロデューサーが監督を雇用する（契約する）という関係性は厳然としてある。

　こうした2つの組織的な頂点（プロデューサーと監督）の下に，多くのキャストとスタッフ等の関係者によって1本の作品は作られる。通常，映画の最後にはクレジットロールが流されるが，大作にもなれば数百人，1,000人を超える名前がリストされることもある。それですべてとは限らない。クレジットに名がでることはスタッフにとって名誉であり，創作への貢献と関与の証拠を残す側面でもある。そのくらい，多くの人によって一つの作品は作られている。

　映画は，総合芸術ともいわれる。フランスにはR.カニュードが『第七芸術宣言』（1911年）で著したとされる第七芸術という着想がある。古くからの芸術，時間の芸術（音楽・詩・舞踊）と空間の芸術（建築・彫刻・絵画）をつなぐ新しい芸術であるというものである。確かに映画では，BGM等の音楽，脚本，役者，大道具やロケ地，小道具・美術，構図の作り方など，伝統的な芸術ジャンルの知恵が活きる要素で構成されており，押しなべて高い水準を持たなければ，結果として作品の高い水準を提示することはできない。競争力は要素の競争力の加法的な説明よりは乗法的に説明される。そうした理論で考えられるように，映画に関わるすべてのものが押しなべて高い水準をもつもので構成されなければ，結果として作品も高い水準のものとはならない。

（2）開　　発

　開発（development）は，映画化・映像化する何かを決め，そのために必要なリソースを調達する局面である。まずは何を映像化するかを決めなければならない。最近の邦画はマンガ，小説，ドラマ，ゲーム等に原作を持つ作品が多く，オリジナルが少ないが，原作があるものは，プロデューサーがその映像化の許諾を，原作者あるいはその代理人となる出版社と交渉の上，取得する所から始まる。人気のある原作では多くの競合が起き，その映像化権の取得も容易

ではない。逆に映画会社や製作会社に映像化企画が持ち込まれる企画や原案も
ある。また外国で成功した作品のリメイクという企画もある。

　いずれの場合も，権利の所有者が誰かをしっかりと見極めて権利交渉を進め
ないと，後に製作不能となってしまう原因となる。その原作を確保できたら
（またオリジナルの場合は），脚本開発が次の作業となる。それを担うのが脚本
家であり，プロデューサーが脚本家に発注する。著作権上，原作者の権利とは
別に，脚本家の権利がここで生まれる（脚本も一個の著作物である）。脚本は，
いわば映像の設計図のようなものであるから，この段階で十分に練り検討する
ことが必要である。外国ならばオリジナル脚本に10年がかりで何度もリライト
することも決して珍しくない。一般にリスクの高い映像プロジェクトのマネジ
メントにおいてリスク管理は重要な意味を持つが，この脚本開発こそ，リスク
低減には効くものなので，十分なコストと時間をかけるべきである。

　作品にとって鍵となるリソースの確保もこの段階でのマネジメント事項であ
る。監督，主役を張る役者，特別なスタッフ，製作資金調達，スタジオやロケ
地確保，などである。有能な人的資源については，金銭的な条件も高いものに
なるため，予算配賦上の確保を早めにしておく必要や，それ以上に忙しい有能
な人材のスケジュール押さえの面が大きい。また脚本から，どの程度の製作費
になり資金調達が必要になってくるか読み取る能力もプロデューサーには必要
であり，概算をたて実際に資金調達を行うのもこの段階である。

　プロの映画は，日本の場合は億円単位，ハリウッドの超大作になれば億ドル
単位のビジネス・プロジェクトである。赤字に陥らないような作品完成後のビ
ジネス展開（収入の見積もり）の計画，使途（支出）計画を立てる必要がある。
そしてその事業規模に見合った資金調達を行わなければならない。次のプロセ
スである制作段階に入ると大型の支出が続く。ところが実際的な現金収入は劇
場封切日まで発生しない。支出と収入のタイミングがまったく合っていないの
が映画製作というプロジェクトであり，投資という性格を強くしている。製作
経理担当（production accountant, accounting producer）はキャッシュフローの設
計も含めて考えなければならない。

　そしてこの企画が，商業映画なら十分な収益性を持つ内容か，芸術映画なら
赤字に陥らない体制を築いているか，最終的な検討が必要である。前者なら過

去の類似の作品の商業成績から傾向を導き出す等，なにがしかの市場調査は行われるべきである。そうしてこの企画に十分な妥当性があると認められた際，撮影・制作への"Green light"が出される。ここに至るまで，外国なら10年がかりになることは決して珍しいことではない。そのくらい特にハリウッドでは開発段階は重視される。開発段階の軽視は，自らリスクを高めるだけである。

　制作（production）は，プリプロダクション（pre-production）とよばれる段階から入る。開発段階で押さえてある鍵となる資源以外にも，様々な資源の確保が必要である。残りのキャストやスタッフ，美術，ロケ地と撮影スタジオ，機材，等の確保，そして撮影スケジュール（香盤表，call sheet，総スケと日々スケ）の精緻化，予算の精緻化などである。それらすべてが整って，初めてクランクインとなる。

（3）制　　作

　撮影（shooting）と次の編集（editing，ポストプロダクション：post-production）の現場は，監督，映像作家を中心とした創作の最前線である。2000年代中盤まではフィルムによる撮影がまだまだ映画の中心であった。テレビ番組もテープ収録であった。このころから徐々にデジタルによる撮影の浸透が始まる。映画は，未だにフィルム撮影がある一定程度を占めているが，テレビはファイル化が浸透した。デジタル化によって現場での作業効率やコスト効率はある程度高まり，歓迎される一面もあるのだが，フィルムがもっていた画質へのオマージュは依然として強く，あえて不便なフィルム撮影を選ぶ現場も少なからずある。

　撮影のスケジュールは，最終的に香盤表とよばれる毎日の役者の出番表の作成に至るまで決められる。役者には役者の，ロケ地にはロケ地なりのスケジュール上の都合があるので，それらを上手く縫うように効率的にスケジュールは組まれる（ことが理想的である）。なぜなら，大雑把にいえば撮影日が1日延びる度に，撮影費用が〇〇〇万円増えるという現実があるからである。従って撮影スケジュールは最短になるように組む（もちろん天候待ちのリスクや撮影休暇などを含めた上である）ことはマネジメントからの強い要求事項である。

　編集は編集設備の整ったポスプロ・スタジオで行う。従来はフィルムの現像

を行い，その切り貼りが作業の中心であったが，デジタル化の進展に伴い，デー
タ処理と編集ソフト上での加工が徐々に重要さを増している。映画のための
撮影データは（高画質を求めるために）徐々に重くなっており，撮影データが
テラバイトクラスになったとしてもまったく不思議ではない。その貴重なデー
タを遺失せず確実にストレージし，またストレスなく編集できる編集マシンが
必要である。デジタルの利点の一つはポストでの柔軟な加工と表現の多様性に
あるが，それも年々新しい表現手法が用いられることによって作業割合や負荷
が増えている。災害モノや特別のアクションモノなどでは，コンピュータ上の
3DCGの表現と実写撮影の表現を合成してカットを作っていくが，ますます観
客に訴求できる過激な表現の需要は高まっていく背景も含めて，ポスプロの重
要性は増している。

（4）配 給

　配給（distribution）は一般の産業でいうところの流通に相当するもので，い
わゆる映画会社というイメージから最も想起させられる東宝，東映，松竹，ハ
リウッドのメジャー各社，他といった会社の中心業務である。映画を，その権
利を持つプロデューサーや製作委員会から仕入れ（配給権の買い付け），その許
諾された地理的なエリア内での宣伝を企画実施し，またエリア内の劇場と配給
契約を行う職能である。
　特に外国映画や独立系映画の買い付けは，主要な映画祭に付随して行われる
マーケットとよばれる見本市での機会もある。例えばカンヌ映画祭には
Marche du Film，ベルリン映画祭にはEuropean Film Marketとよばれるマー
ケットが併設されている。こういった場において，セラーとバイヤーの立場で
配給権の売買交渉が行われる。その交渉は半年から1年がかりになることも一
般的である。映画は多くの権利が複雑に関わっており，また不法な海賊版等を
生みやすい性格から，その契約書は分厚いものになり，また相手の信用調査も
必要な世界であるからだ。多くの出品されている作品から，その良し悪しを見
極める目利き能力はいうまでもなく，著作権法体系の理解や契約文書を読み取
る能力は，買い付け担当者には必須である。
　映画館で見られるチラシや予告編の作成，各種メディアを通じた宣伝とパブ

リシティ，プレミア試写会等のキャンペーンの実施も配給会社の主要な業務である。ほとんどの映画は劇場封切公開の最初の週末，あるいは1週間が観客動員のピークになる。芸術映画の一部ではこれに当てはまらないものもあるが，このピークを高くすることがその後の興行やマルチユースの商業成績にも正に寄与するため，宣伝活動はこの封切時のピークを高くするように計画し狙う。多くはメディアを用いたプロモーションになるため，宣伝予算の確保や，よい宣伝枠を確保するための日頃からのメディアとの付き合いも重要である。

　劇場との契約業務も配給の仕事である。劇場側がどのような作品を求めてくるか，それに応じてのアドバイス，そして確実な売り上げの回収も行わなければならない。

（5）興　　行

　興行（exhibition）は一般の産業でいうところの小売に相当するエンドユーザーと直接に接する部門で，実際には映画館事業のマネジメントである。大手映画会社（配給会社）の系列のチェーン（例，TOHOシネマズ，松竹マルチプレックスシアターズ，ティ・ジョイ，等），それとは独立のチェーン（例，イオンエンターテイメント，ユナイテッド・シネマ，等），芸術映画を扱うことの多い単館系とよばれる劇場に分類される。映画館の業務は観客に訴求できるような番組編成（作品の調達）と上映，劇場内での観客サービス，例えば物品・飲食販売（コンセッション業務），設備更新，等が挙げられる。

　現在，日本には600近いサイト（映画館），3,500を超えるスクリーンが全国にある。シネマコンプレックスと呼ばれる一つの劇場でたくさんのスクリーンを持つ映画館が圧倒的な中心で，着実に増えているからである。大がかりな作品になると，全国の400〜800スクリーンでの同時公開となる。作品の興行収入（売上）の説明変数として，この公開スクリーン数は最も説明力を持つものの一つである。配給側はこれを増やそうとするが，劇場会社は直接，観客と接するものであり，集客が望めない作品は拒むことになるし，逆に集客が確実な作品になると，近隣の映画館との競争を想定しなければならない。

（6）マルチユース

　劇場公開が終わった作品は，ビデオ化（セル・レンタル）されたり（ビデオ会社へのビデオ化権の販売），有料・無料放送されたり（放送局への放映権の販売），インターネット配信されてたり（配信権の販売），作品のマルチユース利用が進む。その際，伝統的にはウインドウ戦略という逐次展開の方法が取られる。映画の場合，映画館から始まるビデオ化，有料放送への展開，無料放送への展開を，それぞれ適切な間隔を取った上で，ウインドウを開けていく。あまり近すぎると次の媒体での需要が生まれないが，離れすぎると忘れ去られてしまう。

　また収益性の高いウインドウは早めに，違法流通，海賊版を生みやすいウインドウは後で展開するのが理論的な考え方であるが，新しいインターネット配信という媒体をどう扱うかが，これからの課題である。海賊版を最も生みやすい媒体であるが，最近のように価値や嗜好がフラグメンテーションしている環境下では，あらゆる媒体を通して同時公開することでのシナジーを求める考え方もあり，その際，インターネットの拡散力は無視できない力を持っている。またネット配信オリジナルの映画と称する作品も増えてきており，ウインドウ戦略は再構築の局面にある。しかし歴史が示すように，ファースト・ウインドウは映画館であり続けるものと考えられる。

　また同時並行的に，サウンドトラック CD，脚本や絵コンテ・ノベライズ本など関連出版物の刊行，フィギュア等の玩具，文具，アパレル等，作品を構成している様々な IP（Intellectual Property：知的財産）を活用したライセンシング・ビジネスが行われる。それぞれの商品の発売にあたっては，商品化そのものの許諾（商品化権，Merchandising/MD）の可否を含め，ライセンサー（許諾者，映画の権利者側）とライセンシー（実施者，商品の企画販売者側）の関係のもとで取引が構築される。多くの場合は，その商品の小売価格に一定料率を乗じたものが，ライセンス料としてライセンサーである映画側に支払われる慣習となっている。

3　映画の産業組織
——映画と周辺産業

（1）垂直的統合と分離——スタジオ・システム

　テレビが普及する前の映画全盛期（世界的には1940年代まで，日本では1950年代まで），映画は，垂直統合された一つの会社の中で，自社完結的に製作され興行されていた（スタジオ・システム）。例えば戦間期のアメリカでは，ビッグ5＋リトル3とよばれるメジャー会社が存在し，それぞれが年間300～500本の作品を大量生産する体制であった。その会社の中には，俳優部や演出部といった部署もあり，俳優や監督が社員として雇用，あるいは専属契約がなされていた。もちろん撮影のためのサウンド・ステージ，美術等も備えていた。

　何よりも大きな点は，この大量生産を通して，現在の映像制作における「専門化と分業」体制が構築されたことである。そして出来上がった作品は自社の直営・系列劇場で上映されていた。第2次世界大戦以降のテレビの普及開始によって，"映像"産業としてはより一段の拡大の局面に入るが，"映画"産業としてはここからスタジオ・システムの崩壊が始まる。象徴的な引き金がパラマウント裁定とよばれる，アメリカ連邦政府（司法省）とパラマウント社が争った裁判判決である。

　パラマウント裁定は，1948年にパラマウント社に配給部門と興行部門の分離，所有する興行部門の売却を命じた判決である。以後，他のメジャー会社にも同様の行動が求められた。第2次世界大戦前から，ハリウッド・メジャーのブロック・ブッキング（作品を会社の所有している系列映画館だけに公開する手段）と呼ばれる商慣習が持つ排他性，市場としての寡占性が問題となっていた。直接的には1938年から係争し，戦争を挟んで1948年に結審したものである。配給と興行の分離は，独立系の製作者に作品興行の機会を与え，1960年代初頭には世界的に独立系のブームが到来する（たくさんの新人監督がデビューしたヌーベル・ヴァーグ（仏）とかハリウッド・ルネッサンス（米）と呼ばれた時代）。

　そこにテレビの台頭による急速な映画産業の縮小が重なり，映像制作に必要なすべての垂直的職能部門を内包したスタジオ・システムを維持できなくなったのである。今では当たり前の俳優事務所という業態が拡大し，俳優が特定の

映画会社の作品のみに出演するのではなく，各社の映画作品にもテレビ番組に
も横断的に出演できる産業組織が築かれた。有能な俳優ならば，一つの会社に
縛られるよりは，多くの会社で出演の機会がある方が自分の商品価値を高める
ことができる。映画会社が所有している撮影所（設備）も，市場が急速に縮小
していく自社映画作品の撮影のみに使うのではなく，一種の賃貸事業として，
他の映像プロジェクトにも貸し出した方が収益向上につながる。その撮影所が
巨大な倉庫に持つ美術プロップも，同様である。

（2）放送産業との関係――媒体間競争

　映画にとってテレビが台頭した時期（世界的には1950〜1960年代，日本では昭
和30年代）は苦難の時期である。非常に大雑把にいえば，1950年代は映画とテ
レビの主役交代の時期，1960年代はメジャー映画会社の苦悩と独立系映画の台
頭，1970年代はブロックバスター作品による，映画の新しい方向性の確立，と
いった歴史を踏まえて，映画とテレビの媒体特性，すみわけが作られていく。
映画にとってテレビは初めての競合媒体であり，産業間の競争を経験するもの
であった。出たばかりの頃のテレビは，受像機の価格も高く，画質も内容も映
画にはまったく劣るものであり，映画側は多種多様な対応を行う余裕があった。
しかしテレビ受像機は10年ほどの間で急速に一般家庭へ普及していった。テレ
ビは，映画館での映像鑑賞に比べれば，圧倒的にユビキタスな媒体であった。
映画の上映時間を調べてスケジュールを合わせ，映画館まで出かける必要はな
い。また映画館のように見る度に料金もかからない。ちょっとした時間つぶし
の娯楽の範囲なら，テレビは映画よりもはるかに便利なのである。それがテレ
ビの普及に併せて急速な映画館入場者数の減少となり，主要国では10年ほどで
立場の逆転が起きる。

　急速に縮小した映画産業を救う方法として，大きくなったテレビ放送産業と
の関係性が求められたが，その方法は国ごとに異なった。フランスなどのヨー
ロッパの国では，政府が様々な規制を制定し，お金が集まるようになったテレ
ビ放送産業に，例えば映画への投資義務，国産映画の放送義務，政府の振興財
源のための特別税の賦課，等，意図してテレビが映画を支える社会制度を作っ
ていった。当時のテレビは，まだまだ番組の制作数量，クオリティが十分とは

言えなかったため，良質な映画作品の放送権を確保していきたいという側面も
あった。アメリカでは，「放送番組の制作（報道の領域を除く）」という職能領
域をめぐって，放送ネットワークとハリウッドの映画メジャーが激しく争う形
となった。連邦政府に対するロビングもそれに含まれる。結果的にフィン・
シン・ルール（1970年）やプライムタイム・アクセス・ルール（1970年）など
の制定で，一旦，落ち着く。ハリウッド映画メジャーは放送番組制作という大
きな事業領域を得て，その世界的な競争力を維持していくことになる。1970年
代に入ると，ハイコンセプト[(1)]な下で，巨額の製作費，十分な製作時間を用いた
ブロックバスター作品がヒットを生み出すようになる。ここにきて映画と放送
番組のすみわけが徐々に明確になってくる。元々，テレビが無い時代には，あ
らゆる映像ジャンルが映画館で賄われていたが，テレビの登場以後，ニュース
やドキュメンタリー，短編作品などは，ほとんどテレビ番組として担われるよ
うになっていった。

　そうした中で映画の領域に残ったのが長編の物語（narrative）ジャンルであ
ったが，テレビが日々の番組編成を埋めるために，時間に追われて番組製作し
なければならない一方で，映画が潤沢な製作時間を持てることは，相対的な特
徴であった。それは作品の内容と品質を向上させることと表裏一体であり，ま
た製作費の上昇とも表裏一体である。結果として映画作品とテレビ番組がすみ
分ける領域が見出されたということである。

　その点，日本は，映画とテレビの関係性が乏しい上で推移する。ヨーロッパ
のように法規制を制定していくわけでもなく，またアメリカのように民間が競
争的に攻め込むという関係でもなく，両者が「関わらない」という日本らしい
関係性であった。象徴的なことは，1958年9月から1964年9月まで，映画大手
6社の協定によって映画会社の所有する劇映画，映画会社に所属する俳優等の
貸し出しを放送局が受けることができなくなった。1964年にその協定は解消さ
れ，以降，両者の間での取引は再開されるが，その際，①テレビへの映画作品
は劇場公開後7年を経たもの，②（初年度）年間1社あたり100本という貸し
出しの本数上限，という取り決めがなされ，現在でも映画コンテンツ等で用い
られるウインドウ戦略の基礎条件が作られた。

　この取り決めの際，興行部門，映画館への配慮があったことは十分に予想で

きる。テレビの存在が直接の脅威になるのは，視聴者の余暇時間をめぐり直接競合的になる映画館であるからだ。結果として衰退しながらも「映画館」という流通チャネルを守り切り，現代に至る。結果，現在の小さなモニターのスマホ全盛の時代にあって，映画館の存在意義は，むしろ特徴的に見える。

　日本の場合，テレビとの関係が協調的に活発になるのが，1980年代以降，特に1990年代，2000年代である。テレビ局が積極的に映画作品を作り，大手映画配給会社の流通に乗せるようになったのである。放送局の側も，映画のクオリティの映像を作る能力が十分に備わり，また映像に従事する者の一つの憧れの対象としての映画は維持されていたからである。

　21世紀の今，映像媒体間競争の主役は，テレビとインターネット配信にシフトしているが，こうした産業間の関係は今後の競争の行く末に多くの示唆を持つものである。

（3）製作委員会とLLC/LLP──資金調達メカニズム

　映画は，会社という組織で作るというよりは，プロジェクトという組織で作る性格が強い。作品プロジェクトの都度，新しい組み合わせの下で事業が行われる。日本では製作委員会という民法上の任意組合の下で商業映画が作られることは多いし，外国であればLLC/LLPという法人形式の下で作られることが多い。スラングで「座組み」という言葉があるが，プロジェクト組織に誰を巻き込んでいくかという点は重要である。

　製作委員会にせよLLC/LLPにせよ，資金調達メカニズムの側面を持っている。製作委員会はそのプロジェクト作品の完成後，マルチユース展開に絡んでくる各社が，それぞれに応分の出資金を持ち寄り，作品を製作するための原資を構築するものである。またその出資によって，作品の権利保有に絡み，同時にマルチユースの窓口の権利を確保するという意味合いもある。LLC/LLPは後のマルチユース・ビジネスに直接関わる者以外からも広く出資金を集めるための受け皿である。投資という行為が伴うため，金融商品取引法の適用による一般の投資家保護が考慮される。

　日本特有といわれる製作委員会方式の場合では，「出資者の全てが，上記契約に係るコンテンツ事業の全部又は一部に従事する」という条件を付けること

により，"一般"の投資家が関わらないことを確保した上で金商法適用の除外となっている（金融庁 2017）。LLC/LLP の場合には一般の投資家が多分に含まれてくるため金商法適用対象となり，プロジェクト組成側には内部統制システム構築義務が発生し，各種財務諸表を適正に作成・公表しなければならない。

　製作委員会のような，共同で座組を作り共同製作するものが増えてきたが，映画会社が単独出資の下で製作する場合が無いわけではない。確実に集客でき，リスクのない作品プロジェクトなら，製作委員会を組まずに単独出資で，足りない職能は必要な会社・個人に業務委託（場合によっては下請け発注）して制作，利益の独占を図るだろう。またテレビが普及する前の時代，映画製作に必要なものは，監督や俳優を含めて自社で雇用もしくは独占契約をして囲い込み，自社内で製作を完結できた。それが世界的にはパラマウント裁定（1948年）による配給と興行の分離命令や，日本でもテレビの普及を契機としたスタジオ・システムの崩壊により，作品の都度，外部組織との協働の下でプロジェクト組成をする必要が生まれてきた。テレビ以降も，家庭用ビデオ，多チャンネル放送，インターネット映像配信等，競合する映像メディアが多種生まれてきた歴史の中で，媒体特性も考えさせられてきたし，結果としてすみ分ける構造と産業組織が生まれている。

　現在，日本で製作委員会を組成する場合，多くの事例では，映画配給会社，出版社，テレビ局，広告代理店・商社，ビデオ会社，等が構成組合員となっている，また作品によっては制作会社，芸能プロダクション，玩具メーカー，ゲームメーカー，ネット配信事業者，等が加わる。出版社との関係は，原作の権利確保と映画の宣伝・パブリシティが主たるところである。さらに関連出版物を出版する場合は，この出版社を中心に事業展開することになる。放送局との関係は，（ドラマ原作の場合の）権利と完成した映画のテレビでの放映権，映画興行時の宣伝の面で関係が生まれる。ネット時代といえど，まだまだテレビの影響力は強く，芸能情報番組等で作品のことが取り上げられることの効果は大きい。

　広告代理店・商社は，本来，映像産業とは直接の関係の無い他業種との関係を生み出す役割である。映画作品を広告主のメディア・プランニングの一つとして位置づけ，映画の劇中でのプロダクト・プレイスメントや映画で用いてい

るIPを広告主が自社の広告に使えるようにすることの見返りとして，広告費や協賛費を得る際の窓口である。ビデオ会社は，1990年代以降，映画館上映後の作品のVTR，DVD，BD化が一般的な商習慣となり，その売上が決して小さくなく，作品によっては映画館興行でリクープできていない部分を補う重要なウインドウを担うことになる。もっとも最近はインターネット（正規の配信事業）の台頭と海賊版の横行により，世界的にはパッケージ市場の崩壊がいわれるが，日本ではまだ一定規模の市場を有している。製作委員会に製作会社が組合員として（出資をして）参加する事例も少なくはなくなってきた。出資しなくとも，委員会からの（下請け）発注の下で製作を請け負うことはありえる。しかし出資することで，出資応分の作品の権利を確保したいという思惑はある。[2]

　また芸能事務所が製作委員会や映画製作に積極関与する事例も観察されるようになってきた。芸能事務所は出演者の供給元になるが，最近は映画監督をマネジメントする事務所も現れている。俳優や監督の仕事の機会，人材育成としての参画である。玩具メーカーやゲームメーカーはキャラクターなど作品の持つ魅力的なIPの利活用の権利を押さえるために，製作委員会に参加するという側面が多分にある。実際にアニメ映画など，低年齢層をターゲットにした作品になると，こうしたライセンシング・ビジネスから得られる収益は大きく，作品興行を上回る場合も少なくない。逆に人気のあるIPは容易に使用許諾を得られるものではなく，早い段階から押さえるために委員会に参加をするものである。

　映画とインターネットとの関係は，当面，安定的な関係を模索している段階である。新しいメディアの立ち上げ期は，いつの場合もコンテンツ不足に悩み，アーカイブを多く持つ古くからのメディアへの期待が高まる。インターネット映像配信事業においても同様である。一方でインターネットは海賊版を生みやすい媒体である。コンテンツ保有者側はそうした媒体への使用許諾は避けたいと思う。そこで作品ラインナップを増やしたい，魅力ある作品を増やしたい配信側が，製作段階から参画するというものである。配信事業はまだまだ成長している分野である一方，どこまで伸びるか未知数である。

4　映画の技術開発

　映画の標準的・古典的スタイルは，フレームのある平面の動画を，映画館という閉ざされた（暗い）環境の中で，大画面スクリーンを集団にて鑑賞するスタイルである。もちろんこれらに当てはまらないスタイルもあったし，また今でも時折見かける。映画130年の歴史の中で，いろいろな技術が試されてきた。

（1）スクリーンと端末

　「大画面スクリーン」という観点は，映画の登場以来，常に意識されてきた表現手法であるが，いま，大きく揺らいでいる手法でもある。インターネット映像配信の普及によって，多くの映像視聴が5インチ・モニターを持つスマホによってなされている現実がある。将来的にスマホに取って代わるような新しいウェアラブル端末によって状況が変わるかもしれないが，作り手からいえば，小さいディスプレイでの視聴は本意とはいえないだろう。

　その一方で4K・8KやHDR（High Dynamic Range）といった高解像度，高階調の技術は，大画面スクリーンの必要性と後押しに寄与する技術である。4K・8K高解像度技術は，どちらかといえばテレビから発生してきた技術である。しかしフィクション映画のようなジャンルでは，高解像度であることを必ずしもよしとしない。映画においては，見せるところは見せ，見せないところはぼかして柔らかいトーンの画作りをする傾向があるためである。もちろんドキュメンタリー映画・番組のようなジャンルでは，高解像度は，基本的に望まれる技術である。一方でHDR高階調化は，概ね歓迎されている。永くフィルムという媒体で撮影してきた映画にとって，初期のデジタルの画は色の豊かさや階調において強い不満が残るものであった。昨今のRaw撮影技術やLog撮影技術は，デジタルにおいても，階調の豊かさを引き出す技術であり，今後，より浸透していくことが予想される。

（2）視聴の形態

　「集団視聴」という側面も，歴史の中では，映画館での不特定多数の大人数，

テレビの家族視聴，PC／スマホ／タブレットによる個人視聴へと少人数化している。そもそも“映像”の起源は，エジソンによるキネトスコープ（1891年）といわれる。それは暗箱の中で動く動画をのぞき込む，おひとり様視聴であり，集団視聴ではなかった。もっとも個人視聴をしていたとしても，BBSやSNSでつながった見も知らぬ者同士で実況しながら盛り上がる，といった現象も見られるため，本質的に人々の間で集団視聴の欲求・需要は存在している。文化の領域では，鑑賞後にその感想を語り合いたいというほとんどのジャンルで観察される人々の欲求がある。これからの新しい無線通信規格5Gや6Gは，より安定的な集団視聴に寄与する技術といえる。

　「映画館での視聴」という点は，映画産業にとって譲れない部分である。2017年から2018年にかけて配信事業者ネットフリックスが製作・公開した2時間もののフィクション映像が，フランス・カンヌ映画祭やアメリカ・アカデミー賞に出品された際，両国において映画の定義に関連する論争を引き起こすことになった。それらで主張されたことは，これらの映画祭での賞選考対象の基準として「作品の初公開が映画館での一定期間の上映であること」を再確認するものであった。映画の最も古典的な鑑賞スタイルで，ネットの映像配信と比べて観客にとって便利な方法とはいえないが，この存在意義は強く維持していきたいという映画産業の意思が読み取れる。

　一方で，日本において，1996年に観客動員数の底を迎え，それ以降，持ち直しているが，それに貢献したのは，シネマコンプレックス（シネコン）の普及といわれる。1993年4月に日本で初めてのシネコンが神奈川県海老名市で開業したが，それ以降，着実にサイトとスクリーン数を増やし，観客の鑑賞機会の実質的増加に寄与している。さらにシネコンが貢献したのはこうした数以上に，清潔で快適な空間の提供というイメージである。テレビ全盛時代の20世紀後半に，投資が鈍ってしまった映画館は古くなり快適とはいえない劇場も多かった。そのイメージを大幅に刷新することに寄与したのが，新しいシネマコンプレックス・スタイルの映画館であった。またシネコンは多くのスクリーンを持つので，従来であれば苦労していた番組編成にも弾力性をもたらすこととなり，より状況に適応した劇場の経営が可能になった。

（3）新しい映像表現

　上記のような形式にとらわれずに，これからの新しい映像において，いくつか乗り越えるべき技術の方向性がある。

　「フレームのない映像」の第一歩は，古くはスクリーンの大きさの拡大，特に横方向への拡大や，スクリーンを可能な限りサラウンドに配置するものであった。35 mm フィルムではなく70 mm フィルムでの撮影は，そうした大きなスクリーンにおいても解像度を失わないためには貢献した。そして現代においてのフレームレス映像は，VR 映像，360度映像，正面と左右の三面スクリーンである。しかし，これらもまだ完成の域に達しているとはいえず，進化の途中である。よりリアリティのある，迫真に迫る VR や360度映像のためには，4K や 8K 映像とは比較にならないくらいの膨大な秒あたりデータ量を処理する必要があり，現在のカメラやコンピュータ等の処理能力がまだまだ十分とはいえない。

　さらに現時点での VR や360度映像の構造的問題点は，カメラの寄り／引きができないことと，PoV（Point of View Shot，視点ショット／撮影，主観ショット／撮影）に限定されることであり，映像の歴史の中で培われてきたカット割りや編集に対する根本的な映像文法の考え直しを求めるものである。これらも，まだまだこれからの開発事項である。そして表示の方法やデバイスも確定的でない。いわゆるゴーグル型の表示方法であると，基本は個人視聴になり，またそのゴーグルを装着する煩わしさも不可避である。3D 映画・映像が定着しない理由の一つは専用メガネといわれる点からも，軽視できない問題である。スクリーン等への投射型であると，そのサラウンド・スクリーン，ディスプレイの開発が問題となる。プロジェクション・マッピングの技術は，フレームレス映像の局所解であるが，場所や映像内容とも，極めて限定的な応用範囲である。

　「平面ではない映像」，さらに「視覚・聴覚以外の感覚器にも訴えかける映像」は，今もって確定的なものが生まれていない。130年前の最初期の映画は無声映画，音がなく画だけであった。音は生の楽団がその場で音楽をつけたり，弁士とよばれる語り部が上映会場にて生で語るものであった（当時は，写真が動くというだけでも十分に訴求力があった）。その後，1930年頃から，トーキーと呼ばれる音声が画に同期した映画が普及することになり，現在に至る。

次に大きな技術の波が起きたのが，1950年代，世界的にテレビの普及が始まる頃である。劇場テレビという発明もあった。当時，各劇場で上映する作品はフィルムに焼いたものであったが，テレビと同じように電気通信にて各劇場に配信し，それを上映するものである。最初期の 3D 立体映像のブームというべき現象もこの時期である。3D は，歴史の中で時折盛り上がり，また下火になるという繰り返しであるが，近いところでは，歴代 1 位の興行成績を持つ『アバター』（2008年）の頃が盛り上がった時期であった。「匂いの出る映画（スメルビジョン等）」も，1950年代に試みられた技術である。現在の最新の映画館で見られる 4DX も水しぶき，香り，煙があったり，座席そのものを揺らすなど，視覚・聴覚以外の感覚器への演出を提供している。さらにホログラム型の立体映像も，まだまだ SF 映画の中の世界かもしれないが，その技術開発は進展中である。現在の VR で撮影される映像が，主観ショットとなる PoV に対し，こちらは客観ショットとなるため，VR とホログラム立体は画としては決定的に違うものである。

　映像制作の各職能においても AI や新機材の導入によって，一段と効率化が進むことが予想されるが，その進展にも強弱があるだろう。カメラはより高性能化・軽量化し，アシスタントの数を減らせるかもしれない，従来であれば大掛かりな準備の必要な空撮も，民生用ドローンによってより簡便に撮れるようになってきた。カメラセンサーの性能向上で重装備の照明が，一段軽量化し，撮影部の機動力を増すかもしれない。魅力的な俳優も外見と動きはモーション・キャプチャー等にて"データ化"され，アバターとして PC 内で編集時に操作・演出されるかもしれない（同時にそうした俳優に危険なアクションをさせずとも画が撮れるようになる）。編集作業においても様々な撮影ショットから自動（粗）編集するような兆候はすでに出ている。

　音楽もアルゴリズム作曲法の進化が観察され，低予算の作品では AI による作曲や打ち込み型の音楽が増えていくだろう。一方でさほど進展の期待ができない職能も挙げられる。契約や交渉の行為は「ひな形」を用いる省力化は今でも見られるし，今後は決済を含むブロックチェーン技術による自動化も考えられるが，最後は人の判断を要求する職能であろう。脚本もまだまだ自動化には開発の余地の大きな部分であろう。筆者にとって最もイメージができない部分

が録音部と監督の自動化であった。俳優（声優）の微妙なセリフ回しは，依然，自動読み上げソフト等ではニュアンスのコントロールが難しく，俳優（声優）に直に喋ってもらう方がまだ効率的である。従って，従来どおり録音部がガンマイクを突き出してセリフを拾ったり，アフレコ（アフター・レコーディング）の必要な領域と考えられる。

　そして，マイクが音を拾う際の根本的な技術は，進化が見られていない。そして監督による演出も，表現としてのニュアンスの調整のために，自動化の進まない領域と考える。何よりも作品を通して主張される主題は，AI が作り出すものではない。作り手から観客へ向けての人と人のコミュニケーションの領域である。録音や演出に限らず，それぞれの職能の最終仕上げにおいては，カメラ，照明，音楽，編集のいずれも，当面は人の手が必要と考えられる。画と音が人の感性に訴えかける点で，機械や AI はまだそこまで微妙なチューニングができるほど進化していない。

5　映画産業への政策に見る日米欧の違い

　日本においては映画産業に政府が政策的に関わるということは，あまり一般的な概念ではない。しかし世界を見ればそうではない。大きな流れは映像の国際貿易のなかでハリウッドの一強他弱の極端な貿易不均衡が大西洋両岸で生まれたこと，1950年代にテレビの普及が始まり映画産業が大打撃を受けたことを背景に，ヨーロッパの各国やイギリス連邦の各国では，自国映像産業の保護や振興を目的とした政策が取られてきた。

　その手法は，製作への補助金や製作会社への投資税制優遇，放送局への映画投資・放送義務，輸入や上映，放送の枠に，外国作品枠と自国作品枠に割り当てをするクォータ制度，映画祭等の振興，こうした優遇制度を融通し合う国家間の国際共同製作協定，などである。

　そうした政策の有効性については，欧米間での戦間期から続く長い議論がある。そのくらいアメリカの極端な優位は揺らがずに今に至っている。それでも政策が続けられるのは，映像産業に対する強い期待がある。単なる貿易収支という問題を超えて，自国の文化や表現の自由に対するこだわりがあると言って

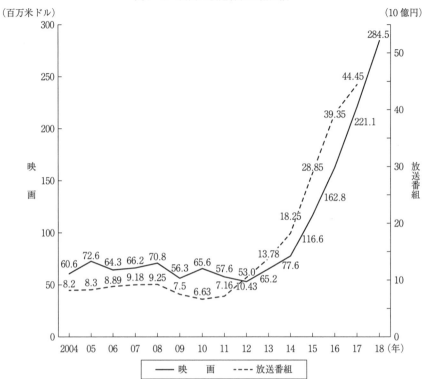

図7-3　映画と放送番組の輸出額

（百万米ドル）

（10億円）

映画

放送番組

284.5

44.45

39.35

221.1

28.85

162.8

18.25

116.6

13.78

77.6

60.6　72.6　64.3　66.2　70.8　56.3　65.6　57.6　53.0　65.2

8.2　8.3　8.89　9.18　9.25　7.5　6.63　7.16　10.43

2004　05　06　07　08　09　10　11　12　13　14　15　16　17　18（年）

―――　映　　画　　-----　放送番組

出所：日本映画製作者連盟資料・総務省資料を基に筆者作成。

も過言ではあるまい。

　日本においては，少なくとも20世紀の間は，こうした国々のような熱心さは
なかった。政府も業界も映像貿易収支に関して，さほど関心をもっていなかっ
た（もちろん実際には大幅な貿易赤字であることは推察できる）。今世紀に入り，
知的財産という着想が浸透した頃から，映画産業に対する政策的な関心が生ま
れた。産業としての再活性化等も各所で各方策が検討されたが，大きな部分は
輸出振興であった。実際に，映画と放送番組の海外展開は増加することとなっ
た（図7-3）。

6　AI時代の映画の商業性と芸術性

　民主主義という政治体制の国家において，映像もまた，主権を持つ個人が思想や意見を表現する一つの手段である。その発信の機会が個人に平等に与えられていることは社会の一つの理想である。

　しかし20世紀の映画は，その高額の製作費，一般的ではない高額機材の取り扱い技術，上映に至るまでの流通チャネルの限定性，等，現実的な参入障壁多々があり，作り手は，一種の職能集団に限られてしまった。もちろん歴史のなかで，例えば昭和の時代の8mmフィルムカメラ，平成の時代の8mmビデオカメラや，最近も一眼デジタルカメラ動画等，アマチュアにとって，より敷居の低い技術のブームや普及（内山 2017）があり，さらにYoutubeやvimeo等，インターネットを使った流通・配信の方法も発明・解放され，アマチュアが参入しやすい環境やブームもあった。前節で述べたように，技術進歩がそうした境界を曖昧にする原動力であるが，おそらくこの技術が最後まで苦労するであろうことが，人である。

　経済学の議論の中に費用病（cost disease）（Baumol et al. 1966）というものがある。舞台やオペラ，クラシック音楽のようなものでは，出演者等，人の編成や座組みは定式化されており，その才能ある人材への高い人件費にあまり節約の余地がなく，一般的な産業（例えば自動車や流通）のような費用生産性向上は期待できない。費用病の議論では，資本集約的な部門と労働集約的な部門との比較では生産性向上には差があり，前者は比較的向上が進みやすいが，後者は（労働者の賃金保証も含めて）向上が進みにくい，そして後者が強い産業分野においてはより人件費率が高まり，（損益分岐点の上昇や費用逓減性の性質を強めることによって）経営の弾力性を失わせることを主張するものである。

　映像の世界においても，この議論の後者の条件と相当に近いものがある。前述のようにAI等による自動化や省力化はこれからも着実に進んでいく。そうした資本集約的な部分では確実に生産性を向上させるであろう。しかしAIによる自動化には限界があり，しばらくの間はまだスタッフ等の人手は必要である。一部ではまだ人手の置き換えが難しい部分がある。様々な権利処理，契約

表 7-1　情報発信における人と AI の違い

	人から情報発信	AI から情報発信
人が受け手	(1)通常のコミュニケーション	(2) AI から授けられる知恵
AI が受け手	(3)何らかの質問事項，検索行為	(4)『ターミネータ』の世界

条件の突き詰め等，渉外交渉の場面では AI 化・自動化はこれからの議論であ
る。出演者も生の人間を置き換えるには時間がかかるであろう。資本集約的側
面と労働集約的側面を考えた場合，ますます後者（のウエイト）が際立ってく
ることが予想される。

　そこに，映像が含有する商業性以外の性格が作用していることに気が付くで
あろう。例えば，交渉の側面では，著作権法等に基づく権利処理業務や契約行
為がある。一般に，著作権処理は「許諾権」と「報酬請求権」の処理で構成さ
れる。また著作権は人格的な権利と財産的な権利の 2 つに分けられるが，許諾
権は人格的権利と直結するものであり，この部分の自動化が根本的に考えづら
いのである。著作権の中には報酬請求権のみが権利者に認められている領域が
あるが，それとて配分の料率の決定を AI が行うことで利害対立する双方の人
間が納得するといえるか，現時点において，まだそのような実績は見出せない。

　さらに作り手と受け手との間のコミュニケーション手段としての映像を考え
た場合，AI 化プロセスにおいて，表 7-1 の(2)・(4)に当てはまる情報が慎重に
検討されなければならない。人に対して攻撃的な AI がいる世界が，SF 映画
『ターミネータ』の世界であり，劇中では能力に劣る人類は人工知能によって
狩られる立場となる。その場合の(4)は人にとって憂慮すべきコミュニケーショ
ンである。AI が性善的であれば(2)や(4)に流れる情報は人にとって有益である
が，性悪的であれば人にとって有害である。例えばネット検索した際に返され
る情報が真に人の役に立つものならよいが，フェイクな情報は，IT の性悪的
（フラウド的）な側面である。

　それでもこれからの時代，報道やドキュメンタリーのようなファクチュアル
なジャンルにおいては，(2)のようなスタイルのコミュニケーションも生まれて
くるだろう。実際にニュース番組の自動編集のような研究も行われている。

　一方で現在の映画の主流であるナレティブ（物語）系のジャンルであるなら

ば，当面は(1)のスタイルが続くのであろう。ファクチュアルな情報には合理性情報，人の理性への訴えかけが多分に含まれるであろうが，ナレティブはどちらかと言えば人の感性への訴えかけを中心にしたものである。これらの点で，人ではなく AI がナレティブを発信する合理性が考えにくい。現実的にはどんなジャンルの映像にもファクチュアルな情報とナレティブな情報の両方が含まれるため，程度問題として扱う必要があるが，感性や哲学に基づく部分は最も AI 化が遅れると考えられる。それが具体的には，映画・映像が持つ文化性の部分であり，人が最後まで関わり続ける部分と考えられる。

　現在のナレティブを中心とした長編映画の世界では，今後，人の関わり方が一層重要になる。より人件費の重みが高まるし，AI 化進展の環境下で，民主主義社会における表現の自由に基づく人からの情報発信の尊重が浮かび上がってくるからだ。それを支える商業性の確保は，併せて考えなければならない。振り返ってみれば，（特撮やオープンセットで撮影する場合と比較して）CG 等の技術は，映画・映像による表現の自由度を高めた面もあるかもしれない。しかし費用については，ここ四半世紀の映画製作費の上昇要因の一つである。より正確には，その CG で使うソフトウエア代もさることながら，より精緻な表現を映像に埋め込み，鑑賞者の感性に違和感なく／強い印象を残すために，CG 作業に従事する人の延べ労働時間の増加が生まれたからだ。

　何度も述べたように民主主義体制の社会の前提の下で，思想と言論が多様で多元的であることは望ましい。そして市場が競争的であることも資本主義体制の社会においては望ましいことである。こうした多様で競争的な環境が，一製作者に十分な製作費をもたらすとは限らない。またこうした環境が製作に何らかのバイアスを生むかもしれない。必要十分な製作費を確保しつつ，文化性での意味を極大化させるという難しいバランス取りは，構造的な問題として，今後もプロデューサーが求め続けなければならない。

注
(1)　内容がひと言でも表現できるくらいにわかりやすい企画であることを指す。
(2)　複数の関係者がいる場合で，作品の著作権の帰属，あるいはその割合は，正確には「発意と責任」の程度に依存することになる。しかしながら各々の関係者の貢献

の数量化とその割合の合意形成はまったく容易ではない。その場合，出資金額に比例という見方は，比較的合意を取りやすい指標となる。

(3) フランス，リュミエール兄弟による「シネマトグラフ」の発明（1895年）を用いたパリ・グランカフェでの世界初の映画上映会（1895年12月28日）と，"世界初"を巡って話題になりやすい。

(4) 例えばブロックチェーン技術によって，権利関係の台帳をデジタル化，自動処理化することは考え得る。しかし2019年時点で本格実用化というレベルよりは実装化に向けた検討段階である。また仮にデジタル通貨等を用いてそこに収益配分機能を持たせる場合，その料率の決定は機械の判断ではなく，最初に人と人の間で決めなければならないだろう。契約という側面において，人は当面，関わり続けなければならない。

参考文献

内山隆（2017）「技術的特異点にむけての映像産業の技術と経営戦略」情報通信学会コンテンツビジネス研究会編『コンテンツビジネスの経営戦略』中央経済社，181-203頁。

金融庁（2017）「コンテンツ事業に関する Q&A」（2019.11.5閲覧）。

Baumol, W. J. & William, G. B. (1966) *Performing Arts, The Economic Dilemma: a study of problems common to theater, opera, music, and dance*, Cambridge, Mass, MIT Press.

GEM Partners（2018）「2018年の動画配信（VOD）市場予測を発表！ SVOD 市場は Netflix・DAZN・Abema がシェア増」（2019.11.5閲覧）。

<table>
<tr><td>第8章</td><td>音楽産業</td></tr>
</table>

1 音楽産業の概況
——20世紀の発展から21世紀の混迷へ

（1）メディア変動の波に翻弄されるレコード産業

　21世紀が始まる少し前の時期に起こった情報のデジタル化の急激な世界的な進展は，20世紀に発展し維持されてきた経済社会をさらに飛躍的に発展させ，多くの産業に新しい次元の発展もたらすものとして大きく期待された。しかし実際にその時代に突入し，それぞれの分野の産業の仕組みが構造的な変化を起こしはじめると，そのような発展がもたらされる一方で，予測されなかった問題が次々に浮上した。

　中でもIT時代の先頭に立っていたメディア産業では，新しい時代のイニシアティブをとるべく，グローバルな巨大メディア資本が活発な動きを見せ始めたが，それは音楽産業にも波及し，これを皮切りに音楽産業はさまざまな難題に直面するようになった。それはメディア産業の他の分野の産業よりも早期に起こり，より深刻なものといっても過言ではなかった。

　日本でも音楽産業，中でもその中心にあるレコード産業では，進もうとしていた方向の転換を余儀なくされる事態が生じた。それは日本のレコード産業のなかで大きな比重を占める外資のメジャー・レコード会社にとって，明治末期以来，20世紀を通しての約100年という長い時間をかけて仕掛けてきた，日本という市場への種々の攻勢とその結果として得たものが，ほとんど意味を失うほどの変革となった。

　一方の国内資本のレコード会社にとっても深刻な事態がもたらされ，経営に破綻をきたすところも相次ぎ，淘汰が進むことになった。長い期間日本の音楽文化を牽引してきたレコード産業のこのような危機ともいえる状態は，音楽文化のあり方にも重大な影響を及ぼす事態となった。

（2）SP から LP レコードへ，そしてステレオの開発

　20世紀のレコード産業は，新しいメディアが登場するたびに，その都度飛躍的成長を遂げてきた。まずレコードがSP盤の時代だった昭和初期には，それまでの機械録音から電気録音への移行という技術革新が起こり，マイクロフォンの発明もあってレコードの音質・音量に劇的な向上をもたらした。それがきっかけとなって日本に欧米からビクター，コロムビアの外資のレコード会社が本格的に進出した。それは日本のポピュラーソングの主役となりつつあった流行歌の発展を促した。

　1950年代にはLPレコードが生まれた。それまでのSP盤では1枚のレコードの演奏時間が数分であったのに対し，LP盤では一挙に約70分にまで延長された。これによってポピュラー音楽や流行歌の分野ではレコードを制作するということが大きく変った。SP時代には3〜4分の曲を2曲（A面とB面各1曲ずつ）作ることだったのだが，LP時代になると1枚のレコードに10数曲収録するようなアルバム単位で作品を作るようになった。またクラシック音楽の分野では，SPでは10数枚のレコードに分割して録音しなければならなかった，ベートーベンの第九交響曲のような1時間を超える作品でも，LP盤では1枚のレコードに収録できるようになり，ファンは曲の途中で何度もレコード盤を交換する煩わしさから解放された。

　そして1950年代の終盤になると，レコードは同じLP盤でもそれまでのモノラル時代が終わってステレオ時代が到来した。ステレオは1本のレコードの音溝に2つのマイクロフォンで録音した音を記録し，それを左右2つのスピーカーから再生するものであり，人間が2つの耳で音を聴くということに適したシステムであって，これによって私たちはコンサート・ホールで聴く実際の演奏の音にきわめて近い，広がりと奥行きのある立体的な音をレコードでも聴くことができるようになった。ステレオ・レコードの開発は革命的な出来事だった。

　このステレオという録音システムは，LP以後のCDやMDなどの音楽メディア，さらにはVHSやLDなどの映像記録メディア，そしてテレビ放送にも引き継がれていることからもわかるように，きわめて普遍性の高いシステムとして定着していった。

　このようなLPの開発とそれに続くステレオの開発は，レコードによる音楽

文化の隆盛に大きな役割を果たした。ポピュラー音楽の分野では，LP・ステレオの登場に促されるように，ロック，モダンジャズ，フォーク，ニューミュージックなどの新たなジャンルの音楽が出現し，多くのスーパースターが登場した。彼らはアルバムという形で音楽を発表し，その中からヒットソングを選んでシングル盤を発売するやり方を，アーティスト活動の原点に置くようになった。

　クラシックの分野でもLP・ステレオの時代になると，カラヤン，ショルティ，バーンスタインのように，レコードの録音を，従来の演奏会活動と同等あるいはそれ以上に重要視する演奏家も現れ，ヨーロッパのグラモフォン，フィリップス，EMIや，アメリカのRCA，コロムビアなどのメジャー・レーベルを中心に，高音質の録音が行われる時代が到来した。

（3）デジタル時代の到来——CD開発の成功

　1970年代になると，情報化社会の時代の到来が，盛んにいわれるようになった。そして1980年代に入るとニューメディアの時代となる。1980年代の前半には，3つの新たなパッケージ形態のニューメディアが登場した。

　一つはコンピュータを装填したゲーム機である。任天堂が開発したゲーム専用のパソコンともいえるファミコンが1983年に登場したことを契機に，マニアだけのものという感が強かったコンピュータ・ゲームは，大人から子供までが楽しめる文字通りのファミリー・アイテムとなる。

　2つ目のニューメディアは，1982年に登場したビデオ・ディスクである。映像の記録メディアとしてのビデオは，家庭用ビデオテープとしてVHSがすでに普及の途上にあったが，LD（レーザーディスク）とVHDの開発によってビデオ・ディスクの時代が本格化した。音楽ビデオ（ビデオクリップ）のバイブルともいうべき，マイケル・ジャクソンの「スリラー」が生まれたのもこの時期である。

　3つ目のニューメディアが，音楽のデジタル記録・再生メディアとして1981年に登場したCD（コンパク・トディスク）である。日本のソニーとオランダのフィリップスの共同開発によって誕生したCDは，1982年10月世界のどこの国よりも早く，日本の市場にその姿を現した。ここではこれまでのLP，EP，ス

テレオの開発では，いつも欧米の企業に先を越されていた日本の企業が，CD では音楽メディアの開発では初めて先陣を切った。LP レコードで音楽を楽しんできた音楽ファンが，CD の魅力に取りつかれるのにそれほどの時間はかからなかった。LP に比べての CD の優位性はすぐに明らかとなったからだ。

　まず，CD は手にとってもほとんど重さを感じないほど軽量で，しかも直径 12 cm という小さなディスクのなかに，LP とは比較できないほど高音質の音楽を70分以上記録することができる。その音は LP にみられたような，マスターテープの音と比べての劣化がほとんどない。また LP のように針先で物理的に音を拾うのではなく，レーザー光線で信号化された音を読み取るので，スクラッチ・ノイズが全くない。このように CD には LP に比べて形態や音質の圧倒的な優位性がある。

　それに加えて音楽というコンテンツがデジタルの信号に変換されていることにより，従来のレコードでは不可能だった数々の便宜性も具備している。たとえば CD プレーヤーの液晶の小窓には，再生している CD の総曲数，総演奏時間，演奏中の曲名，演奏中の経過時間などが表示されるようになった。またランダム・アクセスの機能があり，リモコン・ボタンによって瞬時の曲目変更や中断が可能となった。

　このような数多くの優位性を持つ CD の普及の足取りは予想以上に速く，誕生の 5 年後の1987年には，それまでの30年間音楽記録メディアの王者として君臨したアナログメディアの LP を生産高で上回り，王座から引きずりおろした。

　1998年には CD を中心とする音楽ソフトの生産が6,097億円を記録し，日本のレコード市場が，初めて6,000億円を突破した。宇多田ヒカルのデビュー曲「オートマティック」を収録したアルバム「ファースト・ラブ」が前人未到の800万枚の売上を記録したのもこの時期である。

　このように1960〜1970年代の LP とカセットテープ，そして1980年代になってからの CD という画期的なメディアの登場により，日本の音楽文化は目を見張るような発展を続けた。音楽ファンの聴くポピュラー音楽のジャンルがどんどん広がっていった。1970年代には欧米から移入されたポップス，ロック，フォークが広がった。それらに影響されて日本の音楽にも，グループサウンズ，アイドルポップスなどの和製ポップスが次々に生まれた。1980〜1990年代にな

るとニューミュージック，J-POP などが生まれ，若者を中心とする音楽ファンを惹きつけるようになった。

　そのような状況を作り上げたのも，メディアの進展のなかで音楽市場を育ててきた，レコード産業を中核とする音楽産業といえるだろう。もちろん，そこにはラジオ，テレビという巨大なマスコミ産業との協業も，日本のポピュラー音楽の発展の要因として見逃すことはできない。

2　CD 売上の急降下と音楽市場の低迷の始まり

（1）ナップスターという違法サイトの出現とコピーの蔓延

　しかし世紀が変わり21世紀に入ると状況は一変する。市場が大台を超えたと喜んだばかりのレコード業界に起こったことは，市場の急激な縮小であった。1998年に6,000億円を突破した市場は，5 年間で3,000億円台へと急降下した。これまで日本の音楽市場を支えてきた CD 売上げが急激に減少したのである（図 8 - 1）。

　それは100万枚以上売れたシングル CD やアルバム，いわゆるミリオンセラーの急激な減少が如実に物語っている。1990年代後半にはシングルもアルバムもそれぞれ毎年20種前後出現していたミリオンセラーが，2000年を過ぎると急激に減少し，それぞれほんの数タイトルしか出現しなくなった。わずか数年間で市場規模が半減してしまうという事態に陥ったレコード産業が，その存続さえ危うくなるような危機に見舞われたことは，いうまでもない。

　レコード産業をこのような危機に追い込んだ，直接の原因である CD 市場の不振の要因はいろいろな見方があった。レコード産業側は当初から，インターネットでユーザーの間で行われている無料の音楽ソースの交換の出現を，最大の理由に挙げていた。だがそのようなレコード産業の言い分は，そのままは一般からは受け止められてはいなかった。それも理由の一つではあるが，少子化によるレコードの購買層である若年層の減少，ゲーム・携帯電話などの伸長による若者の音楽離れ，さらには最近の歌手やポピュラー音楽＝J-POP の質の低下などに，理由を求める論調も多かった。

　しかしレコード市場の縮小現象が，日本だけではなく世界の主要国での共通

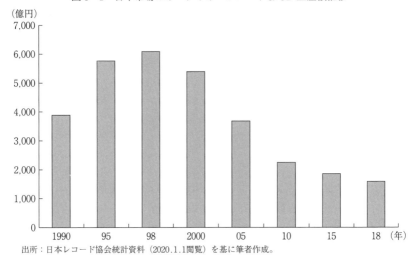

図8-1　日本市場のオーディオ・レコード＆CD生産額推移

出所：日本レコード協会統計資料（2020.1.1閲覧）を基に筆者作成。

のものとなり，どこの国でもインターネットの影響がいわれるようになると，日本でもレコード産業側の見解を認めざるを得なくなった。

　その元凶とされたのは，インターネットでユーザーの間に無料の音楽ソースの交換を可能にした，ナップスターなどの違法な音源交換ソフトである。ユーザーは他のユーザーが保有する自分の好きな音源を，これらのサイトを通じて無料で入手できる。ナップスターは1999年，当時アメリカのノース・イースタン大学の学生だったショーン・ファニングによって始められた。この時期には同様のファイル共有サイトとして。ガザー，グヌーテラ，そして日本生まれのウイニーなどが次々に現れた。このような予期せぬ出来事は，CDの売上で大きな収益を上げていたレコード産業にとって非常に深刻な打撃となった。その後ナップスターは訴訟に負け，違法の烙印が押され倒産・吸収に追い込まれたのだが。

　このような違法な配信が生まれた前提は，CDというパッケージの中身である音楽＝データが，パソコンに搭載されているコピー機能でコピーされ，それがネットを通じて交換できるようになったことに起因する。それをお膳立てしたのは，パソコンにコピー機能を装備したハードメーカーである。CDの音楽を再生できるし，その上コピーもできるということは，パソコンの持つ多くの

機能の中でも魅力的なものだ。その後日本レコード会社は，CCCD というコピーガード付きの CD を開発し，CD のコピーを防ごうとしたが，ユーザーからもミュージシャンからも不評で取りやめざるを得なかった。

　このように日本はもとより世界のレコード産業は，CD の市場の不振と本来ならばそれを補う役割を果たすはずの有料の音楽配信の伸び悩みという，ダブルパンチを食らうことになった。

（2）世界のメジャーも巻き込まれたレコード会社の統合・再編

　21世紀が目前に近づいてきた時期に，相次いで起こったこのようなレコード産業を取り巻く世界的な変革の動きの中では，レコード産業内で主役を演じているメジャーと呼ばれる欧米に本拠を置く多国籍企業も，多くの難題に直面することになった。

　まだ CD 市場が右肩上がりの拡大を続け，それと同時に音楽配信という新しい魅力的なメディアの登場も近いとされていた1990年代の前半の頃には，レコード産業はさらに発展する大きな可能性を持つバラ色の産業とみられ，その中の中核である欧米のメジャー・レコード会社の各社は，世界の巨大メディア・コングロマリットの買収の対象となり，次々とそれが実行された。

　しかし，このように急激に訪れた音楽ビジネスの不振をみた世界の巨大メディア・コングロマリットたちは，獲得したばかりのレコード会社を保有することに早くも疑問を抱きはじめた。このためメディア・コングロマリットの間では，手中に収めたばかりのメジャー・レコード会社を早々に売却し，音楽事業から撤退する動きが連鎖的に始まった。

　中でも世間を驚かせたのは，カナダのシーグラム社（The Seagram）の行動だった。世界的な酒造メーカーでありながらメディア産業への参入を目論んだ同社は，1998年にユニバーサル映画と MCA レコードを，1999年にはポリグラムを高額で買収したばかりだったが，２年も経たないうちにフランスのビベンディ社に転売してしまった。この売却劇はシーグラムが早くも音楽や映画というコンテンツ・ビジネスの将来に見切りをつけてしまったことによるという見方が強く，レコード産業の企業価値の急激な低下をシーグラムが見込んだ行動とされた。

また，2004年7月にはソニーとBMGというメジャー同志の統合が発表された。これも一旦は，レコード・ビジネスへの参入を果たしたBMGという出版業を母体とする総合IT産業が，コンテンツとしての音楽を扱う事業への読み違いと失望により，レコード・ビジネスの継続を断念したことを意味するものであった。ドイツのBMG本社はSony Music Entertainmentと統合され，SONY BMG Music Entertainmentという名称の会社が生まれた。この時の各新聞は「独ベルテルスマンは収益変動の激しい音楽事業をソニーと統合したあと，比較的安定している書籍・雑誌出版や民放テレビなどに投資・経営を集中する見通し」と一斉に報道した。そして大方の予想通り統合後まもなく，BMGは経営のみならず資本からも撤退し，同社の社名からもBMGの名称は消え，Sony Music Entertainmentとなった。2009年4月には日本においてもBMG JAPAN社は，ソニー・ミュージック・エンタテインメントに吸収された。独ベルテルスマンがRCAのレコード部門を買収したのは1986年のことだったが，その20年後にはレコード・ビジネスを見限る結果となった。

　さらに2003年になるとワーナー・グループにも変化が起こった。ワーナー・グループが音楽部門であるワーナー・ミュージックをエドガー・ブロンフマン・ジュニアが率いるグループ・ファンドに売却したのである。これによりワーナー・ミュージックは名前としては"ワーナー"を名乗っているが，実質的にはワーナー・グループを離れることになった。

　またEMIの動向も目まぐるしかった。2012年にEMIはユニバーサル・ミュージック（実際は親会社のビベンディ）に買収され，これによりユニバーサル・ミュージックは世界のシェア第1位の地位を固める。しかし翌年には早くもユニバーサルは，EMIの大部分をワーナー売却した。これにより伝統あるEMIのクラシック原盤もワーナーのものになった。

　このようなレコード産業を巡るメジャー・レコード会社の世界的な動きは，日本にも波及した。1990年代半ばまでは日本にも6社存在した世界のメジャー・レコード会社は，統合されてわずか3社になった。すなわち①BMGを吸収したソニー・ミュージック，②ポリグラム，MCAを統合したユニバーサル・ミュージック，そして③EMIを統合したワーナー・ミュージック，以上の3社に集約されて現在に至っている（図8-2）。

図8-2 世界のメジャーの発展経過

20世紀のメジャー7社は現在は3社に集約された（2019年現在）。

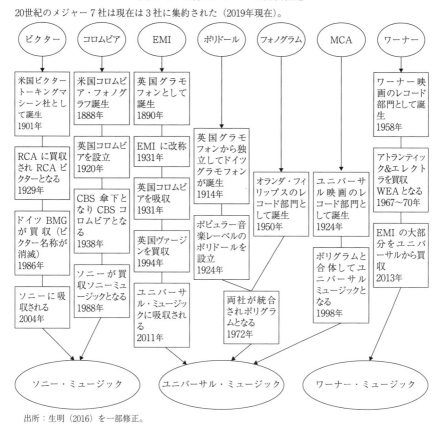

出所：生明（2016）を一部修正。

それに対して日本資本のビクターエンタテインメント，日本コロムビア，エイベックス，キングレコード，VAPなどが日本の市場で凌ぎを削っている。もちろんこの他に中・小のレコード会社，インディーズのレーベルが数多く存在し，インターネットの中で活動するいわゆるネットレーベルも増加中だ。

3 躓きながらも発展してきた音楽配信

（1）音楽配信の先駆けとなった通信カラオケ

これまでにもみたように，音楽配信はそのスタート当初から誰もが想定して

いなかった違法サイトが現れるなど，予想外の困難に直面した。しかし一つだけ1990年代の初頭という早い時期から，音楽配信をうまく取り入れて発展した分野があった。それはカラオケの業界で，そのシステムは通信カラオケと呼ばれるものであった。

カラオケは1970年にはすでにオーディオ・テープに歌の伴奏音楽を録音した商品が発売されて流行の先駆けとなっていたが，1978年には東映ビデオによってビデオカセット・テープにより背景動画と歌詞が映し出される，映像カラオケのソフトが発売された。さらに1982～1983年にかけてLDとVHDディスクという2種のビデオ・ディスクが開発され，その機能と画質がカラオケソフトにマッチしたことから，カラオケ市場が大きく飛躍する。映像カラオケ時代の到来である。これを第2次カラオケブームと呼んでいるが，この映像カラオケの隆盛は1990年代まで続いた。

そして1990年代前半にカラオケ・ボックス，あるいはカラオケ・ルームというカラオケを歌う場が出現した。カラオケ・ボックスは，夜のお酒の席の余興としてではなく，昼の時間に純粋にカラオケを歌うだけの目的でも利用できるもので，学生や主婦層までが気軽に立寄れる，歌を歌いやすい場所を提供するようになった。

このようなことで，ニューミュージックやロックなどのJ-POPや洋楽の楽曲がカラオケで歌われるようにもなり，1996年には全国のカラオケ・ボックスの数は16万室となりピークを迎えた。この時期のカラオケの隆盛は，第3次カラオケブームと呼ばれる。

この時期のカラオケのメディアとして出現したのが，通信カラオケという，音楽配信によるカラオケ・システムである。従来からのパッケージ・メディアによる映像カラオケは，カラオケ店に置かれている，伴奏の音楽が収録されているCDやLDの中から，お客が歌いたい楽曲を選んでプレーヤーで再生するものであったが，これに対して通信カラオケは，音楽のデータがISDNなどの通信回線を通してサーバーから送られて来て，店に置かれているシンセサイザーによって音楽として再生演奏されるものである。

このような通信カラオケは利用するお客にとっては，新曲の供給が早いという利点がある。通信カラオケは通信回線で新曲が供給されるため，CDやLD

のようにディスクの製造工程や流通過程に必要な約1カ月の時間が不要になったからだ。またカラオケ店ではお客の曲のリクエスト後に演奏が始まるまでの時間も大幅に短縮された。このようなメリットもあって通信カラオケは1994年に出現して，その2年後にはCDやLDなどのパッケージ系カラオケを排除して，カラオケのメディアの主役となった。

　このように通信カラオケは音楽を信号化して電話回線で送るというものであり，音楽配信の先駆けである。ただしこの時期はまだ後のブロードバンド時代のように，容量の大きい生音の音楽を配信することは難しかったため，カラオケの音楽は音数の少ないシンセサイザー音で送らなければならなかった。このためカラオケの音楽は，CDカラオケに使われていた音楽はそのまま使えず，シンセサイザーで作り変えなければならなかった。

　しかし，そのためカラオケの音楽は簡単に作れることになり，必ずしもレコード会社に頼らずとも，ソフト制作が手軽にできるようになった。このため通信カラオケには他業界からの参入が相次いだ。ゲームソフトメーカーのタイトーや，ミシン会社系列のエクシング，リコー系のギガネットワークなど異色の顔ぶれである。

　このようにしてネットワークによる通信カラオケという，デジタル音源の配信が1990年代前半のこの時期に実質的なスタートを切った。しかしながら通信カラオケは伴奏音楽だけをカラオケを歌うお客がいる場所に届けるためのもので，完成した音楽をファンのもとへ届けるものではない。従ってレコード会社がCDの後継のメディアとして，音楽をユーザーに届けようとしていた音楽配信とは性格は異なる。

（2）音楽配信の実質的な幕開け——iPodの上陸と"着うた"の普及

　通信カラオケが普及する一方で，カラオケ以外の本格的な音楽配信はなかなか軌道に乗らなかった。しかしその歩みは遅かったが，レコード会社を中心に音楽配信への取り組みは少しずつ進んでいった。IT時代の到来に伴う事業の変革の中で，音楽をユーザーに届ける媒体の変化として，従来のパッケージ・メディアであるCDから，ノンパッケージメディアであるネット配信への移行は，すべてのレコード会社がその将来計画に織り込んでいたものであり，いず

れその時代が来るということを否定する者はいなかった。

　そのため技術の開発は確実に前進していった。1990年代の後半になると信号化した音声や音楽を圧縮するMP3の技術が確立し，いよいよインターネットで音楽を送信するインフラが整った。

　1999年12月19日付の「朝日新聞」「日本経済新聞」など主要な全国紙の朝刊には「BitMusic——それはソニーミュージックから始まる有料音楽配信／1曲350円」という大きな全ページ広告が掲載された。日本のレコード会社による音楽配信ビジネスの開始を宣言するものであった。「今回のスタートはまだ事業としての成算があるわけではないが，将来に向けてレコード産業がネット配信のノウハウを蓄積するためのもの」というサブコピーも添えられていた。

　2000年代前半の時期になるとレコード会社に加えて，IT系の有力な会社のなかに音楽配信事業の立ち上げに名乗りを上げるところも現れた。この時期には1990年代末に生まれたナップスターのような無料の交換サイトは，違法なものという認識が社会的に広がり，その多くは業務停止に追い込まれていた。同時に若い音楽ファンのモラルも向上して，音楽配信の環境は改善されつつあった。このような状況が生まれたことも，音楽配信への参加企業の増加につながった。この時期には，ビジネスとしての音楽配信が，欧米でも日本でも見通しが立ちはじめた時期といえる。

　この時期に注目されたのが，アメリカで2003年4月にスタートしたアップル社によるアイチューンズ・ミュージックストアという音楽配信である。1曲99セントという低価格を打ち出し，同社のデジタル携帯音楽プレーヤー＝iPod（アイポッド）で，購入した音楽を再生できることがユーザーを喜ばせた。アメリカでのスタートの2年後の2005年，日本でのアイチューンズ・ミュージックストアの配信事業が始まった。当初から楽曲を提供したのは，大手レコード会社ではユニバーサル，東芝EMI，エイベックスなどだったが，途中からはワーナー，ソニーも加わり日本の主力レーベルの顔ぶれが並んだ。この時の1曲の価格はアップルが要求した99セント＝約100円を日本側が拒否したため，250円のスタートとなった。

　これに並行して日本では主要なレコード会社が，連合して音楽配信会社を立ち上げた。その中心にあったのが，2000年4月にソニー・ミュージックエンタ

テインメントやエイベックスなどレコード会社18社の共同出資で発足した配信会社「レーベルゲート」である。その後東芝EMI，ワーナー・ミュージック・ジャパンという従来まで未参加だったメジャーの2社も合流した。さらに2004年からは新しいサービスブランドMora＝モーラを立ち上げサイトをリニューアルして形を整えていった。この時点で配信可能な曲数は約10万曲に達した。

　この時期にスタートした“着うた”というサービスも新しい形の音楽配信として人気を集めた。“着うた”はレコード会社が発売しているCDの音源をそのまま，携帯電話を通して販売するもので，特に“着うたフル”は1曲が丸ごと販売されるものだった。“着うたフル”を運営する会社は，2002年に「レーベルモバイル（株）」として，携帯電話会社の大手3社も出資して，エイベックス，ソニー，ビクターの3社によって設立された会社でスタートしたが，レコード会社が直接運営することから，「レコチョク」と社名を変えた。その後CDの販売実績と並んで，着うたでも売上ランキングを集計し発表するなど，音楽配信のなかでは大きな比重とそれなりの売上を上げるようになった。2005年からの数年間には音楽配信の市場が伸長したが，そこでは“着うたフル”が，携帯電話の普及とともに売上を伸ばして大きく貢献した。

　このように音楽配信では新会社が相次いで新レーベルが立ち上がり，音楽ファンの注目を集めることになった。音楽産業に起った新しいビジネスとして，マスコミ等でもしばしば報道された。

　しかし，音楽配信はこれまで順調に発展してきた日本の音楽産業にとって，その秩序を乱す乱入者だったことも事実である。中でも大きな問題は，音楽の販売価格が大幅に低く設定されるようになってしまったことだ。少し前にはCDシングル盤として1曲1,000円で販売されていた楽曲が，アップルの配信をきっかけに，日本でも1曲100〜250円という低額で売られるようになった。このため，音源を提供するレコード会社や音楽制作会社の収入を大きく減少させた。音楽配信でのこのような楽曲の安売りは，そのまま現在に至っている。これが現状の音楽産業の業績不振の要因として，最も大きなものの一つといっても過言ではないだろう。

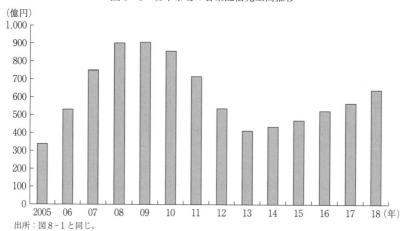

図8-3 日本市場の音楽配信売上高推移

（億円）

出所：図8-1と同じ。

（3）ストリーミング型の登場——音楽の安売りが加速する音楽配信

　2000年になってからの最初の10年間は，日本の音楽配信は少しずつではあったが売上も増加していった。2010年には，音楽配信の売上は約900億円を超えるまでになり，同年のCD売上げ約2,500億円の約1/3にまで成長した。もちろん両者を合計しても3,400億円で，CD全盛期の音楽市場の総売上げの6,000億円には遠く及ばない（図8-3）。

　しかし2010年代になって数年を経過した頃から，日本の音楽配信に新しい流れが生まれた。生まれたというよりも，海外からもたらされたという方が正しいかもしれない。それはストリーミング型の音楽配信の登場である。

　これまでの音楽配信のほとんどが，音楽データをダウンロードするものであったのに対して，ここで現れたストリーミング型は，ダウンロード型とは2つの大きな違いがある。まず音楽の配信の利用方法については，ダウンロード型は配信された音楽をユーザーが自分のパソコンやモバイル機器にダウンロードして保存してから聴く。これに対してストリーミング型はダウンロードをしないで，曲名をクリックして送信される音楽をそのまま聴く。

　もう一つの違いはダウンロード型は基本的には1曲ごとに対価を支払うが，ストリーミング型は1カ月ごとに定額の聴取料を支払う。このため新聞購読や

放送受信契約に倣ってサブスクリプション型とも呼ばれる。ダウンロード型は楽曲を買うのでユーザーの所有物になるが，ストリーミング型は所有することはできず，契約が終われば聴けなくなる。

このようなストリーミング型の音楽配信は2010年代の半ばから急増した。特に2015年は設立ラッシュとなり，5月には，「AWA＝アワ」（エイベックスとサイバーエージェントが出資）がスタート，6月には「LINE MUSIC＝ライン・ミュージック」（LINE，ソニー，エイベックスによる提供）が始まった。同じ6月には「アップル・ミュージック」が日本を含め約100カ国で開始され，サービス開始時は3,000万曲であった。現在では5,000万曲を超える曲数を誇っている。続いて9月になると「Google Play・ミュージック」が，11月には「Amazon Prime ミュージック」がスタートした。翌年8月には「楽天ミュージック」も始まった。凄まじい設立ラッシュである。

そして2016年9月には満を持してのスポティファイ（スウェーデン発祥の音楽配信サービスの世界大手）が日本に上陸した。同社は広告表示で収入を得て楽曲提供は無料ということを武器に，世界で多くの会員を獲得している。2018年にはグーグルが「YouTube Music」というサービスもスタートさせている。またこの時期には「RecMusic」や「dヒッツ」というサイトも生まれたが，これはNTTドコモと日本の主要レコード会社が運営しているレコチョクが始めたものである。

このような群雄割拠ともいえる音楽配信の時代を迎え，会社間のユーザーの奪い合いは一段と激しさを増した。各社は自社の特色を打ち出そうと必死の努力をしているが，価格にしても月額はプランによって差はあるものの，500円から980円までと各社がほぼ同額であり，ユーザーが選曲しやすくするためのサポート機能も似たりよったりである。供給できる曲数には多少の差異はあるか，多ければ多いほど喜ばれるということでもない。

またアーティストやプロダクションの中には，音楽が安価で聴かれることに嫌悪感を持ち，いまでも音楽配信への曲の提供を拒んでいるものも少なくない。そのなかでも大物アーティストは慎重な場合が多い。音楽をスーパーの野菜のように十把一絡げで売る，という販売方法を嫌がるアーティストも少なくない。

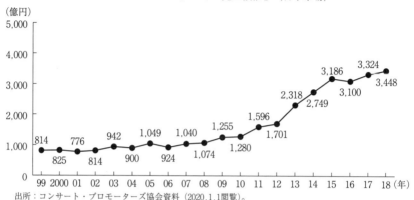

図8-4　コンサート／ライブ売上額推移（日本市場）

（億円）

出所：コンサート・プロモーターズ協会資料（2020.1.1閲覧）。

（4）音楽ライブ市場の盛況が意味するもの

　ストリーミング型の音楽配信サービスへの新規参企業が相次ぎ，そこでのシェア争いも激化して音楽配信は注目を集めた。2018年にはストリーミング型の配信の売上が，ダウンロード型の売上を上回ることにもなった。しかしその売上は思うようには上昇していない。両者をトータルした音楽配信合計の売上は2010年代に入ってからはむしろ下降しており，音楽配信と CD を合算した音楽ソフトの市場も決して上向いてはいない。この時期の音楽配信の売上低下は，スマホが普及し携帯電話が減少したことによって，"着うた"の売上が急降下したことも大きな要因だった。

　このような音楽ソフト市場の不振のなかにあって，音楽ビジネスの分野で着実に市場が右肩上がりに伸びつつあるのが，音楽ライブの市場である。この市場は2000年代に入ってから上昇を続けており，この時期の CD 市場の下降とは対照的である。2000年に約800億円だった市場規模は，2010年には1,200億円を超え，2018年には約3,500億円にまで上昇し，わずか8年間で市場は約3倍に膨らんだ（図8-4）。

　このような音楽ライブの盛況はマスコミでもしばしば報道されているが，この時期にライブに行くようになった音楽ファンは，単にアーティストの演奏や歌を聴きに行くという受け身の姿勢ではなく，アーティストと同じ空間にいたい，会って握手や話をしたい，というように，演奏するアーティストに近づき

たいためにライブ会場に行くという。つまりライブに行くのは音楽を聴くだけではなく，アーティストに少しでも接触し応援したいからということで，そのためならお小遣いをつぎ込んでもかまわないということだ。パソコンやモバイル機器を1人でさわって，音楽を聴いたりゲームをしたりするのは物足りなくなった，ということだろう。

　最近では新しいかたちのライブも登場している。それは実際の演奏がされているコンサートを，離れた場所の劇場や映画館などにそのまま中継して，そこに集まったファンに聴かせるというものだ。これはライブ・ビューイングとも呼ばれる。「ライブ会場に行くのと同じ一体感を味わえて楽しい」とか「アーティストの顔なども大きく映し出されるので表情もよく見える」という声も多く好評という。同じコンサートが全国で数十カ所で同時に開催されることもあり，入場料も実際のコンサートの半額ほどという。

　このようなライブの活性化でアーティストが，ライブステージ上で新曲を発表することも多くなった。このような流れは，アーティストたちがCDのデビューよりも，ライブでデビューすることを重要視することの表れといえる。20世紀はCDを中心にして音楽文化が生まれ育成されていたが，21世紀になってからはライブがそれに代わろうとしていることかもしれない。

　レコードが発明される明治時代以前は，当時の新しい"はやり唄"は，路上や広場でのアーティストの実演，つまりライブで歌われ広がっていった。その意味では現在は100年以上前の明治時代の状況に戻り"先祖がえり"が起こりつつあるといえる。CDや音楽配信など複製された音楽を楽しむ時代から，ライブという生の音楽を楽しむという，大きな流れも生まれているという見方ができる。

4　構造変革が進む音楽産業
——これからの課題

（1）産業内の役割分担の変化

　ここまでにみたように，21世紀に入る前後に起こった事業環境の大きな変化に翻弄されて，レコード産業は混迷と低迷を余儀なくされている。すでにもう音楽のビジネスは20世紀がそうであったような，レコード産業が中心にいるよ

うな状態ではなくなった。たとえばレコード産業が独占していた音楽を作るという役割も，今ではそこにレコード産業以外が次々と参入するようになった。その参入者とはレコード産業の周辺にあって音楽関連の事業にたずさわっていた企業や，アーティスト自身であり，その上，これまでは音楽を聴くだけだった聴衆までが音楽を作って発表するようになった。

　このような状況に対処するために，いま音楽産業では構造的な変革が始まっている。それは産業内のあらゆる分野に及ぶ大規模な変化だが，その中でも大きな変化といえる，音楽産業内の分業，すなわち企業の役割分担の形の変化をみてみよう。

（2）20世紀の分業型産業構造から21世紀の複合型産業構造へ

　レコード会社の多くが21世紀に入って企業の目標として掲げるようになったのは，"総合的な音楽ビジネスへの転換"ということである。彼らは，もはや20世紀を通して続けてきたCDの制作と宣伝と販売をビジネスの主軸とするやり方を変えざるを得なくなった。これからの音楽ビジネスは音楽の制作を中核に置くのではなく，アーティストや楽曲にかかわるすべての事業をその領域に入れるということで，音楽制作もその中の一つという考え方である。エイベックスのように育成するアーティストをミュージシャンだけではなく，芸能タレントやスポーツ選手にまで広げようとしているところもある。

　CDの事業によって収益が高額だった時代は，CDがもたらす収入以外の収入はレコード会社にとっては副次的なものであった。しかしメディアの揺らぎとそれに起因する混乱によって状況は大きく変化した。CDの売上だけではなく，アーティストが産み出すすべての収入も確保しなければ，音楽会社の経営は成り立たなくなった。

　このような大手のレコード会社にみられるようになった事業範囲の拡大や変化は，これまで長い間維持されてきた音楽産業内の分業体制の消滅といえる。20世紀の音楽産業は，レコード会社が音楽を作り，アーティスト事務所がミュージシャンを管理し，音楽出版社が楽曲を管理し，プロモーター会社がライブの開催を取り仕切るという分業の上に成り立っていた。ところが，このような分業の区分が崩れ始めた。たとえばレコード会社が，従来までは踏み込まなか

った，アーティストや楽曲の管理，ライブの開催に進出するようになった。

　それをアーティスト事務所や音楽出版社が黙ってみているわけはない，今度は彼らがレコード会社の聖域だった音楽の制作に進出するようになった。この動きは実は1970年代あたりから少しずつ始まっていたが，ここに来て大きく加速された。

　これは産業内の分業体制の崩壊とさえいえる大きな変革である。この結果音楽業界内の仕事の境界線はあいまいになり，どこでどのような業務が行われているのかが見えにくくなった。

　それだけではない。このような状況になってさらに大きな問題も生まれた。これまでは1人のアーティストやその楽曲を育てるのに，レコード会社，アーティスト事務所，音楽出版社，プロモーター会社がそれぞれの役割分担で，それぞれのノウハウを出し合って協力しながら成果を挙げてきた。それが20世紀の音楽産業は発展を支えた体制だった。ところが現在は，上記の4社がどこでも，レコードを作り，アーティストを抱え，楽曲を管理し，ライブも開催するという状況になった。つまり今まで協力し合っていた企業が互いに競争することになってしまった。業界のどこもがライバルばかり，という不幸な事態が生まれてしまった。

（3）ソニーグループ，エイベックス・グループの動き

　具体的な動きをみてみよう。たとえば世界のメジャーの一翼を担う，ソニーミュージックの日本企業であるSME＝ソニー・ミュージックエンタテインメントに目を向けると，そこではレコード会社の主たる機能である音楽の制作・宣伝・販売を継続することはもちろんだが，従来は系列の関連会社，あるいは外部のプロダクションなどに任せていた，アーティストのマネージメント，マーチャンダイジング，海外アーティストの招聘やそのコンサートやライブの運営などの機能を，レコード会社である自社のなかに取り入れる動きが，20世紀が終わる頃から始まった。ソニーでは他社に比べて，このような動きが比較的早い時期からみられていたが，その傾向は時間の経過とともに進んでいる。

　その後，この動きはさらに加速・整備され，2010年代になる頃には同社の組織は，レーベルビジネス（音楽制作），アーティスト＆出版ビジネス（アーティ

スト・マネージメントと楽曲管理），ビジュアルビジネス（映像制作），ネット＆メディアビジネス（配信・放送），ライブビジネス（ライブ＆ホールの運営），マーケティングビジネス（販売），ソリューション＆ライツビジネス（権利）など，多くのそれぞれ異なる分野にまたがる集団を会社組織で保有するようになった。そこには音楽にかかわるビジネスの主要なものをすべて集結させて，従来レコード会社が持っていた音楽制作を制作して宣伝して販売することだけに集中するという，これまでの体制からの脱皮をはかろうとする意図がみられる。

　また1980年代に設立された日本のインディーズで，1990年代に急激に成長して，メジャーに比肩するともいえる業容のレコード会社に成長したエイベックスも，2010年以降は会社の方針として，「音楽ビジネスが非常に厳しい環境にある中で，CDや音楽配信のような音楽の制作・販売だけに限らず，アーティスト・マネージメント，ライブ，グッズ販売，ファンクラブなど，アーティストを取巻く様々なビジネスを総合的に展開する。そして新しい事業領域に常にチャレンジしていく」とはっきりと方向を打ち出し，上記のソニーと同様の，音楽業種別の企業集団としての，エイベックス・グループを形成している。

　このような方向性はソニー，エイベックスの2社に限らず，このところ多くの日本の大手レコード産業が少しずつかたちは変わっているが同調している。

（4）音楽事業の原点——ヒット曲と新しいスターの創出

　このようにレコード産業を中心とする音楽産業は，新しい時代の変革に対応していこうと懸命の努力を重ねている。しかし，新技術の開発はとどまることはなく続いていく。これからも新しい音楽メディアが生まれることは間違いない。音楽ファンは自分の好みのメディア，あるいは聴きたい音楽にふさわしいメディアを，今後も自由に選んでいくであろう。音楽産業はそのような音楽ファンの要求に応えていかなければならない。そこでは多額の投資も必要となる。

　実は音楽配信が出現して間もない頃，しばしば言われていたことがある。それは「音楽配信の出現はアーティストにとって望ましいことだ。レコード産業の束縛から逃れ，自分のやりたい音楽を自由に作り，それをネット上でいつでもユーザーに対して直接発信ができる」ということだった。そのようなことが起こったことは確かだ。しかし，それは本当に喜んでよい状況なのだろうか。

現実は音楽配信の売上は低調でヒット曲も生まれにくい。ユーザーがクリックするのは，音楽が無料や低額で聴けるサイトが中心だ。そのためここからはアーティストの収入も見込めない。このままでは，音楽で身を立てようとする若者はいなくなってしまうだろう。

　このような事態は憂慮すべきものだ。みんなが身近になったパソコンやスマホの前に座っているうちに，気がついてみると新しいヒット曲や新しいスターが生まれなくなってしまった。レコード産業も音楽を作るという音楽事業の原点を忘れたかのように，事業の幅だけを拡大して売上を増やそうとしている。そのようなことをしているうちに，音楽産業の音楽を制作する機能は，ますます弱まっていくだろう。結果として街の中から音楽が聴こえなくなってしまい，皆が歌えるヒット曲もますます生まれにくくなっていく。

（5）よみがえれ！アーティストとユーザーを結ぶ仲介者

　ヒット曲が生まれなくなってしまった要因として，次のようなことも考えられる。20世紀の音楽産業にはアーティストとユーザーの間にいて，さまざまな役割を担っていた人々がたくさんいた。彼らは音楽産業の中で，アーティストと音楽ファンの間を繋ぐために，力を合わせて働いていたので，「仲介者」と呼ぶべき人々だ。ネットで音楽をやり取りする時代になってからは，そのような「仲介者」たちの活動の場が狭められ人数も極端に減ってしまった。アーティストと「仲介者」との出会いもネットの中に限られ，リアルの場ではほとんどなくなった。

　日本のレコード産業で，このような「仲介者」たちの力が最も強く働いていたのは，特に1970年代から1990年代にかけて，ミリオンセラーが多数誕生してレコード生産高が6,000億円というピークを迎える時期までの20数年といえるだろう。その時期の音楽産業にいた仲介者とは，レコード会社のディレクターや宣伝マンだけではない。まず曲を作る作詞家，作曲家やアレンジャーがいた。曲の宣伝に力を貸す，ラジオ局やテレビ局のプロデューサーやDJたちもいた。またCDを売るショップの店員たちもいた。

　さらにテレビ・コマーシャルや，テレビ・ドラマ番組のタイアップが盛んになった時期は，広告代理店や番組スポンサーなど，広い範囲の関係者が力を貸

すようになった。このようにヒット曲を作り出すために，音楽業界や関連業界の多くの「仲介者」が力を合わせていたのだ。

　音楽産業はこのような"人"をもう一度呼び戻し，彼らが力を発揮するような"場"と"機会"と"産業内の仕組み"を再構築することが必要ではないだろうか。もちろん現在の社会は産業も市場もメディア事情も，20世紀とは異なる。音楽産業の仕事も変わらなければならない。彼らに要求される仕事も今の時代に合うものでなければならない。新しい時代の有能な「仲介者」が一人でも多く現れ，才能あるアーティストを育て，その才能を開花させてヒット曲を作り出すことが期待される。

　"音楽事業の原点はヒット曲作りにあり"ということは，いつの時代にも変わらない。それがうまくいかなければ，いま多くの音楽企業が打ち出している現状打破の諸施策も実を結ぶことは難しいだろう。

参考文献

青木保（2003）『多文化社会』岩波書店。

生明俊雄（2003）「メジャー・レーベルの統合が意味するもの——メディアの転換期に揺れるレコード産業」東谷護編著『ポピュラー音楽へのまなざし——売る・読む・楽しむ』勁草書房，58-79頁。

生明俊雄（2016）『20世紀日本レコード産業史——グローバル企業の進攻と市場の発展』勁草書房。

宇野常寛（2013）『日本文化の論点』筑摩書房。

円堂都司昭（2013）『ソーシャル化する音楽——「聴取」から「遊び」へ』青土社。

岡俊雄（1986）『レコードの世界史——SP から CD まで』音楽之友社。

岸博幸（2010）『ネット帝国主義と日本の敗北——搾取されるカネと文化』幻冬舎。

コンサート・プロモーターズ協会「コンサート／ライブ年間売上額推移表」（2019.11.10閲覧）。

津田大介（2013）『Tweet & Shout——ニュー・インデペンデントの時代が始まる』スペースシャワー・ブックス。

日本レコード協会「オーディオ関連商品売上統計諸資料」（2019.11.10閲覧）。

簑島弘隆（1991）『エンターテインメントが世界を征す——レコードビジネスに今，何が起こっているか？』ビクターブックス。

毛利嘉孝（2007）『ポピュラー音楽と資本主義』せりか書房。

森垣二郎（1960）『レコードと五十年』河出書房新社。

八木良太（2007）『日本の音楽産業はどう変わるのか──ポスト iPod 時代の新展開』
東洋経済新報社。

Brourdiew, P.（1986）*Distinction: A Social Critique of the Judgement of Taste*,
Routledge.

Negus, K.（1996）*Popular Music in Theory~Chapter2 Industry*, Polity Press.

第9章　アニメ・キャラクター産業

1　アニメ・キャラクター産業の概況
—— 日本のコンテンツ産業の主力商品に

（1）センター試験と大英博物館

　2019年1月19日，その日に行われた大学入試センター試験の英語（リスニング）で，いきなり第1問に登場した"謎キャラ"のイラストがTwitterなどで話題を呼んだ。その内容は，野菜やフルーツを擬人化したキャラクターが，読み上げられた英語の説明と合致しているかを問うユニークなものであった。大真面目な試験に突如現われた"きわめてマンガ的なキャラクター"に受験生を含むネット民は大騒ぎで，SNSにはイラスト投稿が相次ぎ，当日の21時頃には3D化した二次創作を発表する猛者まで現われた。

　実は，センター試験では過去にもしばしばキャラクターが取り上げられている。前年の2018年に地理Bで『ムーミン』，日本史Bで熊本県の『くまモン』や滋賀県彦根市の『ひこにゃん』などのゆるキャラが地域特性との関連で出題され，2017年の日本史Aでは水木しげるが描いた妖怪やアニメ「妖怪ウォッチ」のキャラクターが登場した。また，2016年の国語では，読解の対象である出題文そのものが，キャラクターに関する内容（土井隆義『キャラ化する／される子供たち』）であった。リカちゃん，ミニーマウス，ハローキティ，ミッフィー，ポストペット，やおい，二次創作，メイドカフェなどキャラクターやアニメに関連する語句が，問題文中に引用された。さらに，もっと古くは2011年の日本史Aで初代『ゴジラ』の映画ポスターを題材にした問いが出て，さまざまなメディアでニュースとなっている。

　国外の直近の話題に目を転じてみると，イギリスの大英博物館で日本のマンガ文化を特集した『The Citi exhibition Mangaマンガ』が，2019年5月23日から8月26日まで開催された。海外で開催されるマンガの展覧会としては過去最

大の規模であるばかりか，それまで日本関連の展示でも決して使われることの無かった特別展示室——大英博物館における別格の部屋——が，この催しにあてがわれた。その内容はマンガを日本発の文化として捉え，コマの読み進み方や擬音語・擬声語，省略や誇張などの表現の独特さ，源流から説き起こすマンガの歴史，作品テーマの多様性，アニメ・ゲームからコミックマーケットやコスプレまでの広がりなど，マンガという文化がいかに日本社会において普遍的なものであるかを示していた。

　前売り券の売れ行きは過去5年の特別展中で最高で，週末の予約は売り切れになるほどであった。前売りと入場者に占める16歳以下の割合は，約23％で通常の特別展よりも高くなっている。何よりメインカルチャーの本家本元であるイギリスの，最も保守的であろう大英博物館で，サブカルチャーの代表である（しかも極東の島国の）マンガの特集が組まれたことは驚きであり，関係者にとっては大いなる名誉でもある。

　このように国内外でマンガ・アニメ・キャラクターへの注目は，現在かつてないほどの高まりを見せている。2019年8月，新海誠監督のアニメ『天気の子』が劇場公開からわずか1カ月で興行収入100億円を超え，前作『君の名は。』（2016年）に続いて大台に突入した。早くも歴代日本映画の興行収入ランキング TOP10入りを果たす快進撃を繰り広げ，2020年2月に開催される第92回アカデミー賞の「国際長編映画賞」ノミネート候補の日本代表に選ばれた。NHK 朝の連続テレビ小説100作目となる『なつぞら』（2019年／主演：広瀬すず）では，アニメ制作スタジオが舞台である。

　だが，日本でもほんの20〜30年前までは，キャラクターは子ども相手の次元の低いもので，評価に値しないと蔑まれていたのが実情であった。大人になってもアニメに夢中になっている者は，「オタク」として「社会不適応」の否定的なレッテルを貼られた。それが1990年代後半からインターネットの普及を背景に，価値観の多様性と趣味の細分化が進んだことで，マニアとしての再定義がなされ，その知識量が尊敬の対象とすらなってきた。ビジネスの面でも今やアニメ・キャラクター産業は，2兆円を超える市場にまで膨らんでいる。

（2）アニメ・キャラクタービジネスの範囲と市場規模

　マーケットの範囲や集計方法が曖昧であるため混同されやすいのが，アニメ市場とキャラクター市場である。通常は，アニメ市場はキャラクター市場に含まれる。そして，アニメ市場についても，純粋なアニメーションだけか，実写系の特撮を含むのか。また，サンリオのキャラクターのように最初から商品として登場したもの，広告から人気の出たキャラクター，有名人のキャラ化など，出自がアニメでも特撮でもないキャラクターも多数存在するが，それらをどうカウントするかで数値は微妙に違ってくる。

　さらにユーザーが支払った金額を推定したもの（これを広義のアニメ市場＝アニメ産業市場とする）か，すべての商業アニメ制作企業の売上合計を推定したもの（実際に製作／制作に携わっている業界。こちらを狭義のアニメ市場＝アニメ業界市場とする）かによりマーケットサイズの見え方は大きく異なる。

　まず，2017年の日本のアニメ産業市場（図9‐1）だが，8年連続で売上増，5年連続で最高値を更新し，前年比108.0％の2兆1,527億円であった。史上初の2兆円突破となった（日本動画協会調べ）。特にここ数年の急拡大の原動力となっているのは海外収入で，2009年の2,544億円から2017年には9,948億円と8年で4倍になり，まもなく1兆円に迫る勢いである。かつての中心であった商品化（5,232億円）を抜いて，市場を構成する第1の要素になった。

　次に，2017年のアニメ"業界"市場はアニメ産業市場と同様の傾向で推移し，8年連続で売上増の2,412億円であった。主軸となるテレビアニメは制作分数が11万6,409分と5年にわたりほぼ横ばいで，制作本数は前年比−4.5％の340本とやや減少したものの，制作単価が徐々にではあるが上昇の気配がみられ，689億円と微増した。なお，ここでも映像販売・ライセンス等による海外収入が524億円と全体の2番目，2割を占めるまでに成長している。

　そしてキャラクター市場であるが，矢野経済研究所によれば2017年のキャラクタービジネス市場は，前年比99.9％の2兆4,539億円と推計される（表9‐1）。

　ただし，キャラクタービジネスとはライセンス契約によりキャラクターを商品，広告販促使用，映画やテレビ，マンガなどのメディアへ展開するビジネスを指し，商品化権と版権で構成される（なお，芸能人などは除かれている）。商品化権とは商品に付帯してキャラクターを使用する権利であり，版権とは出版，

図9-1　日本のアニメ産業市場

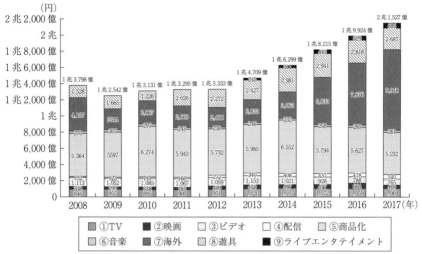

アニメ産業市場各項目の定義（エンドユーザー売上）
　　① TV：テレビ局アニメ番組売上
　　②映画：劇場アニメエンドユーザー売上（劇場アニメの興行収入）
　　③ビデオ：アニメビデオグラムエンドユーザー売上
　　④配信：アニメ映像配信エンドユーザー売上
　　⑤商品化：アニメ関連商品エンドユーザー売上
　　⑥音楽：アニメ音楽商品エンドユーザー売上
　　⑦海外：海外アニメ関連エンドユーザー売上（上映・放送・ビデオ・MD など）
　　⑧遊興：アニメ作品を使用したパチンコ・パチスロ台の出荷高の推計値
　　⑨ライブエンタテイメント：ライブエンタテイメント（注4）売上の合算
　注：(1)　テレビの産業市場は，民法各局および NHK の放送事業収入にアニメの放映分数比率を乗じ，アニ
　　　　　メ専門チャンネルの売上などを加算。
　　　(2)　遊興（パチンコ・パチスロ）市場は2008年から調査，遊興の産業市場はアニメ作品を使用した台の
　　　　　出荷高推計値。
　　　(3)　遊興市場は2008年から調査。
　　　(4)　ライブエンタテイメント市場は2013年から調査，アニソン・声優ライブ，イベント，2.5次元ミュー
　　　　　ジカル，ミュージアム・展示会，カフェのエンドユーザー売上の合算。
　　　(5)　07-13年商品化市場は14年集計時に再集計。
　出所：日本動画協会編『アニメ産業レポート2018』（2018）。

　宣伝広告やイメージキャラクターとしての使用権である。2017年度の商品化権
の規模は前年度比98.5％の1兆2,239億円と微減，版権の規模は前年度比
101.5％の1兆2,300億円と微増で，商品化権と版権を合わせたキャラクター全
体の市場としては好調のまま現状維持といった状況である（矢野経済研究所編

表 9-1　日本のキャラクター市場

2017年度	市場規模（億円）	権利内容		内　容
商品化権	12,239	商品に付帯してキャラクターを使用する権利		上代換算
版　　権	12,300	①出版権		上代換算
		②広告宣伝への使用権利		契約ベース
		③ソフトウェアへの使用権利		契約ベース
		④イメージキャラクターとしての使用権利		契約ベース
合　　計	24,539			

注：上代は店頭販売価格，下代は小売店の仕入れ値。
出所：矢野経済研究所編（2019）。

図 9-2　キャラクターの権利許諾関係

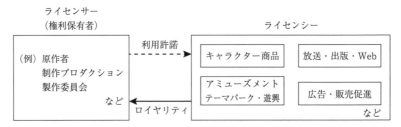

2019）。

　なお，キャラクタービジネスで使われるライセンサーとライセンシーの関係について整理しておくと，使う許可を与える（ライセンサー）か，与えられる（ライセンシー）かである。たとえばディズニーやサンリオは，自社キャラクターを他者が商品化したり広告・販売促進に利用することを条件付きで許諾し，その見返りとして契約に基づく割合のロイヤリティを受け取る仕組みである（図 9-2）。

（3）アニメ・キャラクター市場における直近の課題

1）キッズ向けと大人向けの逆転現象

　国内の子ども人口の減少により，業界全体として大人向け作品へのシフトが著しい。テレビアニメの制作本数からみると，既に2015年の段階で，キッズ・ファミリー向けアニメと深夜帯を中心にテレビ放送される大人向けアニメの比率が逆転している。2000年には子ども向け 6 万6,840分，大人向け8,120分と約

９：１の割合だったのが，2017年では５万3,757分に対し６万2,652分と，割合は46：54（子ども向け：大人向け）になり，深夜アニメの割合が年々じりじりと増えている。反面，とりわけ著しいのがキッズ向け新作アニメの減少で，2001年には３万6,337分あったのが2016年には１万4,368分，2017年には１万分を切り9,790分となってしまった。

２）国際展開への懸念と期待

先に指摘したように，アニメ市場における海外マーケットのシェアが急伸しているが，チャイナリスクなどのように国家間の政治状況により大きく変動する危険性がある。また，Netflix，Hulu，Amazonなどアメリカ発の大型プラットフォームとの関係では，流通経路の独占によるメリット・デメリットの両面があり，依存度の高くなりすぎには注意が必要である。

ただし，日本から輸出されるアニメのクオリティは外国産を圧倒しており，全世界で日本のアニメーションのファンが増えている。元々，日本では他国に先駆けて1970年代から大人も楽しめる本格的なアニメーションが出現し，世界の中でも独自のポジションを築いてきた。その表現演出と作品世界観で，海外の熱心なファンの厳しい審美眼に応じられるのは日本のアニメだけである。この３〜４年は，外資系プラットフォームへの作品提供やネット上でのマネタイズ（課金決済）が浸透したことで，さらなる市場拡大の可能性がある。

３）アニメ制作業界の環境整備

働き方改革の波が，アニメ業界にも押し寄せている。現場スタッフの労働環境の改善のためにも，制作の生産性を引き上げなければならない状況になりつつある。それには，デジタル技術を活用した制作手法の見直しが鍵となる。

一方で，Netflix，Amazonなどの参入で一部作品の制作費が，従来よりも大幅に増額した。日本動画協会がアニメ制作スタジオへ行ったアンケート調査でも，制作予算はゆるやかながら上昇基調にあるとの報告がなされている。また，予算や資金調達に関連しては，アニメを作る方式にも変化が起きている。

1990年代前半までは，テレビ放送を前提とした「番組スポンサー方式」が主流だった。原則として制作会社が単独（場合によりテレビ局と共同）で権利を取得できる反面，二次利用収入のための対応もプロダクション自らで手がけなければならないため，人材やノウハウの面で限界があった。それを解決するため

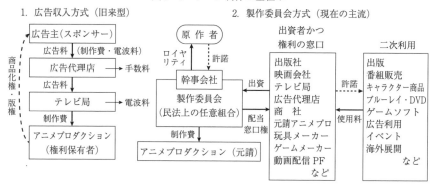

図 9-3　アニメ制作の座組み

1. 広告収入方式（旧来型）

商品化権・版権

広告主（スポンサー）
↓ 広告料（制作費・電波料）
広告代理店　→ 手数料
↓ 広告料
テレビ局　→ 電波料
↓ 制作費
アニメプロダクション
（権利保有者）

2. 製作委員会方式（現在の主流）

原作者

ロイヤリティ　許諾

幹事会社

製作委員会
（民法上の任意組合）

制作費

アニメプロダクション（元請）

出資

配当窓口権

出資者かつ権利の窓口

出版社
映画会社
テレビ局
広告代理店
商社
元請アニメプロ
玩具メーカー
ゲームメーカー
動画配信 PF
など

許諾

使用料

二次利用

出版
番組販売
キャラクター商品
ブルーレイ・DVD
ゲームソフト
広告利用
イベント
海外展開
など

に1990年代後半から増えてきたのが，現在主流の「製作委員会方式」である（図 9-3）。出資者が各自の得意分野で権利管理の窓口となり，二次利用収入の極大化をねらう仕組みである。制作費を数社で負担することで，リスク分散の効果もある。しかし，寄り合い所帯のため大胆な意思決定ができない，スピードが遅いなどデメリットが指摘されるケースも少なくない。ここ数年の東宝のように，『シン・ゴジラ』『君の名は。』『天気の子』など委員会方式をやめた作品が相次いで大ヒットしている事実もある。

（4）そもそもキャラクターとは何か

1）キャラクターの定義と本質

　キャラクターの語源は，ハリウッドで使われていた 'Fanciful Character (s)'（空想の人格）であるといわれている。この語はアニメ映画の最初の人気者・黒猫フィリックスが活躍していた1920年代前半には，すでに使われ始めている。続くディズニースタジオも，ミッキーマウスを様々なフィルムに登場する俳優の一種として扱うために，契約書にこの言葉を盛り込んだ。つまり映画製作者は，アニメーションの主人公に実在の俳優と同等の権利を主張したのである。

　『広辞苑 第6版』によると，キャラクターとは「①性格。人格。個性。キャラ。②小説・映画・演劇・漫画などの登場人物。その役柄。③文字。記号」とある。一般にキャラクタービジネスにおける意味は②と解されるが，その範囲

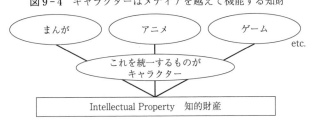

図9-4　キャラクターはメディアを越えて機能する知財

は作品ありきに限定されており，狭い。たとえば日本各地のゆるキャラは，その土地の魅力や特産物をシンボル的な位置にまで昇華させたものであるが，作品が前提とされるものではない。

　また，芸能人・スポーツ選手・政治家など現実の人物がキャラクター化され（この場合のキャラ化は一種のステレオタイプを想定することである），本人とは別の存在・概念となってしまう例も多い。自分から派生したキャラクターに自分自身が制約される（カリカチュアされた姿に自らあえて寄せていく）という逆転現象もしばしば生じる。さらに絵文字，ゲーム，LINE スタンプで使用されるキャラクターはコミュニケーションにおける③の意味を備えている。これらを考慮すると，今日における実務上のキャラクターの概念はもっと広く，①②③のすべての意味を含むといえる。

　「個人や組織の何らかの意図を社会に伝えるために，一つの性格特性が誇張され，デザインと結びつき，最終的に記号的な意味にまで達しうる人格的な表現」それがキャラクターである。

　また，キャラクターは，いくつものメディアにまたがり機能する（図9-4）。たとえば，雑誌の連載でもテレビアニメでもゲームでも劇場映画でも着ぐるみでも，ドラえもんはドラえもんとして人々から認識される。

　そして，キャラクターは商品化権や版権の基となる知的財産（Intellectual Property）でもある。権利としてのキャラクターの特長は，特許権や意匠権などの工業所有権と同様に量産できるシステムにある。同じ著作物でありながら，一点ものでしかない美術品との違いである。しかも作品として成立した時点で権利が自然に発生し，登録や審査の必要がないのが強みとなる。さらに，消費者とのコミュニケーションによって世界観が育成・共有され，経年により付加

図9-5　キャラクターを形づくる要素いろいろ

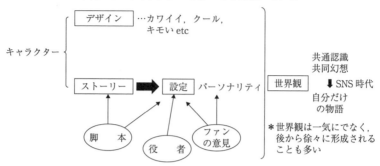

価値を産むという点では，キャラクターはブランドに似た面もある。広く認知
された企業 PR キャラクターは，消費者にとってアイコンとしての意味を持つ。
キャラクターの本質はプロパティであり，PR アイコンでもある。

2）キャラクターの構成要素と成立要件

　図9-5は，キャラクターを構成要素に分解したものであるが，図中の設定
の骨格を成すのがパーソナリティ＝性格特性である。マルティンによれば，最
初のカートゥーン・スターであるフィリックスの作画者オットー・メスマーは
「ちょっとした身ぶり，ウィンクやしっぽを振ること」がギャグやストーリー
以上に客に受けるための重要な要素であると発見した（Maltin 1987）。ディズ
ニーに先んじること10年，はっきりとした「パーソナリティ」こそキャラクタ
ーの生命線であると気づいたのである。逆に，単なるイラストではキャラクタ
ーと呼ぶに十分でない。

　外見と設定が相まって１つの「世界観」が形成され，キャラクターが社会に
流通するために必要不可欠な条件となる。それは送り手と受け手の共通認識・
共同幻想である。ディズニーに代表される近代資本主義の制作者たちは，キャ
ラクターを売り込む初期段階で「このキャラクターは，こんな外見で，こんな
言動をする」という統一ルールの正確性に神経質なまでにこだわってきた。
「黒丸３つでミッキー」と認識させるのも，「これはミッキーではない」と認識
させるのも，商売の前提条件となり，偽物への防止策にもなる。それらを抽出
して造形したものが，キャラクター商品となる。

　この「共通認識」こそがキャラクター産業を支える下部構造であり，この土

台なしにはマーチャンダイジングはありえない。たとえば昭和のブリキ玩具やソフトビニール人形は造形の精巧さに限界があったが，製造側と購入側に「これは○○というキャラクターだ」という共通認識があれば，商品として成立した。子ども達はプラモデルに「これじゃない感」があっても，箱絵にそのキャラクターが描かれていれば，イメージを脳内補正して納得していたのである。

　やがてキャラクターへの共通認識が広く浸透すると，当該キャラを象徴する一部分だけでもキャラクターの記号として人々に受け止められ，Intellectual Property として成立する。

　たとえば，ハローキティのリボンや鉄腕アトムの独特の髪型などである。もっと極端な例が，ドラえもんを俳優のジャン・レノに擬人化するという演出がなされた2014年のトヨタの CM である。広く大衆に訴求するテレビ CM でこうした新しい手法が用いられたということは，多くの日本人が高度なキャラクターリテラシー（青い服と鈴の首輪でドラえもんと認識できる）を持っていることが証明されたと同時に，キャラクターの特性を端的に示している。

3）キャラクターのビジネス上の効用

　キャラクターには「注目誘引」「話題創出」「販売促進」などの効果がある。ごく普通の食器や文具や衣服にキャラクターを付けただけで，その実用機能には変わりがないのに，商品の売上が増える。これがキャラクターの付加価値である。

　とりわけ「萌え絵」には強力なプロモーション効果がある。たとえば2008年に秋田・羽後産あきたこまちの米袋に美少女イラストを印刷したところ，１カ月でそれまでの２年分の販売を記録した。2013年に雪印メグミルクがコーヒー飲料のパッケージに萌えキャラを使用したところ，若年層の購入率が前年比二桁伸長した。ライバルの江崎グリコも2014年に主力商品の氷菓子に萌え絵を採用するなど，萌えマーケティングを導入した商品の事例が相次いでいる。ただし，食品パッケージにキャラクターが載っても味は同じである。

　民間だけではない，数年前から各地の自衛隊が人材募集の広報に萌えキャラを採用し，テレビニュースや SNS での話題創出に成功しているほか，大阪府警察が防犯ポスターに萌えキャラ「逢坂ケイコ」を使って市民の注目を引くなど，もはやオタク層だけに限らず広く一般大衆への訴求に萌えキャラが有効な

手段となっている。また，2016年の総務省による18歳選挙キャンペーンでは『俺の妹がこんなに可愛いわけがない』の萌えキャラを起用し，啓蒙用の小冊子まで作成された。果ては，2017年に環境省が地球温暖化対策の「MOE 萌えキャラ」を投票で決めるキャンペーンを実施したのである。

こうした萌え絵を早くから戦略的にビジネスに活用取してきたのが，ライトノベルの作品群だ。活字作品におけるビジュアルの不足を，むしろ「拡張可能な余白」と考え，萌えイラストで補ったのである。その最大の成功例が2003年に発行され，シリーズ累計800万部に及ぶ『涼宮ハルヒ』である。表紙や挿絵に萌え絵が多用され，主人公の涼宮ハルヒのコスプレは新世紀ゼロ年代を象徴するものとなった。

またライトノベルだけではなく，『もし高校野球の女子マネージャーがドラッカーの『マネジメント』を読んだら』（2009年）のように，ビジネス書としての性格をもつ小説での大成功例もある。萌え絵が表紙のこの本は，実売270万部を数え，その影響力は，本家本元であるドラッカーの経営書にも波及した。萌え絵の帯が装丁されたドラッカーの『マネジメント』が再び売れ出し，初版から10年後に売り上げが突然急上昇し，累計100万部を達成するという珍現象をもたらした。

キャラクターが持つもう一つの効果が，「浄化・脱臭効果」である。アニメやキャラクターには，生々しい表現を緩和する作用がある。たとえばNHK Eテレの人気番組『ねほりん・ぱほりん』では，元薬物中毒患者，元極道，ホストに貢ぐ女など顔出しでは放送できないような出演者がブタのぬいぐるみを介して喋ることで，過激なトークでもすんなり聞けるという演出がとられている。キャラクターは「濾過装置」なのである。

また，人々から敬遠・嫌悪されがちなものをキャラクター化することで，強力な浄化・脱臭の効果が作用する。1990年代に世間を震撼させた反社会集団・オウム真理教が，その布教過程においてアニメや被り物などキャラクター戦略をとったことは広く知られている。古くはディズニースタジオが，第 2 次世界大戦中に軍や政府機関に提供した部隊マスコットや戦争用宣伝美術の例もある。現在では自民党から共産党まで主要政党が揃ってキャラクターをPRに使っている。キャラクターやアイドル的な表現が政治や宗教に使われる時，受け手側

は議論や本質を回避しイメージだけで判断してしまう危険性に注意すべきである。

2　アニメ・キャラクター産業の構造変化

（1）日本のキャラクタービジネスの歴史

　本項では，日本のアニメ・キャラクターとビジネスの関係を考察するために，戦後から2000年までの主なトピックを時系列で簡単に整理する。

　第2次世界大戦の終結から9年，原水爆をテーマに東宝が製作した特撮怪獣映画『ゴジラ』（1954年）が封切られ国内外で大ヒットした。以後，現在まで数十年にわたり同社のドル箱シリーズとなる。

　1956年には「東洋のディズニー」を標榜して東映動画が設立され，商業用のフルカラー・アニメとしては国産初の『白蛇伝』が作られる。中国の題材を選んだのは，初めから東南アジアへの輸出を目論んでいたからである。これが現在まで続く日本のアニメ産業の出発点となった。同社には宮崎駿・高畑勲・大塚康生ら，後のアニメ界を支える人材が入社する。

　高度成長期の入口の1959年3月17日，初の子ども向け週刊誌である『少年マガジン』（講談社）と『少年サンデー』（小学館）の2つが同日創刊される。背景には1年で100万台から300万台へと急速に普及するテレビメディアへの対抗と，これを取り込み本格的メディアミックスを図ろうとする出版社の戦略があった。

　1963年に手塚治虫の虫プロによる国産初の連続テレビまんが（アニメの呼称の普及前）『鉄腕アトム』が，続いて『鉄人28号』『エイトマン』がブラウン管に登場する。いずれもロボットSFアニメであるのは偶然ではなく，ディズニーが手がけていない隙間ジャンルのため，海外販売も見込めるという思惑が関係していた。以後，日本ではSFアニメが盛んに欧米に輸出されると同時に，世界でも稀にみる独自の発展を遂げる。

　そして1966年には『ウルトラマン』を中心にした実写の第1次怪獣特撮ブーム，1971年には『仮面ライダー』を含む第2次特撮ブームが起きる。百貨店や遊園地でのキャラクターショーの原型も同時期に始まった。

また消費者からすると，多様なキャラクター文具（子どものお小遣いで買える）が存在するのも日本の特徴である。1960年代後半にはソノシート，プラモデル，ソフトビニール人形などの版権商品も大量生産された。これらはマーチャンダイズという言葉が定着する前は，マスコミ玩具と称されていた。

　なお，さまざまな書物において手塚の『鉄腕アトム』のテレビアニメ化が日本におけるキャラクター商品の嚆矢であるとの記述が見られるが，それよりもずっと前の昭和初期にはフィリックス，ミッキーマウス，ベティブープらがアメリカとほとんどタイムラグなしに日本でも広告や玩具に登場している。本来の権利者が収益を得たかは別問題であるが，すでに1930年代にはキャラクター商品が国内で頻繁に作られていた事実を指摘しておく。手塚が日本のマンガ・アニメの中興の祖であることは疑う余地はないが，手塚が神格化される中で，ともすればすべてが手塚から始まったとするのは誤解である。マーチャンダイジングの概念も当事者にすら余り強くなかった。実際，手塚も当初はとにかく自分の作品が立体化され商品化されることが嬉しくて仕方ない，といった受け止め方で，マネタイズよりも宣伝効果を重視していた。これは1960年代の怪獣ブームの中心であった円谷プロダクションも同様で，玩具メーカーからの申し出に比較的簡単に許諾を与えていた。

　1969年10月5日，『サザエさん』『ムーミン』のテレビ放送が始まった。ムーミンの放送枠は「カルピス子ども劇場」の冠で後に『アルプスの少女ハイジ』（1974年）や『フランダースの犬』（1975年）などを生み，世界名作アニメというジャンルを確立する。

　1974年に放送された『宇宙戦艦ヤマト』は，高校生以上を含むファンクラブや同人誌活動が大々的に行われた最初のアニメであり，アニメ＝子どもの先入観を覆した最初の作品でもある。

　翌年には戦隊ものの元祖『秘密戦隊ゴレンジャー』がスタート，この頃より玩具メーカーがテレビ番組開発の主導権を握るようになる。同じ1975年に，今では日本最大のキャラクターの祭典となったコミックマーケットの第1回が開始される。このイベントは，1966年に手塚治虫が創刊した雑誌『COM』が1973年に休刊したのがきっかけである。同誌は読者からのマンガ投稿や同人誌の情報を掲載し，ファン同士の交流メディアであった。消滅を機に現在でいう

オフ会のようなファンの自主的な交流会が実行されたのである。アマチュアを
プロに育てるのが COM の目的であったが，副次的存在のはずの読者投稿がイ
ベント化し，パロディなど二次創作が大衆化する皮肉な結果となった。アニメ
ファンが青年層にまで達していることを可視化した最初期の事例でもある。

　1978年から1979年にかけては『銀河鉄道999』が社会現象になる。特に劇場
版アニメは1979年の邦画配給収入１位で，これはアニメ映画史上初の快挙だっ
た。さらに1983年の東京ディズニーランド開園が，大人のキャラクター所有を
普遍化し，キャラクターに対する独特のお約束ごと（中の人などいない等）を
当然視する決定打となった。

　1980年代後半からは宮崎駿監督による，いわゆる「宮崎アニメ」が注目され
始める。同じ頃に派生したのが「萌え絵」である。元はアダルトゲームや恋愛
ゲームを発生源とする美少女キャラを指す言葉であったが，その後，美形の男
性を描く「メンズ萌え絵」も登場した。現在では「萌え」は，キャラクタービ
ジネスにおける最重要なファクターとなっている。

　『少年ジャンプ』（集英社）が653万部という史上空前の売上を記録して始ま
った1995年，テレビでは『新世紀エヴァンゲリオン』が放送され，第３次アニ
メブームが始まる。1997年には『ポケットモンスター』が放送開始，『もののけ
姫』が当時の邦画史上歴代最高の193億円の興行収入を記録し，地上波テレ
ビの深夜アニメ枠が急増する。1998年にはNHK-BSで『カードキャプターさ
くら』が始まる。本来は子ども向け作品であったが，青年アニメファンがその
内容からロリコン，ショタコン，同性愛，腐女子などの要素を読み取り，オタ
ク層に人気が爆発し，彼らは「大きなお友達」と呼ばれるようになる。

　この第３次アニメブームの背景には，テレビと並ぶメディアの大変革＝イン
ターネットの出現がある。まず1995年にWindows95が発売，1999年に２ちゃ
んねる開設，2000年を境に携帯電話の利用需要が音声からデータに移行，PC
間での画像の送信も容易になった。その後，スマートフォンが普及しはじめる
のが2007年頃，LINEスタンプ開始が2011年である。ちなみに，未だ破られて
いない日本映画史上歴代１位の興行収入308億円を『千と千尋の神隠し』が樹
立したのは，新世紀を迎えた2001年であった。

（2）萌えと擬人化──日本固有種の登場

本項では日本のキャラクターを理解する上で重要な「擬人化」「萌え」について述べる。

人でないものを人に見立てて表現（人格化）したのが擬人化である。擬人化表現そのものは，昔から洋の東西を問わず存在している。たとえば，1889年にミシュラン兄弟がタイヤを擬人化したミシュランマン。また，第2次世界大戦後のアメリカでは，広告や商標の分野で多くの擬人化キャラクターが生み出されてきた。

しかし，日本ではそれよりもはるか昔から，擬人化の概念が人々に親しまれてきた。その原点とされるのが，約800年前に描かれた『鳥獣戯画』である。また，日本には古くから付喪神（古い道具に命が宿る民間信仰）が夜に列をなして練り歩く百鬼夜行，それから転じた化け物キャラが広く人口に膾炙してきた歴史がある。とりわけ江戸時代には，当時のマスメディアである草双紙において，盛んに化け物の創作が行われた。豆腐小僧に代表されるように，これらは畏怖の存在というよりも，一種のマスコットとして扱われていた。その後も，昭和高度成期の水木しげるの妖怪漫画からスタジオジブリ『千と千尋の神隠し』(2001年)，『妖怪ウォッチ』(2014年)，みうらじゅんの命名による地域おこしの「ゆるキャラ」まで，日本の擬人化は古代から現代まで連綿とつながる一つの系譜である。

その擬人化が著しく顕在化・多様化したのは，21世紀に入ってからである。全国的ブームにより各地にゆるキャラが出没し始めた2003年，ネットにも新種の擬人化キャラ『びんちょうタン』が登場した。備長炭を美少女になぞらえた「萌え擬人化」の先駆けである。それまで同人誌など限られた範囲で楽しまれていた「萌え絵＋擬人」の表現が，インターネットのインフラ化で一気に広まり，雑誌連載や地上波テレビアニメにまで展開する事態となった。同じく2003年に発行された『もえたん』は，英語を美少女に擬人化することで，学習書籍としては異例の40万部を売り上げた。『涼宮ハルヒ』のデビューも重なり，まさに2003年は"萌え"のブレーク年だった。

こうしてメジャー化した「萌え擬人化キャラ」は多くの亜種を生むことになる。SNS上に萌え擬人化キャラの投稿が急増し，「国」「曜日」など抽象的な

概念までもが美少女やイケメンに擬人化され始める。主各国の風俗歴史や気質を人に模した『ヘタリア』（2006年），電車の「路線」を擬人化した『青春鉄道』（2006年），ゲーム機を擬人化した『P.S.すりーさん』（2008年），暦の祝日を擬人化した『カレンダーボーイ』（2009年），ファストフードを擬人化した『すまいる 0 円！』（2009年），調味料を擬人化し同性愛の要素を入れ込んだ『旨み成分100％』（2009年）のほか，今や‘Cool Japan’の代名詞『初音ミク』（2007年）も音の美少女化である。

（3）変わるキャラクターと消費者の関係

　現在のキャラクター消費はパラダイムシフトの真っ只中にあるが，特徴的な現象をいくつか取り上げてみよう。

1）ストーリー消費からデータ消費へ

　ウォルト・ディズニーらが確立した従来のキャラクタービジネスの手順の第1は，制作側が理想とする世界観を作品を通して人々に理解してもらうことであり，そのためには「主軸となるストーリー」いわば「経典」がまず必要であった。そして，ストーリー主導の時代においては，キャラクタービジネスの中心は，あくまで物語の主人公であった。同一の製品をマスで売り込む資本主義の黎明期，大量消費社会ではそれが一番効率がよく，制作側も主人公以外のキャラクターの詳細な設定までは気にする必要もなかった。そんな要素は物語の本筋をたどるには影響ない，真に大ヒットする作品は事前の知識がなくても視聴者が引き込まれるものだ，という考えが支配的だったからだ。

　ところが，社会の情報化が進み，1980年頃から個別のキャラクターの詳細を楽しむ傾向が出てきた。物語中わずかしか登場しないキャラクターの隠れた事実を調べ，独自の解釈をする。設定の裏情報を求めて，ファンの関心対象はスピンオフ，SNS による二次創作など「正史」ではなく「外伝」にまで拡がった。ストーリー（物語）消費からデータ（情報）消費への構造転換である。

　情報消費では，人々はストーリー自体よりも，むしろそこに付随する情報を確認し楽しむ。典型的な例として挙げられるのが情報化社会における観光である。旅人は目的地を訪れる前に，ガイドブックやインターネットで現地の情報を周到にリサーチする。まず現実に情報のタグ付けをし，その実体を確認しに

赴くのが観光となっている。これはコンサートや遊園地などのエンタテイメント産業においても同様で，確認するためにイベントに参加する。ここに見られるのは，サブ（事前）とメイン（当日）構造の逆転現象である。このようなキャラクター消費の状況下では，各々の作品の細かな設定こそが消費者のニーズだ。ストーリーはもはや全体を貫く大きな柱ではなく，キャラクターを理解するための一情報にすぎない。「特定の世界観」の中に複数のストーリーが並存し，同時進行するのだ。

2）もはや愛せるのは一部分だけ？

キャラクターの情報消費の度合いがさらに強まった結果，人物の外見を構成するパーツ（要素）をキャラクターと捉えて単独で嗜好する偏愛傾向が1990年頃から急速に大衆化した。「メガネっ娘」「ツインテール」「ツンデレ」「妹」「猫耳」などが例で，人間の身体属性や性格をパーツ化＝データベース化し，それに偏愛を感じることを「○○萌え」と称するようになった。この現象を東（2001）は「データベース消費」と命名している。ただし，彼らはテーマやストーリーへの共感＝従来型の物語消費を完全否定している訳ではない点にも注意する必要がある。

だが，キャラクターの細部こそ重要で，物語自体には何ら面白さを求めていない例外も存在する。BL＝Boys Love（美男子の同性愛がテーマ）のジャンルでは，「やおい」＝「山なし，落ちなし，意味なし」というデータベース消費に特化した作品群が1980年代から登場していた。

3）垂直統合からフラットへ──同時多発的な出口戦略

こうしたキャラクターのデータ消費傾向により，メディア展開のあり方も従来とは変化した。かつてコンテンツのメディア展開（出口戦略）は，原作本を出発点としてテレビ・映画・玩具……と枝分かれに展開してゆくピラミッド構造だった。ところが，現在ではすべてのメディア展開が同時多発的に行われ，全体を世界観が支配するフラットな体制へとシフトしている（図9-6）。

もはや原作と二次・三次商品の間にはヒエラルキーは存在しない。こうした時代の変化に一早く対応したのは，メジャー資本の作り手ではなく，同人サークルを中心とする受け手の方だった。特に二次創作により人気を伸ばし，ゼロ年代を代表する大ヒットとなった『東方 project』の例を次にみてみよう。

図9-6　変わる出口戦略

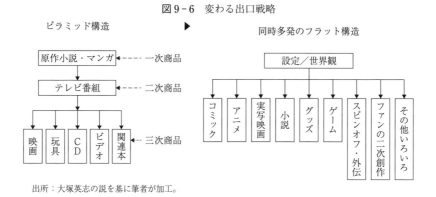

出所：大塚英志の説を基に筆者が加工。

4）二次創作のキーファクター——東方projectにみる『ぬりえ消費』

　東方projectは，大手ゲーム会社ではなく個人が作り出したシューティング形式のゲームである。舞台となるのは人間と妖怪が共存する幻想郷で，原作者ZUN氏が制作のすべてを1人で行っている。1996年に開発され，萌え絵のキャラが受け，同人誌即売会やゲーム中の音楽を演奏するイベントなど二次創作が頻繁に行われるようになった。ブロードバンドの普及にともない2007年に動画投稿サイトでも火がつき，ネット掲示板で東方のキャラクターを模したアスキーアートが流行するにおよび，人気は不動のものとなった。

　東方projectの大ヒットの原動力は，作者のZUN氏が「同人の範囲内であれば，二次創作を（許諾・提出・報告なしで）自由にしてよい」と表明していることだ。その理由をZUN氏は「過去に多くのものから影響を受けているので，自分の作品も二次創作だと思っているぐらい。他人が東方を二次創作をするのを断る理由は一切ない」（NHK-BS『magネット』，2010年5月2日）と語っている。ファンは著作権の問題を気にすることなく，東方projectのキャラが登場するマンガを書いたり，音楽をアレンジしたり，様々な二次創作が楽しめるのだ。その結果，東方projectはファンによる拡大再生産を繰り返し，毎月どこかの都道府県でイベントが行われるほどの人気コンテンツとなった。

　もう一つ，東方project成功の鍵は「良い意味で適当な，制作のクォリティコントロールのゆるさ」にある。たとえば，楽曲1つを作るのに3～4時間で済ませて，ゲーム音楽として最低限の質に達したら，それ以上は深追いせず

OK にしている。時間をかければもっと良いものができるかもしれないが，それは制作プロセス全体からすれば非効率なので，あくまで時間制約の中での作業の最適配分を行っているという。結果として「いちおう完成品であるが，適度に改善の余地がある作品」ができあがるという絶妙な仕組みになっている。

　これは従来の大手資本メーカーにはない発想で，昔気質の開発者がいたら，これだけ「設定に隙間がある」状態では商品として世に出さないだろう。最低限の枠組みを決めて，後はファンが余白に自分好みの色を塗れる，塗りたくなるような，いわば『ぬりえ消費』［大野 2017］である。「私の方がうまく描けるのではないか」「このキャラの過去はこうだったのではないか」と自分の解釈で物語を作れる『ぬりえ消費』の楽しさ，それをファン同士で披露して交流する楽しさが，SNS 時代の二次創作のキーファクターとなる。

　また，大ヒットコンテンツでありながら，あえてアニメ化はしていない。アニメ化されると，メジャーな声優が起用されて公式イメージが付くため，「アニメはゴール」「アニメは終わりの始まり」と揶揄され，ファンの二次創作離れを引き起こす場合もあるからだ。かつて1980年代のガンダムや1990年代のエヴァンゲリオンは，作り手側から供給される設定が過剰にあった。連続アニメの場合は各話の間に矛盾が生じないよう，しっかりシリーズ構成も行われた。しかし，ゼロ年代以降は，その一分の隙もない構成が却って仇になる可能性があるのだ。

５）オリジナルとコピーの違いとは何か

　二次創作や他とのコラボレーションがしやすいようシステム化されている点は『初音ミク』も同様である。権利元のクリプトン・フューチャー・メディアは，商品パッケージ以外にあえて公式イメージを打ち出さない戦略をとっている。青緑のツインテールの女の子，という最低限の条件を満たせば，それが初音ミクとされる。さまざまな〇〇風ミクが可能になる。ただし二次創作にあたっては，表9-2のようにオリジナルと派生作品がどんな関係かが問われる。道義上も法的にもまずいので「ばれて困るのがパクリ」，原作がわからないと意味がないので「ばれないと困るのがパロディ」，原作関係者に敬意を持っているので「ばれると嬉しいのがオマージュ」である。

　もう１つ，二次創作に関連して注目すべき概念が「シミュラクル」である。

表9-2　オリジナルから派生する作品

盗作（パクリ）	他人の著作物を，作者に無断で盗用し，独自のものだと公表する。
引　　　用	出典を明らかにして，まるまる該当箇所をコピーして自分の作品に使う。
パロディ	原作に対して，批評・揶揄・風刺の要素が入った模倣作品。
オマージュ	尊敬する作品に影響されて，似たような（似ている所のある）ものを作る。原作者の了解や好意を得ていないと，盗作と誤解される場合がある。
二次創作	原作のキャラクターや設定を利用して，二次的に創作された独自性のある派生作品。原作者による一定のルールを守る必要がある。
シミュラクル	「オリジナルとコピーの中間」あるいは「オリジナルなきコピー」より具体的には「あるある風」「○○っぽい」と評される場合が多い。

フランスの哲学者ジャン・ボードリヤールが提唱した考えで「オリジナルとコピーの中間」あるいは「オリジナルなきコピー」とでもいえようか。より具体的には「あるある風」「○○っぽい」と称されるものと考えれば分かりやすいだろう。各地のご当地ヒーローやゆるキャラ，昭和風パロディ漫画など，元ネタがうやむやなまま，皆が思い浮かぶようなパターン化された作品がそれに当たる。

6）CGMによる創作――新しい概念の登場

東方projectや初音ミクなどネット上のCGM（Consumer Generated Media：消費者育成メディア）キャラクターが話題になるにつれ，二次創作はSNSが生み出した新時代のクリエーティブ表現であるかの如き意見（誤解）が見受けられる。だが，二次創作そのものは新しい概念ではない。むしろ，古くからある伝統的な手法で，昔ばなしや古典文学が人々に口承される過程で様々な変更がなされ，派生ストーリーが作られるのは珍しくない。

たとえば江戸時代からの人気演目である『忠臣蔵』は，史実の赤穂事件を脚色して，人形浄瑠璃や歌舞伎などに仕立てたものである。戯曲家による大小の改変を加えながら，講談・落語・浮世絵・小唄などにもマルチ展開され，『東海道四谷怪談』など多くの外伝も派生した。受け手の方も「見巧者」といわれる通人が世間への啓蒙役となった。送り手と受け手が徐々に物語をSNS的に可視化・再生してゆく。そうして出来上がった〈世界観〉が世間の共通認識として成立する。そのシステムは，現代のCGMでの創作の仕組みと同じである。これは国内に限らず，ディズニーが元ネタとしたヨーロッパの色々な古い童話

にも当てはまる。現代との違いがあるとすれば，SNS普及により物語が生成するスピードが早くなっただけである。

　もし，SNSの功績があるとすれば，CGMキャラクターにおける設定上の余白を埋める『ぬりえ消費』の面白さと重要性を21世紀の人々に再認識させた点だ。『ぬりえ消費』の登場は，20世紀にディズニーなどキャラクター権利者たちが必死になって流布した完全パッケージ主義を否定し，原点に回帰させたのである。

3　SNS時代におけるキャラクターの管理と育成

（1）ネット対応の巧拙がキャラの行方を決める

　今やネットでのパブリックイメージの巧拙が，キャラクターの運命を大きく左右する時代になった。その最初の成功例であり失敗例でもあるのが，北海道長万部町のゆるキャラ「まんべくん」である。2010年10月にツイッターに登場するや，自虐的な地元紹介と巧みな炎上マーケティングの手法（問題ツイート投下→炎上→謝る→フォロワー激増）で人気が急上昇した。しかし，翌年8月に戦争関連ツイートへの抗議が殺到して，アカウント閉鎖に追い込まれた。わずか数カ月の間にネット上の言動で全国的な知名度を得た反面，同じくネット上の言動が原因で自滅したのである。

　この「まんべくん問題」以降，キャラクターのSNSアカウントを操る，いわゆる〈中の人〉のクリエーティブセンスと危機管理能力が問われるようになる。ネット空間において厄介なのは，当該キャラクターの本来のターゲットではない人々によるバッシングだ。従来のファンであれば，暗黙の了解で何ら問題とならない言動も，自己の承認欲求を満たすためのクレームを趣味にしている人には，格好の餌食になってしまう。ディズニーですら，長崎原爆投下日の8月9日に「なんでもない日」とツイートしたところ，袋叩きに遭い謝罪に追い込まれた。

　また，理由もなく突然にタチの悪いフォロワーから絡まれることもある。2015年にサンリオのシナモンが，ツイッターで執拗に誹謗中傷（いわゆるクソリプ）に晒された。良い子キャラの公式アカウントでは声高に反論する訳にも

いかず，この時は，ひたすら「かわす」「度を越した相手はブロックする」と同時に，ファンコミュニティや世論を味方にして事態を乗り切った。

　最近の注目は，萌えキャラ絡みの「フェミ vs. オタク」の確執だろう。2015年，三重県志摩市の海女を萌えキャラ化した「碧志摩メグ」は LINE スタンプを2週間で1万5,000も売り上げる人気を誇っていた。ところが，このキャラクターが女性差別的であると主張するフェミニズム活動家たちが，市公認に反対の署名活動を起こし，ネットでも賛否が分かれた。それでも同市観光戦略室は，一部デザインを変更したものの，市が公認を撤回することはないと説明している。

　また，それまで全く問題なく流通していたコンテンツが，何かを契機にネット上の‘活動家’の標的になり，炎上するケースもある。岐阜県美濃加茂市はライトノベルを出自とするアニメ『のうりん』の舞台であり，テレビアニメ放送開始の2014年から聖地巡礼など観光需要で地域起こしに成功していた。ところが，上記の「碧志摩メグ問題」と前後して同アニメのキャラクターを使ってイベント告知をしたところ，数種あるポスターのうち一つが過度に煽情的であるとの批判が SNS 上で相次いだ。件のポスターが貼られて住民が迷惑しているかの如き事実誤認が，ネット（だけ）で拡がり収拾がつかなくなった。だが現実には，このキャラクターの絵柄は以前から岐阜県内では献血キャンペーンなどに使用されていた。同様の論争は「宇崎ちゃんは遊びたい！」を使った2019年の献血 PR ポスターでも生じた。こうした意見にも毅然と対応することが，SNS 時代にはキャラクターの〈中の人〉に求められる。

（2）成功に必要なものは何か

　これをやれば必ず当たる法則などないが，成功例から抽出できる共通の要素はいくつかある。ゲームを中心としたキャラクタービジネスの場合は，次の5つに集約される。

❶収集・❷競争対戦・❸育成・❹萌え・❺擬人化

　収集や競争対戦は古くからコレクションの基本要素であったが，1996年に「育成」を導入した革新的なゲーム『ポケットモンスター』『たまごっち』が登場する。ただし，この時点での通信インフラは脆弱で，個々のゲーム機は独立

しており，ポケモンデータの通信も簡易的なものであった。

　その後ネットワーク環境が整備され，2002年頃から「萌え」が加わる。たとえば2005年に発売の『THE IDOLM@STER（アイドルマスター）』は2002年の段階から構想されているが，開発者がいち早く萌えの重要性（いわゆる「大きなお友だち」需要）に気づき，要素として取り入れ成功した。21世紀のヒットキャラクターにはかなりの確率で萌え要素が含まれる。2015年に大ヒットとなった『艦隊これくしょん』や『刀剣乱舞』は❶❷❸❹❺すべての要素を取り込んでいる。

　増えすぎと揶揄され，一時期は全国で1,500を超えた「ゆるキャラ」の場合はどうか。2014年に大阪府と市は計70近くあった「大阪のゆるキャラ」をリストラ，財務省も乱立する105もの公的機関のゆるキャラに見直しを要求した。かたや「ゆるキャラグランプリ」で行政主導による組織票が横行し，利権構造や胡散臭さが指摘される中，知名度とマネタイズ両面での「勝ち組」確率はわずか数％とされる。

　勝ち組ゆるキャラとなる秘訣は，第1に，デザインや設定にどこかに歪みがあることである。猫なのに兜を被ったひこにゃん，仏に鹿の角を生やしたような姿で一部の仏教関係者から批判を受けたせんとくん，驚いて目が点になっているくまモン。ふなっしーは，しゃべる・たべる・はねる（奇声と論理的会話・背中のチャックから食事・並外れた跳躍力）と従来のゆるキャラの常識をすべて破っている。ただし，この歪みのサジ加減は，きわめて繊細で真にセンスが問われる。

　第2に，実は何らかの形で制作やPRにプロが関わっていることである。ひこにゃんの広報戦略は著名なPR会社TMオフィスが仕掛け，くまモンは〔売れっ子デザイナー水野学＋アカデミー賞『おくりびと』小山薫堂＋森高千里のテーマ曲〕と最強の布陣である。高知県内限定で地道に活動して成功したカツオ人間は，公式写真はすべてプロカメラマンの撮影で高いクリエイティブの質を保っている。

　第3に，特に登場から初期段階では「この一線はこえない」という禁じ手を明確に作っていることである。ふなっしーは船橋市非公認を逆利用し，自由に行動する一方で〈中の人〉の素顔は絶対に出さず，（まんべくんの轍を踏まぬよ

図9-7　キャラクターパワーの方程式

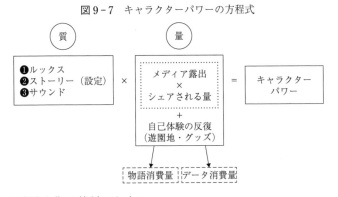

う）他への誹謗中傷は絶対にしない。

　ちなみに，ゆるキャラではないが，筆者が制作に関わったNHKのキャラクターどーもは，当初「服を着ない，靴を履かない」設定があったため，2002年サッカーW杯の際に日本のユニフォームを着せる案が浮上した際に，コンセプトを堅持し断念した経緯がある。

（3）キャラクターパワー方程式

　キャラクターは，「質」だけでなく露出「量」との掛け合わせで，初めてパワーを発揮する（図9-7）。筆者が制作に関わったNHKのキャラクターどーもの場合，登場初期の1999〜2000年頃は，地上波総合テレビだけでも週450〜600 GRP程度のスポット映像を投入した。さらに「どーも」しか言わない声も，場面に応じて何十種類も別テイクの音を用意し，サウンド面でも高品質を追求した。どーも以降，テレビ各局が様々なキャラクターを投入したが，物語性とサウンドへのこだわりの有無がキャラクターの優劣を決する結果になっている。

　量の確保では，消費者がキャラクターと関係構築できる「機会の場の提供」が重要になる。消費者自身がキャラクターとふれ合える常設のテーマパーク，また，コミックマーケットや定期的に行われるイベント講演は「量」を担保する強力な装置となる。たとえば，2次元（マンガ・アニメ・ゲーム）でしか存在し得ないキャラクターを3次元（リアル）で演じる「2.5次元舞台」が好評で，先駆となる『テニスの王子様』（2003年4月初演）は累計動員200万を達成，な

おロングラン興行中である。

（4）コラボの多発──本当は誰が得なのか

　近年，他の人気キャラクターとのコラボレーションが頻繁である。この手法は眠っていたキャラクターを再生することもできるが，時に相手に人気面で食われてしまい，何のためのコラボレーションだったのかわからなくなる可能性もある。また，安易な便乗策と他から思われぬよう，コラボ相手と綿密に創作コンセプトのすり合わせを行う必要がある。

　提携相手の一番人気は，「仕事をえらばないキティちゃん」ことサンリオのハローキティだが，その強さは群を抜いている。どんな相手とコラボしてもイメージは揺らがず，むしろコラボするほどに彼女のブランド資産が蓄積されていくのだ。

　これからのキャラクターは，ビジネスパートナーやファンの需要に応えて変幻自在になれる，一種のガレージキット化が行き着く究極の形だろう。様々なパターンに対応できるシステム化されたキャラクターとしては，2008年に電通が開発した『豆しば』も成功例の一つだ。きゃりーぱみゅぱみゅや志村けんほか芸能人バージョンの豆しば，コミック連載，ゲーム，期間限定カフェなど多面展開をしている。キティと豆しば，共通するのはシンプルかつ秀逸なデザインである。

（5）ローカル化に勝機あり？

　コラボと類似の展開手法「ご当地キャラクター化」も，やはりハローキティが先鞭を付けた。しかし，こちらはコラボ以上にハードルが高い。ご当地キティは現在では年間120～150種類のペースで増加し，これまで計1,500種以上が発売されているが，その第1号のラベンダーキティの登場は1998年である。デビューから実に24年後である。十分にキャラクターとしてのブランド資産を築いてからの展開であることは明白である。NHKのキャラクターどーもの場合でも，テレビでの大量露出を行い，デビューから約5年を経た2004年に満を持してのご当地ビジネス参入であった。

　逆に全国区のキャラクターよりもローカルのキャラクターとして売り出した

場合，地域の個性を際立たせた，かなり攻めた内容・方法での展開も可能である。その最たるものが2018年に放送開始の『ゾンビランドサガ』である。これは，ゾンビとして生き返った少女たちがプロデューサーに導かれながら，佐賀県を救うためにご当地アイドルとして活動する様子を描いたオリジナルアニメである。佐賀県広報課の全面協力の下で進められ，県の自虐ネタも満載なところがウケて2019年には早くもシーズン2のオンエアが決定，関連グッズの売れ行きも好調とのことである。

（6）キャラクターの現代的解釈による再生

　ここ数年 CM で注目されるのが，日本の昔ばなしのリメイクである。「桃太郎」だけでも，関ジャニ∞を起用した森永製菓ハイチュウ（2014年），小栗旬のペプシコーラ（2014年），三太郎シリーズ（桃太郎，金太郎，浦島太郎）の au（2015年），それに応戦した SoftBank（2015年）と4社にも及ぶ。もちろんお伽話には著作権が無いというコスト上の理由もあるが，元のストーリーが国内でほぼ100％知られており，且つ二次創作の自由度が高いという点が採用の理由だろう。

　変わったところでは，2016年に登場（再生）した滋賀県の PR キャラクター・石田三成が挙げられる。これは同年の NHK 大河ドラマ『真田丸』に乗じて，関ヶ原の戦いで西軍を指揮した石田三成の魅力を再発見することで県全体のイメージアップにつなげるという企画である。イケメン的に描かれた石田三成が"歴女"の人気を集める一方，Twitter では戦国武将らしからぬ三枚目な発言を繰り返し，地上波テレビや web では有名クリエーター藤井亮が制作のユニークな CM を連発，様々なメディアから取材が殺到した。

　また，『ガラスの仮面ですが』『おそ松さん』など，権利者公認で過去のキャラクターを二次創作風に再解釈した作品が登場している。それも単なるリメイクではなく，以前なら「このキャラはこんな言動はしない」と怒られて拒否された悪のりパロディを原作者自らが嬉々として創作している点が新しい。

　ただし，これらの手法はキャラクターやストーリーが記号的意味をもって初めて可能で，歴史の浅いキャラで拙速に用いても失敗するだけである。しかし，最初のアニメ放送開始から〇十年を迎えた長寿キャラクターをリメイクすれば，

図9-8 キャラクター成長モデル

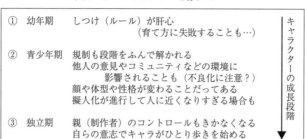

①	幼年期	しつけ（ルール）が肝心 （育て方に失敗することも…）
②	青少年期	規制も段階をふんで解かれる 他人の意見やコミュニティなどの環境に 　　　影響されることも（不良化に注意？） 顔や体型や性格が変わることだってある 擬人化が進行して人に近くなりすぎる場合も
③	独立期	親（制作者）のコントロールもきかなくなる 自らの意志でキャラがひとり歩きを始める

キャラクターの成長段階

親・子・孫の三世代が同時に楽しめ，キャラクターの再活性にもつながる。

（7）時間の概念を導入したキャラクター管理モデル

「キャラクターは歳も取らないし，メシも食わない」とは，かつてよく言われた台詞である。しかし，ここまでみてきたように，実際にはその維持管理には，「人間のタレント」の管理と同様かそれ以上の手間がかかる。特に SNS が発達し消費者の意向が可視化されるようになった現在では，メディア露出量やイメージのコントロール（炎上対策・リスク管理を含む）なくしてキャラクタービジネスの成功は有り得ない。そこには，人間の子どもが成長するのと同様の「時間の概念」の導入こそが重要になる。キャラクターは生き物なのだ。じっくり取り組む意志がなければ，安易なキャラクターづくりは禁物である（図9-8）。

また，長寿キャラクターとして大衆化するにつれ，初期の尖ったコンセプトが無くなってきたという場合に，パラレルワールドを設定し，原点回帰の作風に戻すことも SF ヒーローものではよく見られる手法である。

参考文献

東浩紀（2001）『動物化するポストモダン──オタクから見た日本社会』講談社。

NHK（2009-13）『mag ネット──マンガ・アニメ・ゲームのゲンバ』番組取材ノート。

大塚英志（2014）『メディアミックス化する日本』イースト・プレス。

小田切博（2010）『キャラクターとは何か』筑摩書房。

暮沢剛巳（2010）『キャラクター文化入門』NTT 出版。

酒井亨（2016）『アニメが地方を救う!?——聖地巡礼の経済効果を考える』ワニブックス。

大野茂（2017）「キャラクターとコンテンツビジネス」情報通信学会コンテンツビジネス研究会編『コンテンツビジネスの経営戦略』中央経済社，95-117頁。

日本動画協会編（2018）『アニメ産業レポート2018』。

矢野経済研究所編（2019）『キャラクタービジネス年鑑2019年版』。

「日経 MJ」（日経流通新聞）日本経済新聞社。

Maltin, L.（1987）*Of Mice and Magic: History of American Animated Cartoons*,Plume Books.（＝2010，権藤俊司訳『マウス・アンド・マジック——アメリカアニメーション全史』楽工社。）

<table>
<tr><td>終 章</td><td>これからのメディア産業</td></tr>
</table>

1 メディア産業再編の行方

（1）メディア産業再編の変遷

　既存のメディア事業にとっても，産業のデジタル化の中でますます産業の垣根がなくなり，本格的な産業融合の時代を迎える。過去に何度もメディア企業の再編は行われ，メディア企業は巨大産業化してきた。メディアコングロマリットは，映画，放送，出版，レコード会社，ケーブルテレビ，インターネット等の多様なメディア＆コンテンツを傘下に収めた巨大な複合メディア企業体を指し，相次ぐM&Aによる資本の集中によって巨大化，寡占化（メガ・メディア化）してきた経緯がある。

1）メディアコングロマリットの誕生——第1期（1980年代後半）

　1980年代半ばからのメディア企業再編は，テレビネットワークNBC，CBS，ABCがすべてメディアコングロマリットの傘下に収まった，テレビ産業の地殻変動が起こった時期であった。

　1886年にキャピタル・シティー・コミュニケーションズ（印刷メディア会社）がABCを，GEがNBCの親会社RCAをそれぞれ買収し，CBSも幾度となく買収の標的となった。1989年には，タイム社とワーナーコミュニケーション社による140億ドル規模の大型合併では，出版大手のタイム社，映画会社のワーナーブラザース，HBO，ロリマー・テレビピクチャース等傘下に収めたタイムワーナーという，巨大メディアコングロマリットが誕生した。

2）新通信法によるテレビネットワークの大型再編——第2期（1990年代後半）

　1990年代後半は，新通信法の成立，フィンシンルールの撤廃等を先取りした３大テレビネットワークの大型買収が相次いで起こった時期だった。1995年はウォルト・ディズニーがABCを190億ドル，ウェスティングハウスがCBSを

図終 - 1　動画配信による米メディア産業の再編

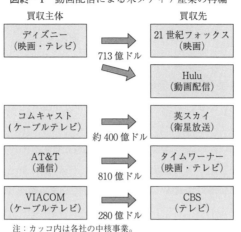

注：カッコ内は各社の中核事業。

54億ドルでそれぞれ買収した年であった。その後 CBS はケーブルテレビ事業会社のバイアコム（VIACOM），NBC は NBC ユニバーサルとなって GE，Fox テレビはニューズコーポレーションというように，それぞれ映画会社同様親会社の傘下に置かれた。

3）動画配信に向けての再編の波──第 3 期（2000年代後半以降）

2000年以降は大手ビデオレンタル事業者だったネットフリックス，Amazon，Hulu（フールー）等の OTT（オーバーザトップ）と呼ばれるインターネットの動画配信サービス[2]という新たな競合によって，ケーブルテレビからオンライン動画サービスへの乗り換え，「コード・カッティング」というケーブルテレビ離れ現象が起こっている。

このような動画配信とケーブルテレビとの競争激化に伴い，ケーブルテレビ業界再編の動きがここ数年顕著となってきた。2016年10月に AT&T がタイムワーナーを854億ドルで買収[3]，2018年 9 月にコムキャストが英スカイを買収，2019年にはバイアコム（VIACOM）と CBS の再合併と大型 M&A が相次いでいる。図終 - 1 の通り，動画配信サービスの攻勢に対抗するためのコンテンツ獲得によるメディア再編が加速している。

（2）メディアコングロマリットの形成──垂直統合と水平統合

　メディアコングロマリットは，垂直統合（Vertical Integration）と水平統合（Horizontal Integration）の2つの側面によって形成されている。

　垂直統合とは，一般に原材料調達，製造，流通，販売，顧客サービスといった，最終消費者に至る一連の価値連鎖（バリューチェーン）の中で企業自らが関わる業務範囲，つまり，どの業務とどの業務を連結して内部化してゆくのかを指している。

　Barney（2002）によれば，垂直統合には，製品やサービスの最終顧客と接触する方向に進む場合を，前方垂直統合（forward-vertical integration），逆に最終顧客から遠ざかる方向の場合を，後方垂直統合（backward-vertical integration）という。

　例えば，前者は，ディズニーがアニメーション制作からケーブルテレビチャンネルの番組供給事業に進出する場合，後者は，ネットフリックスがオリジナルコンテンツの制作に乗り出した場合をそれぞれ指す。事実，ネットフリックスは，2017年8月，独自コンテンツ拡充のため，アメリカンコミックスの出版社ミラーワールド社買収を発表した。推定額は5,000万～1億ドル（約55億～100億円）で，1997年創業以来今回が初めての買収である。

　垂直統合は，新たに内製化する事業領域を構築することから，市場内での競争優位性の確保に繋がるといっても，自社の経営資源を使った開発コスト（人的，時間，資金）が必要となる課題を抱えることになる。

　そのため，M&A による垂直統合で，他者の経営資源を自社に丸ごと取り込むことによって，自社内開発コストを回避する方法が取られる。メディア企業でみると，映画コンテンツ力をもつ映画スタジオとテレビネットワークという番組流通網を持つテレビ局が M&A によって一体化すれば，強力な垂直統合によりコンテンツ供給力を高めることにつながる。事実，新通信法後 PTAR（プライムタイム・アクセス・ルール）やフィン・シン・ルールの撤廃後，ディズニーによる ABC 買収は，垂直型企業買収でコンテンツとディストリビューションを併せ持つ，メガ・メディアへと発展し，市場支配力を高めていった。強力なコンテンツと流通網が一体となれば，さらに強力なメディアビジネス，果実を生み出すシナジー効果が発揮できるわけである。

　ディズニーに限らず映画会社の場合，フィルム製作，タレントエージェンシー，映像パッケージ製作（DVD, Blue-Rey），劇場上映館，ケーブルチャンネル，テレビネットワーク，インターネット，モバイルベースのストリーミングサービス等が消費者向けに垂直統合されていく。

　一方，水平統合とは，テレビ製作，映画スタジオ，レコードレーベル，出版といった次元での関連事業を，同一のメディア＆コンテンツ事業領域に多角的に取り込むことを指す。そして，関連多角化を目的とした M&A を水平型M&A と呼ぶことにする。ディズニーは，垂直＆水平統合による，数多くのメディア関連事業，スタジオ，テレビ放送事業（ABC），テーマパーク事業，ケーブルテレビ事業（ESPN），出版事業，キャラクター商品，映像パッケージ，ミュージカル事業，ルーカスフィルム（買収），ピクサー（買収）等のメディアコングロマリットを形成し，相互にマルチ活用することによって大きな利益を生み出す駆動力を得ている。

　M&A は，規模の経済，範囲の経済による市場支配力やコングロマリットを活かしたシナジーが期待されるが，必ずしも意図した合併効果をもたらすわけではなく，お互い異なる経営スタイルや企業文化等によって，相乗効果を生むどころか，2000年1月に発表されたタイムワーナーと AOL の大型合併のように，成果も生み出さず短期的に離反していった失敗例もある。

2　デジタルプラットフォーマー
——新独占企業の出現

（1）デジタルプラットフォーマーの台頭

　デジタルプラットフォーマーの GAFA が，新独占企業となってきたのは，時価総額の規模を見れば明らかである。図終 - 2のように Google とメディア企業の時価総額を比較しても，Google 1 社の時価総額（5,320億ドル）は，メディアコングロマリット企業のディズニー，ケーブルテレビ事業会社コムキャスト，21世紀フォックス，タイムワーナーやメガ・エージェンシーの WPP の総和を上回る規模である。

　一方，巨大 IT 企業を目指す動きは，国内でも起こっている。2019年11月に，インターネット検索等のポータルサイト「Yahoo」を運営する Z ホールディン

図終 - 2　Google とメディア企業の時価総額の比較（2016年 2 月現在）

出所：Galloway（2017＝2018：215）。

グスとメッセージアプリの LINE が，2020年10月を目処に経営統合することで基本合意した。両社の売上高の合計は1.2兆円で楽天を抜き，利用者数では，1 億人規模となり，国内 IT 企業としてトップになる見込みである。

　Yahoo は，1990年代後半以降インターネットの勃興期 PC からサービスを始め，国内最大手のポータルサイトとなったが，ネット利用がスマートフォンに移って以降，スマホ世代の若年層を満足に取り込めていない弱点を抱えていた。一方，LINE は SNS として急成長した企業だが，スマホ決済の参入によって EC ビジネスの強化が将来の成長に欠かせない状況であった。両社の経営統合には，お互い足らない部分を補強し合う関係である意味合いが強く，シナジー効果についてはまだ期待値に留まっている。GAFA や中国の BAT（バイドゥ，アリババ，テンセント）の巨大 IT 企業と比べて，規模の小ささは否めないものの，国内でも巨大 IT 企業誕生の可能性が出てきたことは確かだ。

（2）プラットフォームの定義とその特徴

　伝統的企業のビジネスモデルは，原材料を購入，加工（インプット）し，製品・サービスを生産し販売する（アウトプット），一方向に進むリニア（直線的）式のバリューチェーンによって利益を生み出している。こうした伝統的企業のパイプライン方式に対して，近年これとは別の，顧客や消費者，ユーザー同士を結び付けるプラットフォーム型の新興企業が台頭している。

1）プラットフォームの定義

　Rellier（2019：45）によれば，「プラットフォームとは，2 つ以上の顧客グループを誘致し，仲介し，結び付け，お互いに取引できるようにすることで大き

な価値を生み出している企業。たとえば，イーベイやエアビーアンドビー，ウーバーなどがこれに当たる」と定義している。

2つ以上の顧客グループとは，Google や Facebook の場合は，ユーザーと広告主という2つの顧客層がある。Google は，ユーザーに対して検索エンジン等を無料で提供するが，ユーザーから得られた個人データを基にしたターゲティング広告によって広告主から広告料を取るビジネスモデルで利益を生み出している。

また Amazon の場合は，消費者と出品者という2つの顧客層を持ち，出品者がプラットフォームを介して消費者に商品を提供して，Eコマースのビジネスを成り立たせている。こうした複数の顧客層をつなぎ合わせるプラットフォームはマルチサイドプラットフォーム（MSP）とも呼ばれている。

2）プラットフォームのネットワーク効果

プラットフォームの大きな特徴は，ユーザーが増えるにつれて，ネットワーク上に行われるサービスの価値が指数関数的に高まる，ネットワーク効果（またはネットワーク外部性）にある。そして，ネットワーク効果は，①サイド内ネットワーク効果と②サイド間ネットワーク効果の2つに分けることができる。

① 　サイド内ネットワーク効果

Facebook でいえば，Facebook の利用者が増えれば増えるほど，友人とつながる様々な人とのコミュニケーションを図るきっかけが増えるため，その利用者が属するグループの利便性が上がるネットワーク効果である。

② 　サイド間ネットワーク効果

オークションサイトでいえば，売り手が多く集まれば買い手も集まり，買い手が多ければ自ずと売り手も集まる両方でネットワーク効果を発揮する。また，OS やアプリストアの場合では，アプリ開発者が多くのアプリを提供すればするほど，プラットフォームの利便性が高まり，より多くのユーザーがアプリを利用するようになる。ユーザーの増加につれ，さらに多くの開発者がプラットフォームにアプリを提供するようになる。このようにサイド間ネットワーク効果は，プラットフォームビジネスに好循環をもたらす。

（3）デジタルプラットフォーマーへの規制強化の動き

　今日，GAFA のようなデータリッチ市場を独占する新独占事業者に対して，各国の政府機関は法制度上の規制強化に向かっている。政府機関のデータ寡占に対する規制には，①個人データの保護，②公正な競争・独占禁止法違反，③デジタル課税の 3 つの視点から見ることができる。

　①については，今日データが産業の新たな資源となってきており，データ活用の重要性の一方で，野放図な個人データの活用には個人の尊厳，プライバシーの保護から一定の歯止めをかけるべきであるという規制である。これについては，EU の GDPR（一般データ保護規則）（2018年より施行）が先行して，各国法制度に向け検討している。

　②については，取引先への不利益，競合事業者の排除，取引先の事業の制限といった独占禁止法上問題となりうる行為の取り締まりである。

　③については，主に IT 企業が伝統的企業と比べて法人税負担が少ない点や税率の低いタックスヘイブン（租税回避地）に無形資産を移転する等の巧妙な節税策を行っている点が問題視されている。データ市場を独占している IT 企業に対して，デジタル課税の導入が検討されている。

　このように，デジタルプラットフォーマーのデータ独占に対して厳しい規制強化に向かっている中で，ユーザーの個人データというリソース（経営資源）を，新事業創出にどのように活用していくのかが成長のキーとなってくる。だが，デジタルプラットフォーマーにとっては，新事業が立ち上がらない経営リスクを抱えている。Facebook が2020年に仮想通貨を発行しようとした「リブラ」構想は，中央銀行の枠組みを破壊する脅威からアメリカの規制当局から待ったがかかった状態となっているのが好例である。新独占事業の分割論まで出ている。

3　メディア産業からデータ駆動型コンテンツ産業へ

（1）データ駆動型コンテンツ開発競争へ

　今後，メディア産業，メディアコングロマリットがデジタルプラットフォーマーという巨大 IT 企業に対して，どのように変容していくのかについて考察

する。5G に向けて映像コンテンツ力の強化が成長エンジンとなっていくため，コンテンツ獲得競争のための M&A による再編が続いていくが，デジタル，IT に強いスタートアップ企業の買収に拍車がかかってくると推測される。

　メディア企業がデジタルプラットフォーマーに対抗するには，単なるコンテンツ配信力ではなく，データを新たなリソースとした，データ駆動型コンテンツ配信力が必要となるからである。前述の通りネットフリックスは，単なるコンテンツ配信事業者ではなく IT 企業の側面を持つ。一般にネットサービスにはレコメンド機能が備わっているが，特にネットフリックスは顧客満足度を高めるために高精度のレコメンド機能を備えている。

　ユーザーからの利用履歴のデータを大量に収集し，そのビッグデータを基に分析し，ユーザーのコンテンツニーズを把握し，サービス向上に役立てるデータ駆動型のビジネスを実行している。具体的に説明すると，ユーザーに対する作品分類は，映画でみると「コメディー」「ファンタジー」「スリラー」「クライム」「SF」「恋愛」等で，ドラマ，ドキュメンタリー，音楽他を合わせて20分類程度である。だが，分析するための分類の数は，8万にも上るといわれている。制作者，映画公開時，出演者，受賞歴等の作品情報はもちろん，ユーザー向けのジャンルもさらに細かく分類し，一つの作品データに，これらのメタ情報データが紐づけされていくことになる。

　また最も重要視しているのは，視聴行動履歴である。これは単に動画を再生しただけでは，ユーザーの作品満足度を正確に把握できない。そのため，作品を最後まで再生して観たのか，途中でスキップした個所はあったか，複数回視聴したかといったように視聴行動を細かく把握し，ユーザー嗜好の分析に当たっている。

　こうしたデータ分析は，視聴者サービスの改善のみならず，オリジナル作品開発に向けての制作会社との交渉にも役立て，オリジナル作品がアカデミー賞やエミー賞で受賞するといった実績も残している。メディアコングロマリットにとっても，こうしたデータ駆動型コンテンツ開発・配信力は，今後の成長エンジンとして欠かせないものとなってきており，データ分析をコンテンツ制作というクリエイティブにどのように結びつけるかが，競争のための大きなカギとなってくるだろう。

（2）メディア産業のデジタルトランスフォーメーション

1）イノベーションのジレンマ

　今日，企業が市場の中で競争優位の立場を確保し，持続的発展をしていくためには，弛まぬイノベーションを創出していかねばならない。メディア産業全般において，デジタル化，ブロードバンド化によって，新たな事業領域が生まれている一方，旧来のビジネス市場が縮減し，市場の枠組みが大きく変化してきている。このように変容するメディアの領域において，従来の枠組みにとらわれない，新しい事業領域の創出，業務プロセスの革新のためには，「イノベーション」はメディア企業の成否を握る重要なものとなってきた。

　だが Christensen（1997）によれば，イノベーションのジレンマとは，既存業界を脅かす，ディスラプター（業界の破壊者）が出現した場合，既存事業者は，既存のビジネスに束縛され，ディスラプターへの対応が思うように進まない。これは，既存事業者が「既存ビジネスを守るのか，事業変革をするのか」というジレンマを抱えることによると説く。このようなジレンマを抱えるため，既存事業者にとって，デジタルトランスフォーメーション（以下，DX）は至難の業である。

　既存メディア企業のイノベーションのジレンマについて，新聞業界を例にとれば，以下のようになる。インターネットの普及によって，ネット上でニュースサイトが数多く立ち上がる。新聞社も自社のニュースサイトを立ち上げる。だが，収益を上げているのは，従来の紙媒体であり，軸足は紙媒体で，Web 媒体ではない。そうこうするうち，デジタル化による情報無料化の流れによって，いつしか新聞の購読料や広告収入に多大な影響を与えるようになり，経営危機を招く結果となる。Web サイトの読者が増えれば，紙媒体の部数を減らすことにも成りかねない。つまり，新聞紙の利益を Web サイトが減らす「カニバリズム（共食い）」を懸念し，新しいビジネスモデルに踏み切れないことになる。

　しかし，デジタル変革に舵を取るきっかけとなるのは，生きるか死ぬかの瀬戸際になった時だ。以下は，既存メディア企業のデジタル大変革の成功例として，アメリカの老舗新聞社ニューヨーク・タイムズ（以下，NYT）を取り上げる。

２）既存メディア企業のデジタル大変革──老舗新聞社ニューヨーク・タイムズの挑戦

NYT もリーマンショック以降，急激な売り上げ減に陥り2009年から2010年にかけての広告収入は，約30％と大幅に減少した。こうした中，2011年３月NYT もデジタル版の有料購読化に踏み切った。だが当初は従来の紙の部門中心に回っていたため，有料デジタル版の契約者も思うように伸びず，PV も激減したため，閉塞感が漂っていた。そこで，こうした事態を打開するため特別チームを編成し，2014年に調査報告書「タイムズ・イノベーション・レポート」を取りまとめた。

同レポートの取りまとめに関わった，現発行人アーサー・グレッグ・ザルツバーガーは，2018年に朝日新聞の取材を受けて，経営者として次のような考えを述べた。

> 「新聞社の脅威（『報道の自由の存亡に関わる危機』）となっているのは，３つ挙げられる。一つはビジネスモデルの変化で，紙媒体からデジタルへの移行による広告収入に支えられるビジネスモデルの揺らぎである。２つ目は，信頼性の低下。３つ目は，Facebook や Google など巨大 IT プラットフォーマーの登場によって，報道機関と読者との間に介在するようになった点である。」（朝日新聞 2018）

NYT は「デジタル展開をする新聞社なのか，新聞も出すデジタルメディアなのか」という問いに対しては，「既に NYT は後者になっている。紙媒体では展開できない，マルチメディア機能を Web で積極的に展開し，デジタルファーストで追って紙媒体でも掲載されるようになっている」と述べ，「伝統的メディアは大きな変革の時を迎えている。重要なことは，いずれデジタルだけの報道機関になる時が来る，という事実を受け止めなければならない」と言い切った（朝日新聞 2018）。

また，NYT は，2019年２月に電子版と紙媒体を合わせた有料購読者数（2018年末で約430万）を25年までに1,000万以上とする新たな目標を発表した。また，2018年10～12月期では，電子版が初めて紙媒体を抜く結果となった。2015年に DX に向かった NYT は，デジタル事業の売り上げを５年間で８億ドル（約8,800億円）に倍増させる目標を掲げていたが，2018年通期で既に７億ドルを超えた（日本経済新聞 2019）。

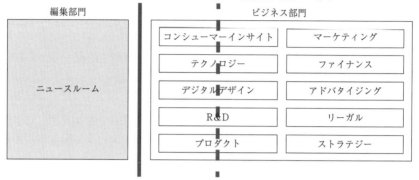

図終-3　ニューヨーク・タイムズの組織改革
　　　　──編集・ビジネス分離からデジタル統合型へ

出所：The New York Times（2014：61）を基に筆者作成。

　NYTの「タイムズ・イノベーション・リポート」は，言ってみれば，老舗新聞社のDX宣言である。図終-3の通り，かつてNYTは，紙のニュースルーム（編集部門）が中心で，ビジネス部門とは明らかに分離された編集・ビジネス分離型であった。そして今日，編集部門とビジネス部門とのコラボレーション（協業），ビジネス部門も，コンシューマーインサイト，テクノロジー，デジタルデザイン，ストラテジーなど新たな部門も加えた再編成が進みつつあり，従来あった境界線は消えつつある。

　このような次世代型企業に向けてのDXは，新聞社に限らず，テレビ局，出版社，映画，音楽といったメディア企業にとっても，生き残り戦略として求められている。

（3）新たな競争市場のための制度設計──新独占の市場支配力抑制

　今日，メディア企業は複合化，統合化によって，メディアコングロマリットやメガ・エージェンシーのようにM&Aを繰り返しながら，大型化している。一方，GAFAに代表されるデジタルプラットフォーマーは，メディアコングロマリット以上に市場支配力を高めている。だが，弊害も生じてくる。市場支配力が絶対的優位となれば，自由で公正な競争の阻害要因となってくる。また，

マルチユースが高じて，コンテンツの多様性が損なわれ，視聴者，購読者，ユーザーの選択肢の幅を狭めることにもなりかねない。

　マルチユースは，ともすれば，どのプラットフォーム，どのメディアにアクセスしても同一規格のコンテンツしか受けられないというマイナス面も生じてくる。市場自体には，メディアコングロマリットやデジタルプラットフォーマーを促進こそすれ，これらの競争的優位の最大化を制御する装置は内包されてはいない。そこで，市場の外部からのコントロール，つまりメディア，コンテンツ，データプラットフォーム市場をどのように健全な市場にしてゆくべきかという制度設計（グランドデザイン）が必要になってくる。

　メディアの融合が今後さらに加速され，ダイナミックに変動する市場に対して，特定企業の市場支配力を放置することは，産業，市場，社会全般に亘る公益性にはつながらない。特定の業界，特定の企業への規制あるいは緩和後の再規制によって，他の業界，企業が育成され，全体的には多様なコンテンツ，サービスを享受する，視聴者，読者，ユーザーの便益につながる，そのような政策が求められてくる。

　最後に，メディア市場の持続的，創造的発展は，企業の新たな領域での競争と，市場支配力をコントロールする制度，政策面の拮抗によって実現されるものと確信する。

注

(1)　1996年新通信法の制定目的は，「電気通信の全分野を競争に開放することにより，民間主導による高度の電気通信・情報サービスの展開を促進することをねらった，競争促進的，規制緩和的な国の政策の新しい枠組みを提供する」とある。改正の中で，放送事業やケーブルテレビ事業に関連した内容項目としては，メディアの資本集中の規制緩和や放送事業とケーブルテレビ事業の兼営可，ケーブルテレビ，電話会社相互の事業参入可等が挙げられる。

(2)　OTT（Over The Top）とは，ケーブルや衛星を介さずインターネット経由で番組やコンテンツを配信するサービスである。OTT サービスは，アメリカでは最大手の Netfrix（ネットフリックス），Hulu（フール），Amazon に加え，新たに参入する事業者も増えてきている。CBS の生放送とアーカイブを提供する「CBS All Access」，「HBO NOW」，コメディーに特化した「NBC seeso」などがある（柴田，

2016）。

(3) 2016年10月発表された AT&T のタイムワーナー買収計画について，2017年11月20日にアメリカ司法省は反トラスト法（独占禁止法）に基づく差し止め訴訟を起こした。アメリカ司法省は AT&T がタイムワーナーのコンテンツを自社の配信網に囲い込み，他者への配信を制限したり，不当に高く売ったりするかもしれないという（日本民間放送連盟 2017b）。

(4) Barney（1991）は，経営資源を①財務資本資源，②物的資本資源，③人的資本資源，④組織的資本資源の4つに分類している。

(5) かつてのハリウッドの映画スタジオは映画製作・配給・上映館をすべて支配していた時代があり，垂直統合度の高い企業体であった。このような映画会社が製作のみならず，配給や映画館までも手中に収めていたことに対して，司法省が反トラスト訴訟を起こし，1949年にパラマウント裁定と呼ばれる製作と興行の分離を命じる判決が下された。

(6) PTAR は，週のプライムタイム4時間の内1時間はネットワーク以外の番組を放送しなければならないというもので，フィンシンルール（Financial Interest and Syndication Rule）は，ネットワーク局はシンジケーション市場での番組販売を禁じたものである。1970年代に成立した，ハリウッドの保護策としてテレビネットワークに課せられた規制である。

(7) NYT は，1851年にニューヨーク市のニューヨークトリビューン紙に対抗して発行された新聞である。ザルツバーガー一族が株式を保有している。発行部数では，USA トゥデイ，ウォールストリートジャーナル（WSJ）紙に次ぐ第3位であるが，一般紙としてはワシントン・ポスト紙と並ぶ高級紙である。

(8) 極秘社内レポートにもかかわらず，バズフィードにリークされ，公となった。

(9) A. G. ザルツバーガー発行人は，2018年に一族から6人目の発行人として就任した。

参考文献

有馬哲夫（2001）『ディズニー千年王国の始まり——メディア制覇の野望』NTT 出版。

乾直明（1990）『外国テレビフィルム盛衰史』晶文社。

大場吾郎（2009）『アメリカ巨大メディアの戦略——グローバル競争時代のコンテンツ・ビジネス』ミネルヴァ書房。

柴田厚（2016）「現存の放送メディアを揺ぶるアメリカの OTT サービス」『放送研究と調査』MARCH，NHK 放送文化研究所。

城所岩生（1996）『米国通信戦争——新通信法で変わる構図』日刊工業新聞社。

杉本和行（2019）『デジタル時代の競争政策』日本経済新聞出版社。

根来龍之（2019）『集中講義デジタル戦略——テクノロジーバトルのフレームワーク』日経BP。

西田宗千佳（2015）『ネットフリックスの時代——配信とスマホがテレビを変える』講談社。

松平恒・北谷賢司（1991）『アメリカのケーブルテレビ』電通。

湯浅正敏編著（1996）『デジタル放送のことがわかる本』日本実業出版社。

日本民間放送連盟（2017a）「米ネットフリックス　コミック出版社で初の企業買収　独自コンテンツ拡充」『民間放送』8月23日号。

日本民間放送連盟（2017b）「米AT&T　タイムワーナー買収『不確実』　司法省CNN売却要求か」『民間放送』11月23日号。

丸山俊一＋NHK「欲望の資本主義」制作班（2019）『欲望の資本主義3——偽りの個人主義を越えて』東洋経済新報社。

Barney, J. B.（2002）*Gaining and Sustaining Competitive Advantage, Second Edition*, Prentice Hall.（＝2003，岡田正大訳『企業戦略論【中】事業戦略編——競争優位の構築と持続』ダイヤモンド社。）

Christensen, C. M.（1997）*The Innovator's Dilemma*, Harvard Business School Press.（＝2001，玉田俊平太監修，伊豆原弓訳『増補改訂版 イノベーションのジレンマ——技術革新が巨大企業を滅ぼすとき』翔泳社。）

Galloway, S.（2017）*the four: The Hidden DNA of Amazon, Apple, Facebook, and Google*, Portfolio.（＝2018，渡会圭子訳『the four GAFA——四騎士が創り変えた世界』東洋経済新報社。）

Mayer-Schonberger, V. et al.（2018）*Reinventing Capitalism in the Age of Big Data*, John and Murray Publishers.（＝2019，斎藤栄一郎訳『データ資本主義——ビッグデータがもたらす新しい経済』NTT出版。）

Rellier, L. C. et al.（2017）*Platform Strategy: How to Unlock the Power of Communities and Networks to Grow your Business*, Routledge.（＝2019，根来龍之監訳，門脇弘典訳『プラットフォーマー　勝利の法則——コミュニティとネットワークの力を爆発させる方法』日本経済新聞出版社。

日本経済新聞（2019）「米メディア再編なお途上——CBSとバイアコム合併合意」『日本経済新聞』2019年8月15日付朝刊。

The New York Times（2014）Innovation（3月24日付）。

朝日新聞（2018）「オピニオン＆フォーラム新聞と民主主義の未来」『朝日新聞』2018年10月21日付朝刊。

索　引

あ 行

アイチューンズ・ミュージックストア　206
アクセシビリティ（電子書籍）　132
アクセス系無線技術　76
新しいスター　214
アーティスト事務所　212
アドテクノロジー　141
アニメ業界市場　220
アニメ産業市場　220
アルゴリズム　8
委託制度（出版）　124
1業種1社制　147
一般紙　90
一般データ保護規則　→GDPR
イノベーション　254
「イノベーション」（改革報告書）　107
イマーシブ・ジャーナリズム　111
インターネット　199,206
インターパブリックグループ　iv,145
インディーズ　203,214
引用　237
ウイニー　200
衛星一般放送　14
衛星基幹放送　14
映像作家　172
エイベックス　203
　　　──・グループ　213
エグゼキューション　162
エコシステム　57-59,86
エンゲージメント　107
円本ブーム　117
大きなお友達　231

大新聞　96
押し紙　93
オーディエンスバイイング　141
音羽グループ　126
オープン・ジャーナリズム　108
オープンイノベーション　143
オマージュ　237
オムニコムグループ　iv,145
音楽業種別の企業集団　214
音楽事業の原点　214,216
音楽市場の低迷　199
音楽出版社　212
音楽の安売り　208
音楽配信　207
　　　──の先駆け　203
音楽ビデオ　197
音楽ライブ市場　210
オンデマンド型サービス　4
オンライン書店　122

か 行

海外アーティストの招聘　213
開発（映画）　172,173
下位レイヤー　44,45
格安スマホ　80
寡占化（メガ・メディア化）　246
仮想化技術　81
仮想現実　112
価値連鎖　→バリューチェーン
活版印刷技術　116
カラオケ　204
　　　──・ボックス　204
監督　172,173

カンヌライオンズ　iv, 156
擬人化　232
キネトスコープ　169, 186
脚本家　174
脚本開発　174
キャラクター　v
　　──市場　220
　　──モデル　244
　　──の設定　226
　　──の付加価値　227
　　──パワー方程式　241
　　──ビジネス　v
（送り手と受け手の）共通認識　226
（送り手と受け手の）共同幻想　226
『キング』　118
キングレコード　203
近代ジャーナリズム　116
グーグルゾン　110
空想の人格　→Fanciful Character(s)'
グーテンベルク　116
グッズ販売　214
クラウド　5
　　──技術　81
　　──ストーミング　144
クリエイティビティ　143
クリエイティブ革命　149
クロステック　→X-Tech
経営委員会（NHK）　35
経済紙　92
携帯電話　199
ケーブルテレビ　22
ゲーム　199
県紙　91
ケンタロウス　113
コア・コンピタンス　143
コアビジネス　83
高級紙　96
興行　172, 177

公共メディア　38
構造変革　211
香盤表　175
小新聞　96
固定通信と移動通信の融合　→FMC
固定ブロードバンド　75
ご当地キャラクター　242
コード・カッティング　247
コピーの蔓延　199
コミックス　121
コミックマーケット　230
コラボの多発　242
混載流通　121
コンテンツ産業　119
コンピューター支援報道　→CAR

さ　行

再販制度　→再販売価格維持制度
再販売価格維持制度　95, 125
サスティナビリティ　142
撮影　175
雑誌　127
雑誌広告費　120
サブエコシステム　87
サブスクリション型音楽配信　209
サブスクリションサービス　9
サブブランド　81
産業内の役割分担　211
シーグラム社　201
視聴率調査会社　17
シミュラクル　237
社会貢献活動　→フィランソロピー
若年層の減少　199
需給調整　71
出版市場　121
出版統計　120
出版流通システム　117
上位レイヤー　44, 45

（キャラクターの）浄化・脱臭効果　228

消去の権利　→忘れられる権利

常時同時番組配信　38

消費者育成メディア　→CGM

商品化権　220

『情報通信白書』　70

書籍　127

書店　122

新曲　211

シングル盤　197

人工知能　→AI

新独占企業　249

新聞　90

垂直統合　248

スカパー　22

スタジオ・システム　172,179

ステークホルダー　8

ステレオ　196

ストーリー（物語）消費　233

ストリーミング型音楽配信　208

スポーツ紙　98

制作（映画）　172,175

製作委員会　182

製作委員会　182,183

　　——方式　224

世界観　226

設備ベース　83

ゼロレーティング　73

全国紙　91

総務省　17

ソーシャル・グッド　159

ソニー・ミュージック・エンタテインメント
　　202

ソニーグループ　213

た　行

タイアップ　215

帯域制御　85

大衆紙　96

第七芸術　173

ダウンロード　208

知的財産　225

着うた　210

　　——フル　207

仲介者　215

通信カラオケ　203,204

通信社　93

通信自由化　69

積み紙　93

ディープフェイクス　114

ディズニー　v

ディスラプター　9,254

データ（情報）消費　233

データジャーナリズム　110

データベース消費　234

デジタル・ファースト　106

デジタルシフト　iv

デジタル変革　→デジタルトランスフォーメー
　　ション（DX）

デジタル著作権管理技術　→DRM

デジタルトランスフォーメーション　iv

デジタル配信（新聞）　104

デジタルプラットフォーマー　iii

デマンドサイド効果　73

電子コミック　129

電子雑誌　131

電子書籍　128

　　——1.0　129

　　——2.0　129

　　——化率　131

電子図書館　130

電子版（新聞）　103

電通　iv,94

動画共有サービス　51

動画配信サービス　i,50-52

統合型ソリューション　159

盗作（パクリ）　237
同軸ケーブル　72
読者開発（新聞）　107
特殊指定　95
特殊法人日本放送協会　→NHK
読書バリアフリー法　132
独占禁止法　95,125
トーハン　120
トライアル制　107
トラヒック　85
取次　123
トリプルメディア　v,156

な　行

中の人　238
ナップスター　200,206
二次創作　237
日販　120
日本 ABC 協会　92
日本コロムビア　203
日本出版インフラセンター　→JPO
日本新聞協会　90
ニュースの砂漠　105
ニューメディア　197
ニューヨークタイムズ　vi
認定放送持株会社　19
ヌーベル・ヴァーグ　179
ぬりえ消費　236
ネイティブ広告　108
ネットワーク効果　44,45
ネットワーク中立性　73

は　行

配給　172,176
ハイブリッドキャスト　4
破壊的イノベーション　→ディスラプター
8K　185
　──放送　i

バーチャルリアリティ　→VR
バックホール回線　76
ハード・ソフト一体型放送免許　18
ハード・ソフト分離型放送免許　18
パラマウント裁定　179
ハリウッド　29
　──・ルネッサンス　179
バリューチェーン　2
パロディ　237
番組スポンサー方式　223
番組制作会社　20
版権　220
販売価格　207
ビクターエンタテインメント　203
ビジネスクリエイティブ　144
ビッグデータ　54,83
ヒット曲　214
　──作り　216
ビデオ・ディスク　197
ビデオクリップ　197
ビデオリサーチ　17
一橋グループ　126
ピュブリシスグループ　iv,145
費用病　191
5G　ii,45,75
5 フォース　ii
ファクトチェック　114
ファミコン　197
フィーチャーホン　79
フィランソロピー　142
フィン・シン・ルール　181,248
フェイクニュース　114
フェミ vs. オタク　239
複合型産業構造　212
付帯義務（NHK）　36
プライムタイム・アクセス・ルール　→PTAR
ブラックフライデー　162
プラットフォーマー　57,59-63

プラットフォーム　43-45, 55, 73, 134
ブランド・パーパス　160
ブランドコンテンツ　108
フリーミアム　52
フレネミー　109
ブロードバンド　69
　──化　3
付録（雑誌）　128
プロダクト・プレイスメント　183
ブロック紙　91
ブロックバスター　181
　──作品　180
プロデューサー　172, 173
プロモーター会社　212
文化産業戦略　172
分業型産業構造　212
分業体制の崩壊　213
分冊百科　128
ペイウォール　107
放送・通信の融合　3
放送法改正　iii
放送倫理・番組向上機構　→BPO

ま　行

マスメディア集中排除原則　13
マーチャンダイジング　213
マラケシュ条約　133
マルチユース　172, 178
見巧者　237
ミリオンセラー　199
民営化　69
メーター制　107
メガエージェンシー　iv, 145
メジャー・レーベル　197
メディア　1
　──・コングロマリット　vi, 117, 201
　──変動　195
萌え絵（萌えイラスト）　227, 231

萌え擬人化　232
モバイル・ブロードバンド　75
モバイル専業事業者　77
モバイルメディア　1

や　行

やおい　234
ユーザーエクスペリエンス　144
ユニバーサル・ミュージック　202
ゆるキャラ　240
世の中ごと化　160
4K　185
　──放送　i

ら　行

ライセンサー　222
ライセンシー　222
ライセンシング　172
　──・ビジネス　184
ライブ・ビューイング　211
リ・ターゲティング　141
利害関係者　→ステークホルダー
リーマン・ショック　105
リメイク　243
リュミエール兄弟　169
レイヤー構造　72
レコチョク　207
レコード会社の音楽配信　205
レコード会社の統合・再編　201
レピュテーション　142
レーベルゲート　207
連邦司法省　82
連邦通信委員会　→FCC
ローカル5G　84
ロボット・ジャーナリズム　112

わ　行

忘れられる権利　63, 159, 202

ワーナー・ミュージック　202

ワンルック・ワンボイス　159

欧　文

AbemaTV　31

AI　iv, 8, 45, 54

Amazon　8

Apple　8

AUTONMATION　140

BIG DATA&AI　140

BL　234

BMG　202

BPO　23

CAR　111

CCCD　201

CD 売上の急降下　199

CD 開発の成功　197

CD 市場　201

CGM　237

CO-CREATION　140

co-opetition（frenemy）理論　86

CRM　144

CSR　142, 161

CSV　142, 161

DAZN　31

DRM　133

Earned Media　157

EMI　202

EPIC2014　110

Facebook　8, 47

Fanciful Character(s)'　224

FCC　80

FMC　77

FTTH　iii, 74

GAFA　8, 57, 59

GDPR　61-63, 88, 252

Google　8

HDR　185

HDTV　26

Hulu　28

ICT　iv

　——産業　70

IMC　159

INNOVATION　140

Intellectual Property　→知的財産

IoT　iii, 45, 54, 83

iPhone　98

iPod　206

IP 化　71

IP マルチキャスト方式　22

i モード　78, 102

JASRAC　17

JPO　124

LD　197

LINE　48, 49

　——社　49

LLC/LLP　182

LP 盤　196

Mora＝モーラ　207

MSO 規制　72

MVNO　79

Netflix　28

NHK　iii, 13

Owned Media　157

Paid Media　156

PEST　ii

POE メディア　156

POS システム　124

PTAR　181, 248

radiko　15

RTB　141

SDGs　142

SDTV　26

SIM フリー　80

SOCIAL SOLUTION　140

SP 盤　196

SVOD　10
Twitter　47,48
VAP　203
VHD　197
VR　iv,112

WOWOW　16
WPP　iv,145
X-Tech　iii,84
YouTube　28,50

著者紹介 （所属，執筆分担，執筆順，＊は編著者）

＊湯　淺　正　敏 （編著者紹介参照：序章・第1章・第6章1・終章）

平　井　智　尚 （日本大学法学部専任講師：第2章）

神　野　　　新 （情報通信総合研究所法制度研究部主席研究員：第3章）

伊　藤　高　史 （同志社大学社会学部教授：第4章1・2）

平　　　和　博 （桜美林大学リベラルアーツ学群教授：第4章3・4）

植　村　八　潮 （専修大学文学部教授：第5章）

伊　東　裕　貴 （跡見学園女子大学非常勤講師：第6章2）

佐　藤　達　郎 （多摩美術大学美術学部教授：第6章3）

内　山　　　隆 （青山学院大学総合文化政策学部教授：第7章）

生　明　俊　雄 （ポピュラー音楽研究家，元・広島経済大学経済学部教授：第8章）

大　野　　　茂 （阪南大学国際コミュニケーション学部教授：第9章）

編著者紹介

湯淺正敏（ゆあさ・まさとし）

1952年東京都生まれ。1975年千葉大学人文学部法経学科法律専攻卒業。同年，博報堂入社，主に媒体部門・媒体開発部門に勤務。2003年度に日本大学着任，日本大学総合科学研究所教授を経て，2004〜2019年度まで日本大学法学部教授。

現　在　日本大学法学部特任教授。

主　著　『デジタル放送のことがわかる本』（共著）日本実業出版社，1996年。
　　　　『放送 VS 通信　どうなるメディア大再編』（編著）日本実業出版社，2001年。
　　　　『メディア産業論』（共著）有斐閣，2006年。
　　　　『広告をキャリアにする人の超入門』（編著）三和書籍，2011年。
　　　　『メディアによる名誉毀損と損害賠償』（共編著）三協法規出版，2011年。

MINERVA TEXT LIBRARY ⑦⓪

メディア産業論
──デジタル変革期のイノベーションとどう向き合うか──

2020年5月1日　初版第1刷発行　　　　　　　〈検印省略〉

定価はカバーに
表示しています

編著者　　湯　淺　正　敏
発行者　　杉　田　啓　三
印刷者　　田　中　雅　博

発行所　　株式会社　ミネルヴァ書房
607-8494　京都市山科区日ノ岡堤谷町1
電話代表　（075）581-5191
振替口座　01020-0-8076

ⓒ湯淺正敏ほか, 2020　　　　　創栄図書印刷・藤沢製本

ISBN978-4-623-08868-3
Printed in Japan